# An, laut, stark!

# An, laut, stark!

## FRITZ – DAS BUCH ZUM RADIO

**Mit:**
**Die Toten Hosen, Die Ärzte, Rammstein,**
**Kuttner, Marusha, Paul van Dyk,**
**Mike Lehmann und vielen anderen.**

*Herausgegeben von*
*Ronald Galenza, Kerstin Topp, Philip Meinhold*

Schwarzkopf & Schwarzkopf

# Inhaltsverzeichnis

# Vorwort der Herausgeber

Als Fritz am 1. März 1993 auf Sendung ging, da war es vor allem eines: ein Experiment. Eines der ersten wirklichen Ost-West-Projekte. Gemeinsam versuchten junge Kollegen von Rockradio B (Ost) und Radio 4U (West) ein Radioprogramm zu gestalten, in dem sich der 15jährige Cottbusser ebenso wiederfinden konnte wie der 24jährige West-Berliner. In Berlin prallten Ost und West am intensivsten und authentischsten aufeinander, viele Biographien änderten sich schlagartig. Die Kämpfe und Auseinandersetzungen des Alltags fanden ihre Fortsetzung in der Fritz-Redaktion, das Fritz-Programm der Anfangsjahre war ein Spiegel der Umbrüche und schnellen Veränderungen. Fritz hatte von Beginn an den Auftrag und Anspruch, Metropolen-Radio und Landfunk zugleich zu sein. Also in Perleberg oder Lauchhammer genauso authentisch zu klingen wie in Berlin-Kreuzberg oder Prenzlauer Berg.

Zehn Jahre, das haben wir bei der Arbeit an diesem Buch festgestellt, sind für ein Jugendradio eine Ewigkeit. Als Fritz 1993 auf Sendung ging, wogen Handys noch ein halbes Kilogramm, das Internet war eine intime Veranstaltung für wenige Irre und die Jahres-Charts waren von einer seltsamen Seuche befallen: Platz 1: Haddaway mit »What is Love«, Platz 2: Culture Beat mit »Mr. Vain«, Platz 3: Ace of Base mit »All That She Wants«.

Fritz begab sich voller Hoffnung auf den härtesten Radiomarkt Europas. Schnell war klar, daß sich das junge Programm gegen die formatierten Programme der lauten Privatfunker nur durch eine andere Art des Radiomachens würde behaupten können. Wo einer herkam, war bald egal, die Sozialisation blieb wichtig. Ideen und Kreativität wurden Maßstab. Das Publikum war live dabei, wenn die Fritz-Macher am offenen Körper, dem Programm, operierten. Für viele Probleme des Alltags war Fritz Durchlauferhitzer, manchmal sogar Hilfe und Beistand. In seinen guten Phasen sogar ein Freund, der zum Nachdenken über das eigene Leben anregte. Dabei waren die Hörer nie Befehlsempfänger am Empfänger, sondern Anreger und Mitstreiter. Denn sie wurden ernst genommen. In seinen würdevollsten Momenten lauschte das Radio dem Hörer und nicht anders herum.

Was als Experiment begann, wurde schnell zu dem, was man mit dem Abstand von zehn Jahren ruhigen Gewissens als »Kult« bezeichnen kann – angefangen bei der Comedyfigur Mike Lehmann, Traudel & Ursel, Robi und Volli, dem Mankmill, »Heinz« und und und. Radio als Begleitmedium war Fritz nie genug, es durfte schon etwas mehr sein: Provokation, Aufrichtigkeit und permanente Aktionen. Sendungen wie »Rave-Satellite« oder »Kuttners Sprechfunk« existieren nun bereits über zehn Jahre. Und zehn Jahre lang eine dreistündige Talk-Sendung wie den »Blue Moon« zu machen oder die allabendlichen Spezial-Musiksendungen sind Angebote, die sich kein zweiter Sender in Deutschland leistet. Dazu zählen ebenso die ungezählten Live-Übertragungen von diversen angesagten Bands.

Mit der Musik ist es wie beim Fußball. Jeder hat eine Meinung, weiß alles besser und hat sowieso recht. Wenn ein Radio viele Menschen erreichen will, sollte es die verschiedenen Geschmäcker und Erfahrungen aufnehmen und wiedergeben. Und entwickeln. Fritz hat diesen Spagat gewagt und mußte sich dabei immer wieder neu erfinden. Denn eine Option hat ein Jugendradio nie: alt werden. Hörer, die beim Sendestart 1993 jung waren, sind heute gefestigte Persönlichkeiten. Die heute jungen haben meist ganz andere Probleme und Ansprüche. Jede Generation sucht und spricht ihre eigene Sprache, in der Jugend wechseln die Sympathien schnell. Ist die erste Generation Fritz-Hörer noch analog aufgewachsen, sind es die Kids von heute voll digital. All dies mußte der kleine Sender spüren und aufnehmen, wollte er ein ernstzunehmendes Medium bleiben. Denn unser Feld sind Jugend und Veränderung.

Bei der gemeinsamen Jugendwelle von ORB und SFB versammeln Moderatoren wie Kuttner, Wosch oder Marusha und Paul van Dyk regelmäßig eine treue Fangemeinde vor dem Radio. Stars wie die Toten Hosen, Fettes Brot oder Knorkator tobten sich in eigenen Sendungen aus. »Der Sprache und dem Wort werden hier noch etwas zugetraut, was über den neuesten Witz hinausgeht«, schrieb das Fachmagazin *epd medien* über den Sender. Und wer einmal auf der Autobahn von Hamburg nach München unterwegs war, weiß: In der deutschen Radiolandschaft ist Fritz auch zehn Jahre nach seiner Gründung noch einmalig.

Das Buch blickt zurück auf zehn Jahre Fritz, erzählt Radio-Geschichte und -Geschichten. Fritz-Mitarbeiter der ersten Stunde und solche, die gerade erst dazugekommen sind, erinnern sich gemeinsam an zehn Jahre Fritz. Sie berichten von außergewöhnlichen Aktionen und Radio-Alltag, von Arbeitseinsätzen, die ihnen im Gedächtnis geblieben sind, und solchen, die sie lieber vergessen würden. Sie werfen einen Blick hinter die Kulissen des Radios und versuchen zu erklären, wie Radio im allgemeinen und Fritz im besonderen entsteht. Dennoch: Dies soll kein reines Jubelbuch sein, keine Festschrift, in der sich der Jubilar selbst gratuliert. Durch viele Texte schimmern auch Zweifel, Unzufriedenheit mit den medialen Bedingungen, die Frage nach Sinn und Wohin der eigenen Arbeit – eine

Auseinandersetzung, die die Medien viel zu selten führen. Und so versucht Fritz als Buch, was Fritz als Radio immer ausgezeichnet hat: möglichst authentisch zu sein.

Radio ist ein sehr schnelles Medium, das erfordert Wachheit und Offensein. Eitelkeit funktioniert in einem Team nur selten. Fritz lebte immer auch von den Biographien seiner Macher, egal ob hinter dem Mikro oder den Kulissen. Danke an alle, die dabeiwaren. Dieses Buch hat keinen Anspruch auf Vollständigkeit. Jeder wird irgend etwas vermissen. »Fritz ist vom Sternzeichen Fisch«, sagt Volker Wieprecht in diesem Buch: »unglaublich facettenreich, kunterbunt, querbeet und trotzdem schillernd.« Fritz ist ein »Wir«, das aus vielen »Ichs« besteht. Nur ein paar davon können in diesem Buch zu Wort kommen.

Wenn dieses Buch zum Radio interessant und lebendig wird, dann gerade und vor allem wegen seiner Vielzahl von Geschichten und all der Menschen, die sie auf ihre ganz eigene Art und Weise durchlebt und niedergeschrieben haben. Als ein Kaleidoskop an Erinnerungen, Berichten, Anekdoten, Informationen, Fakten und vielen Bildern aus der zehnjährigen Geschichte von Fritz. Mit dabei sind Marusha, Kuttner, Mike Lehmann, Volker Wieprecht und Robert Skuppin, Tommy Wosch, Ken Jebsen, Steffen Hallaschka, Paul van Dyk, Dietmar Wischmeyer und viele, viele andere. Komplettiert wird das Ganze durch ein Glossar der wichtigsten Fritz-Begriffe, eine ausführliche Chronik sowie viele Fotos. So entsteht mosaikartig das Bild eines außergewöhnlichen Radios. Wir danken fürs Zuhören in den vergangenen zehn Jahren, wünschen Spaß beim Lesen der folgenden Seiten – das Radio zum (Nach-)Lesen!

*Ronald Galenza*
*Philip Meinhold*
*Kerstin Topp*

# 10 Jahre Fritz

*Von Hansjürgen Rosenbauer*

Am 23. Juli 1992 um 14.10 Uhr traf in der Babelsberger Intendanten-Baracke ein Fax aus der Nalepastraße in Berlin ein. Die von der Ost-West-Kooperation überhaupt nicht begeisterte RockRadio B-Redaktion, die dort noch untergebracht war, schlug als Namen für die neue gemeinsame Jugendwelle mit dem Sender Freies Berlin »RADIO EXTRA« vor. Gerhard Hirschfeld, damals ORB-Hörfunkdirektor und kampferprobt in den Auseinandersetzungen mit den Anhängern von DT 64 ebenso wie mit usurpatorischen Gelüsten seiner Kollegin beim Mitteldeutschen Rundfunk, saß gerade mit mir zusammen, als das Fax hereingereicht wurde. »RADIO EXTRA« fanden wir ebenso wenig überzeugend wie andere Vorschläge.

Seit November 91 hatten wir – beide von Beruf Journalisten – eine gewisse Routine im Namenerfinden entwickelt. Aus dem ursprünglichen Sendernamen »RBr« (Rundfunk Brandenburg) hatten wir »Ostdeutscher Rundfunk« gemacht, später von der Landesregierung um den Bestandteil »Brandenburg« ergänzt. Die neuartige Kulturwelle hatten wir »Radio Brandenburg« getauft. Das Fernsehen hieß folglich »Fernsehen Brandenburg«, die populäre Hörfunkwelle hieß auch ohne unser Zutun schon »Antenne Brandenburg« und überall tauchte der rote Adler auf. Brandenburg alle Wege!

Aber wie ließ sich Brandenburg in den Namen einer kooperierten Ost-West-Jugendwelle zwingen, bei der außerdem SFB-Intendant von Lojewski auch noch mitreden wollte? Bevor das autonome Jugendzentrum in der Nalepastraße der Versuchung nicht länger würde widerstehen können, seinen Namen in bewährter Weise einer breiteren Öffentlichkeit zugänglich zu machen, mußte also ein Gegenvorschlag her. Es muß gegen Abend gewesen sein. Wir hatten eine Menge Ideen geboren, beerdigt, wiederbelebt, hatten Sekretärinnen, Redakteure, den Verwaltungsdirektor als Testpersonen benutzt. Irgendwann, die Zeit drängte, sagte ich: »Wir nennen den Sender einfach Fritz!« Zu meiner Überraschung fanden das, vom Hörfunkdirektor angefangen, fast alle gut. Und schon ging ein Fax an RockRadio B: »Unser Vorschlag, von Hörfunkdirektion und Intendant: Fritz! Die junge Welle aus Potsdam.«

An die Reaktion aus der Nalepastraße kann ich mich nicht mehr erinnern. Möglicherweise war es ein im Archiv verwahrtes Gegenfax: »Pots-Blitz, die junge Welle aus Potsdam – Fritz! Extra Radio.« Die postwendende Reaktion aus der Masurenallee allerdings habe ich dauerhaft im Gedächtnis behalten. Mit professionellem Verweis auf ihr Copyright schrieb die Radio 4U-Redaktion an die künftigen Partner: »Liebe Kollegen, herzlichen Glückwunsch zu Eurem neuen Namen. Wir von Radio 4U haben uns sogleich ein paar Gedanken von wegen Sendungsnamen gemacht. Zur gefälligen Verwendung:

Fritz zu früh
Pommes Fritz
Fritz rot-weiß
Fritz and Chips
The Big Fritz
Fritz - schnell im Biß, das aktuelle Magazin
Fritz, die junge Broiler-Welle
Der alte Fritz, Oldies but Goldies
Hits von Fritz
Night-Fritz«

Und dann erinnere ich mich an die heftigen Debatten im Programmausschuß des ORB (nicht öffentlich), wie im Rundfunkrat (öffentlich), als im Herbst 1992 Konzeption und Name vorgestellt wurden. Schon im Vorfeld tauchten, gewissermaßen zur Probe, die seltsamsten Interpretationshilfen und Werbeslogans auf, z.B.: »Fritz wie – Farbiges Radio In Tumultösen Zeiten.« – »Kommt März, kommt Fritz.« – »Tante Volksmund: Im Märzen der Bauer sein Fritzlein einspannt.« Das bezog sich natürlich auf den verabredeten Sendestart am 1. März 1993, war deshalb aber auch nicht besser.

Das Protokoll der Programmausschußsitzung vom 25. September 1992 jedenfalls vermerkt, daß eine ganze Reihe von Rundfunkräten bei dem Namen »Bauchschmerzen«, »Probleme« oder »Schwierigkeiten« habe. Der Name erscheine nicht besonders »werbewirksam« und »durch die jüngste Vergangenheit immer noch belastet.« Wir boten an Gegenargumenten auf, was uns so einfiel: Fritz sei als Jungenname wieder im Kommen, kein anderer Radiosender habe einen vergleichbaren Namen zu bieten, niemals hätten wir bei dem Namen preußischen Militarismus assoziiert, Fritz Pleitgen sei als Korrespondent in Moskau geradezu als Inkarnation des guten Deutschen »Fritz« geschätzt worden und überhaupt falle einem bei einem

Jugendsender doch erst einmal »Fritz the Cat« ein. So war das mit dem Namen. Als sich dann in Babelsberg, in der Nalepastraße und der Masurenallee die Gemüter beruhigt hatten, der Name die erhoffte PR-Wirkung erzielte und mit einem entsprechenden Logo versehen worden war, da drohte uns der WDR mit einer Klage wegen Verwechslungsgefahr. In seinem regionalen Fernsehprogramm gäbe es ein monatliches Magazin mit dem Titel »Frizz«. Wir baten inständig darum, die Drohung wahr zu machen. Was hätte uns kleinem, aufstrebendem Ostsender Besseres passieren können, als vom Westgoliath verklagt zu werden. Aber Friedrich (Fritz!) Nowottny ließ es als Intendant leider nicht dazu kommen.

Am 1. März 1993 ging Fritz auf Sendung. Diesmal kam ein Fax des Intendanten in der Fritz-Redaktion an: »Intendant liegt im Fieber, ist fritz und fertig, hört trotzdem zu, freut sich über das neue Familienmitglied und gibt den fiebrigen Rat: Take it easy, forget the cold war, keep on rocking!«

Irgendwie habe ich das Gefühl, dieser Rat könnte auch zehn Jahre später, beim Zusammenwachsen von SFB und ORB, durchaus hilfreich sein.

*Herzlichen Glückwunsch zum Geburtstag!*

# 1.
# Smells Like Teen Spirit

# Der Kleine Tierfreund: Fritz, die Sackratte

*Von Dietmar Wischmeyer*

**Zehn Jahre** ist es her, da rottete sich das übelste Geschmeiß und Natterngezücht der Republik zusammen, um einen Radiosender zu eröffnen. Fritz nannten sie das Machwerk, nach der Sackratte des Programmdirektors. Genau wie diese sich im feuchten Unterholz der Beinbekleidung suhlte, sollte auch das neue Radioprogramm ein Parasit am Hörer sein. Faul und übelriechend lungerten die Fritzen in Potsdam herum und malträtierten die Hörerschaft mit ihren ekelerregenden Botschaften. Hunderttausende der unschuldigen Hörer sind bereits komplett verblödet, der ORB unterhält eine eigene Anstalt für Fritzgeschädigte, Radio Eins genannt. Doch wieviel Hörer draußen am Empfänger während einer Sendung den Gashahn aufdrehten, darüber gibt es nicht mal Vermutungen. In der Tierärztlichen Hochschule Hannover ist allerdings das Fritzprogramm einer Gruppe von Laborratten vorgespielt worden. Die Hälfte von ihnen bildete nach zehn Minuten eitrige grüne Pusteln am After aus, die andere Hälfte verreckte schon nach fünf Minuten elendig im eigenen Erbrochenen. Die mit dem Versuch betrauten Wissenschaftler sitzen in der Gummizelle und zwei zufällig anwesende japanische Austauschstudenten haben sich spontan den Penis abgeschnitten. Liebe Zuhörer, die Menschheit kann nur hoffen, daß dieses widerwärtige Programm bald verschwunden sein wird und sich nie wieder ein Radiosender nach einer Sackratte benennen muß. Bis zum nächsten Mal, hoffentlich in einem gepflegteren Umfeld, wünscht der Kleine Tierfreund.

# Jedes Jahr neu, oder: Der Babysender

*Von Holger Wenk*

Die spannende Frage, was Radio-Fritz-Hörer auszeichnet, beantwortet die ARD-Werbung ziemlich skurril: Sie sind fast doppelt so stark an Babynahrung und -windeln als an Sportbekleidung oder Hi-Fi-Anlagen interessiert. Zumindest suggeriert das die öffentlich-rechtliche Vermarktungstochter mit dem Beinamen Sales & Services den Werbetreibenden, um sie zum Buchen der Berlin-Brandenburger Kombi 14-39 zu bewegen. Vielleicht haben aber die Fritzen, die ja immer so schräg und anders sein wollen, einfach nur Pech. Sie sind nämlich in dieser Kombi in der Minderheit und mit Energy, 104.6 RTL, rock star fm und Radio EINS als 5er-Pack buchbar.

Aber eigentlich paßt das Argument, mit dem die 141.000 Fritz-Hörer pro Durchschnittsstunde an Industrie und Handel verkauft werden, doch. Immerhin ist die Welle ein »Kommunikations- und Aktionsradio«, und ohne beides klappt's mit dem Nachwuchs schlecht. Zwar sollte man mit zehn Jahren den Windeln und dem Brei langsam entwachsen sein, doch bei dem Berlin-Brandenburger Sender ist eben nichts normal. Schon der Start 1993 war irgendwie eine Zangengeburt, unter medienpolitischen Querelen legten der junge ORB und der alte SFB Radio 4U und RockRadio B zusammen. Eigentlich schluckte diesmal Ost den Westen, Großstädter und Landeier hockten im DDR-Provisorium Nalepastraße zusammen und »lehnerten« unter der Leitung des »sf-beat«-Helmuts in nur zwei Monaten das neue Jugend-Fritz zusammen.

Die Programm-Grundideen haben bis heute Bestand und feiern in den letzten zwei Jahren wieder Einschalterfolge – auch dank der Pflege durch Lehnert-beat-Freund Konrad Kuhnt in den letzten sechs Jahren. Denn der Gründer ist nach vier Fritz-Jahren erwachsen geworden und macht selbst nur noch Hörfunk für Erwachsene – eben Radio EINS, sozusagen den großen Fritz-Bruder. Eigentlich ist der aber der kleinere, besser der jüngere Bruder. Im Doppelpack sind die beiden inzwischen unschlagbar: Fritz als Marktführer bei den 14- bis 19jährigen stand trotz aller ORB-SFB-Hörfunkfusions-Streits Ende der 90er Jahre als Kooperationsprogramm nie zur Disposition. Radio Eins inzwischen auch nicht mehr. Zumindest dringt das aus dem Fusions-Gestrüpp beider Anstalten. Was dabei die Babelsberger und Charlottenburger Kempen für 2003 noch vor sich haben, hat Fritz schon hinter sich: Stimmt die Grundkonstruktion, muß man sich nur jedes Jahr wieder neu erfinden – entlang des eigenen Profils.

Und das hat der zehnjährige Fritz getan; es macht ihn mittlerweile ziemlich unverwechselbar. Insider enthüllen in diesem Buch über ihren Sender, was Coca Cola im eigenen Fall sicher zum Wahnsinn treiben würde: das Geheimrezept. Als medial geschulter Außenseiter fallen mir bei Fritz zunächst die spektakulären Aktionen ein. Von der Dino-Verarsche der Anfangsjahre bis zur 2001er Fuck-Parade. Selbst die von der Konkurrenz ziemlich verbissen betriebenen Aktionen zu den alljährlichen Befragungswellen der Media Analyse (MA) kann sich Fritz mit seinem komfortablen Gebührenpolster leisten zu karikieren: Die 1999 verschenkten Toaster, die ein F wie Fritz oder Fuck in die Labberstullen einbrannten, sind inzwischen Raritäten im Gegensatz zu den massenhaften Kult-Wollmützen oder den T-Shirts.

Die zweite Ingredienz des scheinbaren Geheimrezepts von Fritz sind Mitmach-Formate. Vom »Ohrenzeugen«-Telefonkrimi über »Tommy rennt« (99) bis zu den »Waldländern« (2000). Überhaupt: Ob Trimedia oder Mirage – zwei EU-geförderte Experimente –, der Lovescout mit drahtloser Webkamera, KenFM aufs Handy, die »weite wilde welt« oder virtuelle Kaf-

**Eröffnung der Fritz-Kneipe in Potsdam**

feeflecken, »mussteklicken« und die abonnierbaren Newsletter im Web-Auftritt: Fritz ist immer multimedial. Kein Wunder, daß sich MTV und Yahoo! vor zwei Jahren verleiten ließen, www.fritz.de mit dem Online Music Award zu prämieren. Dabei hatte die juvenile Spree-Welle längst ihr Ausrufezeichen im Namen verloren.

Um nicht ganz virtuell in den Cyberspace abzuheben, ist der Jugendsender auch bei der Zielgruppe vor Ort präsent, sozusagen geerdet. Der frühen Fritz-Kneipe in Potsdam folgten bald das COLUMBIAFritz und neuerdings der KenFM-Laden. Alba- und sonstige Sport-Partnerschaften werden durch Konzert-Sponsoring oder eigene Aktionen wie die 95er Bahn-Raver-Woche ergänzt. Sahnehäubchen drauf ist das eigene »Fritz«-Label, zugleich eine Art Nachwuchsförderung wie der Echo-Popmusikpreis (zusammen mit der »Bravo«). Mit dem »Goldenen Lehmann« werden selbst ehrwürdige Events wie die Film-Berlinale aus Jugendsicht gebrandet.

Ernsthaften Problemen wie Ausbildungs- und -Bildungsmisere, Fremdenfeindlichkeit und Politikfrust widmen sich die alljährlichen Brandenburg-Touren wie mit dem Satelliten-Mini und Shows wie »BerlinMacht-Schule«, aber auch die »Linke Tour« und das »Hörmal« oder »My house is your house« – radiophone Lebenshilfe pur. Das wird dann schon mal prämiert, weil: es ist selten geworden im Dudelfunkland. Der Civis-Medienpreis 2000 wurde sogar in Brüssel an die Fritzen überreicht. Auf den bedeutendsten Nachwuchs-Förderpreis der ARD namens Kurt Magnus scheinen Moderatoren der ORB/SFB-Jugendwelle seit drei Jahren förmlich ein Abonnement zu haben.

Ohne Öl knirscht es aber selbst im bestkonstruierten Getriebe, Radio braucht eben Personality, eigene oder domestizierte. Bei Fritz sind's nicht nur die DJs und angesagten Bands und Mike Lehmann, sondern auch die tatsächlichen und die Möchtegern-Moderations-Promis. Sie gehen beim Sender aus und ein, selbst Big Brother-John aus dem Container durfte Fritz-Luft schnuppern, als er wieder draußen war. Die Karriere des fast legendären Spree-Moderatorenduos für die ältere, urbane Zielgruppe, Wieprecht/Skuppin, hat eigentlich bei Fritz begonnen: als Nacktauftritt von Volker. Auch Sprechfunk-Legende Kuttner ist ohne Fritz undenkbar. Bimedial agiert Ken Jebsen und Ex-MTV-Star Christian Ulmen bezeichnete sein Fritz-Engagement als »Kindergeburtstag, der superviel Spaß macht«. Den will auch Caroline Korneli, das schnoddrige Girl aus der Telekom-Werbung, die neuerdings bei den Fritzen im schicken Studio talkt.

Denn eines hat sich die Jugendwelle als einstiges Schmuddelkind aus der Nalepastraße nach den Provisorien gegönnt: ein neues Domizil. Gut behütet von der direkt darüber sitzenden Hörfunkdirektion residiert man nun in der Marlene-Dietrich-Allee in zwei Etagen des Südtraktes. Im modernen »Haus der kurzen Wege«, wie der ORB seine neue Hörfunk-Kaserne nennt, wollen die Fritzen nun endlich ihre Windeln ablegen und den Brei wegstellen. Die Marschrichtung hatte das erste Fritz-Buch 1999 bereits vorgegeben: »Irgendwie, irgendwo, irgendwann«. So ähnlich scheint's auch in Frankfurt – natürlich Main, nicht an der Oder – bei der ARD-Werbung zuzugehen: Bis die ihr Berliner-Werbekombi-Prospekt auf Vordermann bringt, hat Fritz sicher schon den nächsten Generationswechsel in seiner Hörerschaft hinter sich. Diesmal als Jugendwelle des RBB, des Rundfunks Berlin Brandenburg, wie die neue fusionierte Anstalt heißen wird.

---

**Holger Wenk:** *Gebürtscher Sachse (Dresden), Absolvent Sektion Journalistik Uni Leipzig, Schreiber bei Neues Deutschland, 1996–99 freier Medienjournalist (u.a. Welt, WamS, Berliner Zeitung, kabel&satellit, epd medien, TIP, media & marketing, ddpADN-Mediendienst etc.), 1999–2002 Medienredakteur Berliner Morgenpost, seit Frühjahr freier Medienjournalist und Berater mit KonzeptW, Agentur für Medienkommunikation.*

**Die Radio-Fritzen**

# Ein Sender als Adjektiv

**Annäherung an das Wesen eines »Kultradios«. Oder: Warum früher nichts besser war.**

*Von Philip Meinhold*

---

Ein Wort schwebt über der Fritz-Redaktion. Es hängt in der Luft der Redaktionskonferenz, schwirrt unsichtbar durch das Studio, sitzt in den Köpfen der Mitarbeiter. Seit ein paar Jahren ist es verpönt, dieses Wort zu benutzen – wir haben es mal zum Unwort des Jahres erklärt –, vielleicht kennen es die jüngeren Kollegen überhaupt nicht mehr. Aber irgendwie ist dieses Wort – und das, was es meint – trotzdem präsent. Es heißt: *fritzig*. Ein Programmpunkt hat *fritzig* zu sein.

Es hat nie jemand definiert, was das heißen soll. Aber irgendwie steckt wohl *frech* und *witzig* darin, und vielleicht noch ein Spritzer *spritzig*. Zugegeben: ähnliches schreiben sich wahrscheinlich die meisten Radiostationen auf die Fahnen. Dörti Dani ist frech und Arno ist witzig und möglicherweise nennt sich selbst Spreeradio spritzig. Aber *fritzig*, das heißt noch mehr – es heißt: so wie nur Fritz sein kann.

Energy ist das schnellste Radio Berlins, RTL hat die lustigste Morningshow, r.s.2 zumindest den Supermix. Fritz zu definieren ist da schwieriger. »Nur echt mit der Wollmütze« lautete der Slogan der Anfangsjahre. Die Wollmütze war der Hut, unter den alles gebracht wurde: Marusha und der Chaos Computer Club, Take That und der wöchentliche Öko-Report, Musik für den Mainstream und Minderheiten. Das Problem ist: Wir alle, die für diesen Sender arbeiten, haben unterschiedliche Vorstellungen von dem, was *fritzig* sein könnte. Und weil wir alle an diesem Sender hängen, führen wir einen nicht enden wollenden Kampf um die eigenen Ideen. Fritz ist ein ständiger Kompromiß, eine Geduldsprobe für jeden einzelnen, ein Expander mit hundert Griffen, an denen gezerrt und gezogen wird.

Das erste Mal das Gefühl, den Sender verlassen zu müssen, hatte ich 1996, genauer gesagt am 3. September. Ich war gerade anderthalb Jahre dabei und in der Nacht zuvor hatten die USA den Irak angegriffen. Ich hatte keine Lust mehr, *fritzig* zu sein. Ich war Redakteur für die Nachmittagssendung und wollte über die Operation »Desert Strike« berichten. Meine Programm-Managerin war dagegen: »Wir sind doch nicht Inforadio.« Dabei ist es nie das Thema, das *fritzig* sein muß. Es gibt nichts, worüber nicht berichtet werden könnte: die Riester-Rente, Brustimplantate, die aktuellsten Tattoo-Trends – egal! Es ist, von Katastrophenfällen abgesehen, immer die Idee, die entscheidet. *Fritzig* kann es sein, wenn Kollege Kuttner eine Woche lang von Sozialhilfe lebt und von seinen Erfahrungen berichtet oder wenn Fritz zum zehnten Jahrestag des Mauerfalls einen Tag als DT 99 (Deutschland-Trennung '99) sendet. *Fritzig* kann ein 50stündiger Gedichtemarathon sein oder eine einzelne Frage im Interview. Zum Beispiel wenn man dem Chef des Berliner Börsen-Kreises anläßlich des Börsen-Crashs in Hongkong die Frage zumutet: »Ist das das Ende des Kapitalismus?«

Etwa alle drei Monate bricht auf den Internetseiten von Fritz eine Hörerdiskussion über den Niedergang ihres Senders aus. Tenor: früher war alles besser! Unisono geäußert von 15jährigen, die klingen wie Weltkriegsveteranen, und 35jährigen, deren letzte musikalische Entdeckung Element of Crime heißt. Früher, als es den Wahrheits-Blue Moon noch gab, als Volli und Robi noch moderierten, als Fritz noch Rockradio B und Radio 4U hieß. Als es den SFBeat noch gab und Zarah Leander noch im Wunschkonzert sang. Im Grunde sind es seit zehn Jahren die gleichen Vorwürfe, die erhoben werden: Kommerzialisierung, inhaltliche Verflachung, der Untergang im musikalischen Mainstream. Ich kann die Bedenken nachvollziehen – und ertrage es nicht, wenn jemand anderes sie äußert. Wirklich Sorgen müßte man sich wahrscheinlich erst machen, wenn diese Vorwür-

**Philip Meinhold (m.) und Patricia Pantel auf Wahl-Mini-Tour 1998**

fe eines Tages nicht mehr kämen. Eine Bekannte warf mir kürzlich vor, in einem Bundesland voller Neonazis seichtes Jugendradio zu machen. Ich hätte ihr erzählen können, wie ich zwei Wochen lang durch Brandenburg gefahren bin und jeden Tag aus einem anderen Ort über Rechtsextremismus berichtet habe. Wie ich irgendwann anfing, in den Rückspiegel des Dienstwagens zu schauen, um zu sehen, ob mir irgendwer folgt. Ich hätte ihr vom Civis-Medienpreis erzählen können, den Fritz für seinen Einsatz gegen Rechtsextremismus erhalten hat, oder von den unzähligen Blue Moon-Sendungen zum Thema. Aber wenn meine Bekannte das nächste Mal Fritz eingeschaltet hätte, hätte sie wahrscheinlich irgendeine Kartenverlosung für ein Techno-Event in Schwarzheide gehört und anschließend einen Song der No Angels.

So ist Fritz für den politischen Intellektuellen ein deformiertes Gute-Laune-Programm, für den Gubener Nazi ein Zeckensender. Vielleicht gehört auch das zu Fritz dazu: sich immer zwischen alle Stühle zu setzen. Pop und Politik, Techno und Talk, Musik von Britney, Bro'Sis und Brandy und dazu ein einwöchiger Schwerpunkt zum Nahost-Konflikt. Vielleicht ist es das, was im Sendeauftrag mit »integrativem Jugendprogramm« gemeint ist. »Die Wundertüte Fritz«, hat Chefredakteur Kuhnt das Prinzip mal beschrieben.

Zum 4. Fritz-Geburtstag rief ein fünfzehnjähriger Hörer im »Blue Moon« an und sagte: »Wißt ihr, was ich an euch so mag – daß ihr alle so verrückt seid!« Vielleicht ist es das, was *fritzig* ist: ein Lebensgefühl, eine bestimmte Art, die Welt anzuschauen. Wahrscheinlich ist auch dies wieder etwas, was alle Sender für sich in Anspruch nehmen: Lebensgefühl zu vermitteln, Emotion. Aber mal ehrlich: Wer will schon mit Arnos Lebensgefühl durch die Gegend rennen? Da bleibe ich lieber *fritzig*.

# Offener Brief

*Von Barry Graves (Radio 4U) vom 13. April 1992*

---

**Es sind nicht** einmal mehr zwei Monate bis zum projektierten Beginn des gemeinsamen Jugendprogramms von SFB und ORB; trotzdem ist nicht einmal in Ansätzen eine gemeinsame Arbeitsbasis erkennbar. Erst einmal ist es völlig indiskutabel, die Geschäftsleitung und Redaktion der neuen gemeinsamen Welle paritätisch zu besetzen. Die Hauptstadt hat fast vier Millionen Einwohner, das Land Brandenburg etwas mehr als die Hälfte. Woher die Brandenburger den Anspruch nehmen - der ihnen auch von unseren Verhandlungsführern noch zugestanden wurde! -, die Hälfte aller Stellen zu besetzen, ist schleierhaft. Genauso ist es inakzeptabel, daß die Leitung der Welle im Gründungsjahr bei Brandenburg liegt. Das Schärfste aber ist der Anspruch von RockRadio Brandenburg, die Welle in Potsdam oder der Nalepastraße anzusiedeln - dem von unseren Verhandlungsführern auch nicht in radikalster Weise widersprochen wurde (wohl, weil einige von ihnen im Südwesten von Berlin wohnen und es so bequem zur neuen Arbeitsstelle haben?).

Diese schlichteste aller Erfahrungen, die ein Profi hat, ist den Leuten von RockRadio Brandenburg nicht vertraut oder scheißegal. Hauptsache, sie können wieder mal ihren Ost-Komplex pflegen. Ich habe aber, ehrlich gesagt, die Schnauze voll von Leuten, die eigentlich zum Psychiater gehören, anstatt uns ständig mit unüberlegten Forderungen zu belästigen.

Eines ist doch klar: Mit den Leuten von Rock RadioBrandenburg läßt sich nicht zusammenarbeiten, weil sie nicht sach-, sondern neurosenorientiert sind, weil sie in unanständiger Weise vermeintliche Ost-Befindlichkeiten für ihre dummen Ansprüche vorschieben. Dabei scheinen sie, Dilettanten, die sie nun mal sind, übersehen zu haben, daß auch mindestens 90 Prozent der Ost-Kids sich freiwillig für ein Radio westlicher Art entschieden haben, denn die hören Rias 2, RTL und Energy etc. Außerdem sind die Gegensätze zwischen Ost und West Übergangserscheinungen. In ein paar Jahren ist eine neue Generation herangewachsen, die nur ein Land und eine Lebensform kennt. Wir sind doch nicht so blöd und installieren ein Radio, das im Moment der Gründung schon der Schrott von gestern ist. Die Leute von RockRadio Brandenburg bedrohen mit ihren Forderungen und Ansprüchen unmittelbar Eure Arbeitsplätze, denn eine solche Welle, wie sie denen vorschwebt, kommt bei den Hörern nicht an, wird als Ghetto-Radio dahinkümmern und in Kürze mangels Zuspruch von den Herren Rosenbauer und Lojewski eingestellt werden. Wenn Ihr jetzt nichts unternehmt, dann könnt Ihr Euch im nächsten Jahr eine neue Stelle suchen. Denn mit solchen Leuten geht nichts. Und wenn Ihr nicht vereint dagegenhaltet, sägt Ihr Euch selbst Euren Ast ab.

**Das autonome Jugendzentrum in der Nalepastraße**

# Mißtrauen und Euphorie

## Anfänge eines Ost-West-Radios

*Von Oliver Zelt und Jan Weyrauch*

---

*Am 31.12.1992 stellt der SFB sein erfolgreiches Jugendprogramm Radio 4U ein. Einige Redakteure von 4U arbeiten anschließend beim Pendant des ORB, Rockradio B. Die ORB-Welle sendet weiter, bis zum Morgen des 1.3.1993. Dann geht ein neues Radio on air: Fritz, die Jugendwelle von ORB und SFB. Der Ex-Chef von 4U, Helmut Lehnert, ist auch der erste Fritz-Chefredakteur. Der gebürtige West-Berliner Jan Weyrauch (Ex-Radio 4U) und der gebürtige Schweriner Oliver Zelt (Ex-Rockradio B) waren Fritz-Redakteure der ersten Stunde. Sie erinnern sich an eine spannende Radiozeit rund um den Sendestart, an Ost-West-Probleme, und daran, wie aus zwei Redaktionen das erste kooperierte Ost-West-Programm Deutschlands wurde.*

*Oliver:* Kannst du dich noch an die erste Sendewoche erinnern?

*Jan:* Ja, wir hatten in der ersten Woche eine Tour durch Brandenburg geplant, um Fritz bekannt zu machen. Am ersten Sendetag waren wir in Potsdam, am Brandenburger Tor.

*Oliver:* Da ging es doch schon los, diese Woche haben, glaube ich, nur Westler geplant, oder? Einzig Irina Grabowski war noch mit draußen, als Alibi-Ostlerin nehme ich mal an ...

*Jan:* Jedenfalls standen wir am Brandenburger Tor und hatten ein altes Ost-Radio dabei, das wir noch in der Nalepastraße gefunden hatten. Das sollte Manfred Stolpe mit einer Flasche Rotkäppchen-Sekt taufen. Wir fuhren sehr früh vom Sender aus los. Es war noch dunkel, vor fünf Uhr morgens. Auf der Fahrt nach Potsdam hörten wir dann im Auto die letzte Stunde Rockradio B, das ja auf der gleichen Frequenz wie Fritz sendete. Die Rockradio-Crew verabschiedete sich auf ziemlich eigenartige Weise.

*Oliver:* Naja, vielleicht haben wir das alles etwas zu schwarz gesehen. Wir haben die ganze Nacht gesendet und alle Mitarbeiter waren mit dabei, immerhin ging ja ihr Sender unter. Um sechs Uhr sollte die Übergabe an Fritz sein und wir dachten: das letzte Mal so richtig Musik spielen, die sonst keiner spielt. Kurz vor sechs sind wir aus unserem Studio raus und in das Studio, in dem Fritz starten sollte. Im Programm hat Kuttner an Jürgen Büsselberg und Anja Bothe übergeben, und die fingen dann mit einem Hahnkrähen die erste Fritz-Sendung an. Das war so ein gelber Wecker-Hahn. Der sollte sagen, jetzt geht's richtig los! Überall liefen Leute mit guter Laune rum – und ich hatte die Nase erst einmal voll. So viel Spaß konnte ich nicht ertragen. Da hatte ich keinen Bock drauf.

*Jan:* Warum hattest du keinen Bock darauf?

*Oliver:* Es war schon ein Vorurteil: Jetzt kommen die von drüben, fallen hier ein und zeigen uns, wie Radio gemacht wird. Kannst du dich noch an diese legendäre Bekanntmachungssitzung erinnern? Das war in der Nalepastraße; wir hatten bei Rockradio B noch Sendung gemacht und ich kam direkt vom Studio nach oben und der gesamte Sitzungsraum war voller Radio 4U-Leute und alle saßen und natürlich waren keine Stühle mehr frei. Ich dachte, genauso ist es, ihr sitzt und wir stehen.

*Jan:* Ehrlich gesagt hab ich mich auch nicht richtig warm empfangen gefühlt. Ich war ja noch nicht lange beim Radio und hatte Lust auf etwas Neues. Ich habe mich immer gefragt, woher dieses gegenseitige Mißtrauen kommt. 1993 spürte man eigentlich noch so eine Nach-Euphorie vom Mauerfall. Und wir waren gezwungen worden, etwas gemeinsam zu machen, was wir freiwillig wahrscheinlich nie gemacht hätten. Insofern fand ich die Frage spannend, was aus einem unfreiwilligen Projekt von Ossis und Wessis wird. Natürlich hat man auch bei uns im Westen diskutiert, was das für Leute sind, die da Radio machen. Wir hörten uns Rockradio B an und dachten, Gott das ist ja furchtbar!

*Oliver:* Genau, es waren völlig unterschiedliche Radios.

*Jan:* Wir hatten den Anspruch, meßbar erfolgreiches Radio zu machen, und haben auch damals schon auf die Einschaltquote geguckt. Und ihr

**Kuttner & Schramm: Die letzten Stunden von Rockradio B**

habt Radio gemacht nach dem Motto: Heute kommt der und macht Radio, wie er Bock hat, und morgen der und der hat auf was anderes Bock.

*Oliver:* Absolut, aber das haben wir damals nicht so gesehen. Formatradio war der Abschaum. Heute würde ich sagen, ihr habt ein ambitioniertes Radio gemacht, denn Einschaltquote ist ja nichts Schlechtes, eben nur die Währung dafür, daß ein Programm gerne gehört wird.

*Jan:* War das für euch kapitalistische Denkweise?

*Oliver:* Nee, eher nicht, eigentlich hatten wir ja auch Formatradio. Um Voll und Halb Nachrichten, um zehn und zwanzig nach Wortbeiträge, nur von Hörerzahlen haben wir lieber nicht geredet.

*Jan:* Aber ein Musikformat gab es nicht?

*Oliver:* Nein, eher nicht. Das haben die Moderatoren selbst bestimmt.

*Jan:* War das so, weil ihr euch gesagt habt, jetzt machen wir das, was wir in der DDR nicht durften?

*Oliver:* Ich denke, das war im Hinterkopf. Ich will mir nicht mehr sagen lassen, wie ich es und was ich zu machen habe. Natürlich total kurzsichtig, muß ich hinterher sagen. Während ihr schon an den Erfolg gedacht habt, haben wir wohl eher politische Korrektheit an den Tag gelegt. Und dann kamt ihr und wolltet uns zeigen, wie Radio gemacht wird. Ich erinnere mich noch, wie ich an einem Tag Redakteur der Frühsendung war, und es war eisglatt draußen. Am Ende der Nachbesprechung sagte Konrad Kuhnt, unser damaliger Vize-Chef: »Da war doch noch was.« Und ich sagte: »Ja, was denn?« Darauf Konrad: »Es war glatt!« Es war letzten Endes nichts anderes passiert, als daß der Chefredakteur sich morgens vor seiner Haustür hingelegt hatte. Und ich hatte versagt, weil ich in der Frühsendung zu wenig zum Glatteis gemacht hatte. Da habe ich natürlich innerlich gekocht. Ich dachte, okay, jetzt werden mal kurz Gründe gesucht, um uns abzuschießen.

*Jan:* Genau dieses Gefühl hatte ich, als ich gekommen bin. Denken die jetzt, sie müssen alle gehen, weil wir kommen? Sehen die uns als eine Front an, die da anrückt und den Osten vertreibt? Ich fand es von Anfang an problematisch, als Vertreiber gesehen zu werden, ohne daß ich gefragt werde. Ich bin sehr offen rübergegangen. Es war für uns auch eine Riesenumstellung, wir kamen damals aus den relativ modernen SFB-Studios. Und dann in die Nalepastraße, den alten DDR-Rundfunk. Das war eine Zeitreise und zwar zurück in die tiefsten sechziger Jahre. Beispielsweise mußte jeder für die alten ungarischen Bandmaschinen, an denen wir unsere Beiträge schnitten, eine eigene kleine Schere mitbringen, die sogenannte Cutterschere, weil die Maschinen keinerlei Schneidevorrichtungen besaßen. Es prallten da schon zwei Welten aufeinander und es gab super Streß, ohne daß es hätte sein müssen. Komisch, daß dann doch alles sehr schnell glatt ging.

*Oliver:* Im Programm selbst hat man das überhaupt nicht gemerkt. Wir haben halt doch alle mit demselben Wasser gekocht. Es war manchmal so ein Kampf, der gar nicht hätte sein müssen.

*Jan:* Wir hatten ja auch von Anfang an 24 Stunden Programm zu produzieren. Das heißt, wir hatten gar keine andere Wahl. Zwar knallte es ohne Ende. Es ging darum, welche Musik wir spielen. Die einen wollten Charts, andere eher Insider-Bands; oder um die Zusammensetzung der Teams: wieviele Ossis, wieviele Wessis kommen in die Teams? Aber dadurch, daß es so laut geknallt hat, wurde auch alles offen ausgesprochen. Man mußte ja weiterarbeiten.

*Oliver*: Wir haben ja am Anfang auch ohne große Strukturen gearbeitet, das heißt, es gab den Chefredakteur und alle anderen waren mehr oder weniger gleichgestellt. Ich glaube, da ist auch dieses Gefühl entstanden, daß alle ernstgenommen werden und alle sich ernstnehmen müssen. Wir haben schon gemerkt, daß viele auf derselben Wellenlänge schwammen. Ich erinnere mich noch an die Diskussion, als der Chef anordnete, es werden keine Korrespondenten mehr angerufen, und wie wir Angst hatten, das Programm würde politisch verflachen. Aber wir waren gezwungen, uns andere Ideen auszudenken. Davon profitiere ich eigentlich bis heute, eben nicht den ersten, sondern erst den dritten Weg zu gehen. Das mußten wir bei alle bei Fritz gemeinsam lernen.

*Jan:* Ich glaube, wichtig war auch, daß diese Ost-West-Geschichte nicht nur uns als Redakteure bewegt hat, sondern auch die West- und Ostberliner und die Brandenburger. Wir hatten einen Mikrokosmos bei Fritz, ein kleines Abbild von dem, was draußen im Land los war. Wahrscheinlich waren wir auch deshalb so erfolgreich, weil wir intern gespürt haben, was die Leute draußen auch spürten.

**Senderaum Nalepastraße**

*Oliver:* Hattest du dich eigentlich vorher mit den Menschen in Brandenburg beschäftigt?

*Jan:* Nein, nicht so richtig, aber ich war neugierig. Ich habe die DDR nur mit Zwangsumtausch erlebt. Der Osten war bis zum Mauerfall für mich vor allem eine Möglichkeit, billig essen zu gehen oder in Diskos. Ich wollte auch das Umland kennenlernen. Das kannte ich überhaupt nicht. Wenn man in den Wald wollte, sind wir als Westberliner über zwei Grenzen nach Westdeutschland gefahren. Und ich hab damals viel entdeckt, was für dich selbstverständlich war. Als Reporter bei Fritz war es eine super Gelegenheit, in die Städte zu gehen und über den Job alles neu zu entdecken.

*Oliver:* Siehst du, das war etwas, wo ich einen Vorteil hatte. Ich kannte mich da aus und ihr mußtet das erst neu lernen. Unser Vorteil war, daß wir neugierig waren und das nicht nur des Berufs wegen. Wir hatten uns natürlich zu DDR-Zeiten durchs Westfernsehen immerhin über euch informiert und wußten deshalb schon ziemlich viel.

*Jan:* Klar, ihr habt euch am Westen orientiert, wir aber nicht am Osten.

*Oliver:* Es war ja auch so, daß die Vorurteile, die wir am Anfang hatten, relativ schnell zu Sticheleien und Neckereien abflachten, die jeder aushalten konnte und die eher witzig waren, wenn ihr mal wieder einen Ort falsch ausgesprochen hattet oder wir mal wieder nicht begriffen, was ein Teaser ist.

*Jan:* Diese Sprüche sind dann ja manchmal auch im Programm gelandet.

*Oliver:* Kannst du dich noch an die Comedy-Serien erinnern? Da gab es ja eine Ost- und eine West-Serie. Die von euch hieß ...

*Jan:* »Abflug ohne Wiederkehr« ...

*Oliver:* ... genau, und die andere war »Die Seifenstraße«. Völlig unterschiedlicher Humor. Eure hatte schnelle Schnitte, mit Schauspielerstimmen und eigentlich ohne Handlung, während die Seifenstraße, von Jens Quandt gemacht, doch eher auf Wortwitz setzte und etwas behäbig war.

*Jan:* Die erfolgreicheren Comedys waren sowieso die, die bei Fritz selbst entstanden sind, in der Kantine beim Mittagessen – wie das Aquarium und Mike Lehmann, der Fischfütterer. Es ist schon erstaunlich, wieviel davon bis heute bei Fritz vorkommt. Bis hin zu den Sendungen, die vor der Entstehung von Fritz an einem Wochenende in einer Runde mit zehn Wessis und zehn Ossis erfunden wurden und die bis heute Bestand haben. Wir haben ja auch von Anfang an die Hörer zu Wort kommen lassen, bei Bollmann oder im Blue Moon oder bei anderen Hörertalks am Tage. Auch das ist bis heute so geblieben. Letzten Endes war Ost und West am Anfang bei Fritz ein großes Thema und ungefähr nach einem Jahr hatten wir uns arrangiert. Da war es egal, wo jemand herkam. Aber als dann zwei, drei Jahre später die Stasi-Geschichten im ORB hochkamen, als einige Moderatoren als IMs enttarnt wurden, ging die Diskussion auch in der Redaktion wieder los.

*Oliver:* Ja, und wie schon früher habe ich es da wieder gehaßt, wenn ich Westlern mein Leben erklären sollte und warum ich was gemacht hatte. Denn oft hatte ich den Eindruck, sie wollten es gar nicht wissen. Und zweitens, warum mußten eigentlich immer wir uns erklären, ihr mußtet das nie. Aber vielleicht haben wir auch nur zu wenig Fragen gestellt, weil wir zu schüchtern oder zu blöd waren. Bei der Stasi-Diskussion stand der Ostler auf einmal wieder als Denunziant da, nach dem Motto: Ihr wart doch eh alle dabei, ihr müßt es nur zugeben. Ich weiß noch, daß bei den Enttarnungen zwei Leute für den ORB recherchiert haben und beide kamen aus dem Westen. Das war wieder das Gefühl, jetzt zeigt ihr uns mal, was investigativer Journalismus ist.

*Jan:* Ich habe damals viele Fragen gestellt. Aber verurteilt habe ich euch nie. Auf jeden Fall war es wieder so, daß wir intern über Dinge redeten, die auch extern eine Rolle spielten. Auch in den Firmen wurden ja Leute wegen Stasi-Mitarbeit entlassen. Ich habe mich immer selbst gefragt, wie ich mich verhalten hätte. Ich fand die Diskussion sehr spannend. Und ich glaube, sie hatte auch etwas Gutes, denn wir haben über die Auseinandersetzung und Kontroverse auch zusammengefunden. Es ist schon eines der ganz großen Geheimnisse des Erfolges von Fritz, daß neben der Arbeit in kurzer Zeit auch viele Beziehungen entstanden sind. Wir haben viel miteinander gemacht und die besten Ideen sind nicht in der Redaktion entstanden, sondern wenn wir abends weggegangen sind. Es bildeten sich Cliquen, die eben nicht nur aus Wessis oder Ossis bestanden. Das ging eher nach persönlichen Befindlichkeiten, darum, mit wem man besser konnte. Ich glaube, davon hat Fritz ganz lange Zeit gelebt. Für den Anfang war vor allem entscheidend, daß wir merkten, daß Wessis gar nicht so arrogant und Ossis nicht so verbohrt sind.

---

**Jan Weyrauch:** *geboren in Berlin, besuchte die Deutsche Journalistenschule in München, studierte Publizistik und Theaterwissenschaft, als Reporter und Redakteur bei Radio 4U, anschließend Reporter, Redakteur und Moderator bei Fritz. Seit 2002 Wellenchef bei XXL, der Jugendwelle des Hessischen Rundfunks in Frankfurt.*

**Oliver Zelt:** *in Schwerin geboren, Journalistik-Studium, zwei Jahre festangestellter Redakteur bei der Zeitung »Der Morgen«; anschließend ein Jahr bei Rockradio B, sechs Jahre bei Fritz und zwei Jahre bei Radio EINS. Nebenbei freier Journalist für verschiedene Zeitungen. Seit zwei Jahren beim ZDF-Politiktalk »Berlin-Mitte«.*

# Die ersten Minuten

## Der Sendestart von Fritz am 1. März 1993

*Von Jürgen Büsselberg*

Müde war ich jedenfalls nicht. Obwohl ich nicht viel geschlafen hatte. Warum hatte ich mich nur darauf eingelassen, der erste zu sein? Zum Glück aber ja nicht allein, Anja war dabei. Für den »Service«. Aber an mir hing es. Das war mir schon klar. Wird schon irgendwie klappen. Muß ja. Auch gar keine Zeit, richtig nervös zu werden. So früh am Morgen und doch trollen sich schon so viele Kollegen in der Redaktion. Schnell noch mal den Sendeablauf durchgehen. Irgend jemand sagt: »Die Live-Schaltung zu den Kollegen der anderen Programme – das muß pünktlich passieren. Da ist kein Spielraum.« Na, prima. Und dann erwischt es mich doch. In letzter Minute. Ein beklemmendes Gefühl. Da sitzen meine Kollegen, meine neuen Kollegen, im Studio und zelebrieren das Ende von Rockradio B, ihre Zwischenstation von DT 64 zu Fritz. Und ich marschiere da jetzt rein und werde Fritz starten. Und dann ist das Ost-Radio-Geschichte. Abgeschaltet. Abgewickelt. Ich bin das Schwein, sie sind die Guten. Und ich bin auch noch der Wessi.

5 Uhr 58. Langsam sollte ich mir mal überlegen, was ich sage. Die ersten Worte. Wie eröffnet man ein neues Radio? Gewusel im Studio. Es ist, als würden die Kollegen bis zur letzten Sekunde reden wollen. Hey, Jungs, ich habe nur noch Sekunden! Okay, sie gehen. Aber so kleine spitze Bemerkungen können sie sich jetzt auch nicht verkneifen: »Dann fang mal an mit dem neuen Zeitalter des Radios.« Ja, ja. Jetzt Mikro richten, die Papiere sortieren, mutig und entschlossen gucken. Oje, tatsächlich schon sechs, also Mikro auf. Was wollte ich noch sagen? Egal. »Hört sich an, als wäre es sechs Uhr.« Das wollte ich eigentlich nicht sagen. »Sieht aus als ...« Zu spät. Aber »hört« ist für ein Radio ja so schlecht auch nicht. Und seitdem fliegt Fritz durchs All.

# Die Radiofritzen am Morgen

## Ein Besuch im Studio

*Von Alexander Osang*

---

*»Wenn man sich so stoisch an die Sendeuhr hält wie die meisten Radios, wird das schnell langweilig. Besonders morgens sollte schon der Eindruck entstehen, daß da im Studio auch etwas passiert.«* KONRAD KUHNT, CHEFREDAKTEUR RADIO FRITZ

Bei Radio Fritz ist diese Woche Zweiradwoche. Heute ist Rollertag. Deswegen ist Roland da, der einen sehr stabilen Roller gebaut hat, der »city tramp« heißt und über 800 Mark kostet. Roland kommt aus Baden-Württemberg und ist ziemlich beeindruckt davon, »wasch ihr Jungs hier für Stimmung macht«. Im Augenblick rollt der Moderator Tom Böttcher mit dem »city tramp« durchs Fritz-Studio. »Ej, Kult, der Roller«, sagt er.

»Und man kann auch Sprudelkisten damit transportieren«, sagt Roland.

Tom Böttcher trägt einen Ziegenbart, einen Rollkragenpullover, dicksohlige Schuhe und moderiert zusammen mit Steffen Simon, der ein verwaschenes T-Shirt mit vielen kleinen Micky-Mäusen anhat und eine Motorradhose. Haben Sie ein Musikformat?

»Äh?« sagt Tom Böttcher. »Ja, Titel spielen, was sagen, Titel spielen, was sagen«.

Gut, anders gefragt, können Sie ins Musikprogramm eingreifen?

»Ja«, sagt Simon, »wenn wir unseren Job verlieren wollen.«

Roland hat sein Interview hinter sich und will noch schnell was wissen. »Und desch haltet ihr den ganzen Tag durch mit der guten Laune?«

»Nee«, sagt Simon, »nur bis zehn. Dann fallen wir wieder in uns zusammen.« Er schaut kurz auf die Studiouhr und fragt: »Wo ist eigentlich Frauke?«

Frauke Niemeyer sagt die Fritz-Clips an, eine Art lockerer Nachrichtenblock, der einmal in der Stunde stattfindet. Aber Frauke ist noch nicht fertig. »Gut«, sagt Simon, »spielen wir halt die Backstreet Boys. Auch wenn's weh tut.« Fangen die Nachrichten eben ein bißchen später an, diesmal. Was soll's. Dafür kommt Frauke Niemeyer später auch mit dem »city tramp« ins Studio gerollt, und ihre Clips sind wirklich originell. Nur eben ein bißchen zu spät. Aber was heißt das schon in Zeiten, wo andere Sender jede Stunde »zehn Minuten früher auf den Punkt kommen«. Außerdem ist ohnehin nicht sicher, wie spät es eigentlich ist.

»Ist euch eigentlich klar, daß die Studiouhr zwei Minuten nachgeht?« fragt ein älterer Redakteur. »Ihr sagt seit zwei Stunden die falsche Zeit an. Ich hab es zu Hause mit meinem Radiowecker verglichen.« Simon kriegt einen Schreck, glücklicherweise stellt sich später heraus, daß vielmehr der Radiowecker des älteren Kollegen vorgeht, dafür ist der Chefredakteur einer Motorroller-Zeitschrift namens Scooter, mit dem jetzt eigentlich ein Interview stattfinden soll, irgendwie nicht ans Telefon zu bekommen. »Spielen wir eben Musik«, sagt Tom Böttcher. Steffen Simon probiert inzwischen auf dem Babelsberger ORB-Gelände den schnellsten Motorroller, den es gibt, Nachrichtensprecher Ingvar Jensen guckt »Dallas«, Böttcher studiert im Sportteil der »Morgenpost« die letzten Meldungen von seinem Lieblingsverein Alba. Es gibt noch ein verrauschtes Telefonat mit einem Go-Ped-Fahrer vom stark befahrenen Tempelhofer Damm, zwei Mädchen kämpfen um Karten für ein Tic-Tac-Toe-Konzert, und Steffen Simon rezensiert den schnellen Motorroller. »Geiles Teil.« Dann ist Schluß. Kurz nach zehn trifft sich die Redaktion zur Auswertung.

**Morgens ist es am schönsten**

Musikredakteur Frank Menzel beschwert sich über die verschobenen Fritz-Clips. »Zwischen 07:20 Uhr und 08:10 Uhr ist die Uhr völlig außer Kontrolle geraten«, sagt er. Alles, was von der vorgeschriebenen Sendeuhr abweicht, zerstört sein sorgfältig arrangiertes Musikprogramm, in dem er Hits und unbekannte Songs zu einer unverwechselbaren Fritz-Farbe mischt. »Normalerweise planen wir zwölf Titel pro Stunde«, sagt Menzel. »Heute haben wir wieder nur acht geschafft. Und immer fallen die Image-Songs raus, die uns von Energy oder Kiss FM unterscheiden.« Vielleicht sollte mal irgend jemand beschließen, daß wir morgens nicht immer uff die Formatkacke achten müssen«, sagt ein Redakteur. Und Moderator Steffen Simon bedankt sich bei allen für die »bunte Sendung«. Es ist ziemlich beruhigend, daß es noch Radiosendungen gibt, die unberechenbar sind. So unberechenbar wie das Leben.

---

**Alexander Osang** *ist Buchautor und Journalist, u.a für den »Spiegel« und die »Berliner Zeitung«. Dieser Text ist seinem Buch »Ankunft in der neuen Mitte – Reportagen und Porträts« (Ch. Links Verlag, Berlin, 1999) entnommen.*

# Frühgymnastik mit Susanne

*Von Uwe Wassermann*

---

**Guten Morgen,** liebe Hörer !
Zunächst ein Stichwort: Pieks. Hihi...
Was brauchen wir für die heutige Übung:
Ein Clown, der mir gestohlen bleiben kann
250 Schwickelettenporser
ein Interimsersatz mit Austauschergänzung
ein 70-Pfennig-Schein
2 Eumelpeitschen
15 Kernbochtrimmer aus Kernboch-Trimmerboch-Kernen
etwas Kuchen zum Verkrümeln
ein Gewehr mit 100 Meter-Lauf
und ist der Ausweg lose, nicht gleich den Sand in den Kopf stecken
Grundstellung einnehmen und los geht's

Sehr schön bis hier hin und nun das Ganze nochmal seensüchtig

O Gott, ich brauch jetzt unbedingt 'n Schuß Müggelsee!!
Ich halt's nicht aus

So, das wohl ein Verseen wars, bis morgen sagt Susanne: Bis morgen!

# Reingehen, explodieren, rausgehen!

**Volker Wieprecht und Robert Skuppin über ihre gemeinsame Zeit bei Fritz**

---

*Das Moderatoren-Duo Volker Wieprecht und Robert Skuppin, auch bekannt als »Robi und Volli«, ist aus der Berlin-Brandenburgischen Radiolandschaft nicht mehr wegzudenken. Auf Radio Eins moderieren die beiden Publikumslieblinge seit 1997 diverse Prime-Time-Shows; überregional wurden Volker Wieprecht und Robert Skuppin u.a. durch das »Newsquiz« auf n-tv bekannt. Ihre gemeinsame Moderationskarriere begannen die beiden ursprünglich jedoch auf Fritz. Für Volker Wieprecht wurde seinerzeit ein neuer Co-Moderator gesucht und seine Wahl fiel auf Robert Skuppin. Eine glückliche Wahl, wie sich bald herausstellte. Drei Jahre lang moderierten »Robi und Volli« die Radiofritzen am Morgen und avancierten zum Dreamteam unter den Frühmoderatoren. – In einem Gespräch unter vier Augen haben »Robi und Volli« miteinander über ihre gemeinsame Zeit bei Fritz abgerechnet.*

*Volker:* Du Robert, Fritz war ja immer auch ein Musiksender!

*Robert:* »Fritz – die Musik«! Ich erinnere mich, ja!

*Volker:* Nenne mir doch einfach mal zehn Stücke aus deiner Erinnerung, die dir im Laufe der Zeit sehr ans Herz gewachsen sind.

*Robert:* »Faithless« fand ich sehr gut.

*Volker:* Welches von »Faithless«?

*Robert:* »Insomnia«.

*Volker:* »In Zonia«?!

*Robert:* »In Zonia«, genau. Ja, »in der Zone«. Ach, es gab so viel. Die Musik von Fritz war so gut. Sie war so berauschend, so ergötzend, sie war obermotivierend.

*Volker:* Okay, sagen wir mal drei.

*Robert:* Drei?! Richtige drei Fritz-Hits? Ähm, ich kann mich nicht mehr richtig daran erinnern, was wir da alles gespielt haben.

*Volker:* Lag das vielleicht auch daran, daß du in der gesamten Zeit bei Fritz nicht ein einziges Mal die Discothek bedient hast?!

*Robert:* Das stimmt, das habe ich nicht gemacht. Aber ich bin ja damals auch immer nur als Sprecher bezahlt worden.

*Volker:* Robert, du bist als Moderator bezahlt worden!

*Robert:* Ich bin als Sprecher bezahlt worden. Das war ja eine große Auseinandersetzung, die ich mit dem Chefredakteur damals hatte. Daß wir den Morgen machten und du als Moderator bezahlt wurdest und ich als Sprecher. Sprecher hieß in dem Fall: Ich habe von allen, die am Morgen erschienen, am wenigsten bekommen.

*Volker:* Was ich nie verstanden habe, warum du nicht einfach an diese Discothek gegangen bist und damit die normative Kraft des Faktischen auf deiner Seite gehabt hast. Um zu sagen: »Hey, ich bediene doch auch die Discothek.«

*Robert:* Ja?

*Volker:* »Also bin ich Moderator, also kann ich auch mehr verdienen.« Bei dir war das ja andersrum. Du hast gesagt: »Ich kriege weniger Geld, also gehe ich auch nicht an die Discothek, ist mir doch egal, ob mein Kollege Volker mehr arbeiten muß.«

*Robert:* Nee, das ging ja genau andersrum. Nämlich, daß ich Helmut Lehnert fragte: »Was wäre, wenn ich die Discothek bedienen könnte? Dann wäre ich doch Moderator?« Und dann sagte er: »Ja, aber dann müßten wir Volker ja als Sprecher bezahlen und dann hätte er praktisch eine neue Auseinandersetzung.«

*Volker:* Das ist gelogen!

*Robert:* Stimmt, aber es ist geschickt gelogen. Volker, nun mußten wir ja, als wir den Frühdienst bei Fritz gemacht haben, immer super früh aufstehen. Das haben wir ja nicht so super gerne gemacht. Was hast du denn ansonsten am meisten gehaßt ?

*Volker:* Elend lange Struktur- und Redaktionssitzungen. Wo ewig lange darüber gesprochen wurde, ob denn dieses oder jenes Thema etwas für die morgige Sendung wäre. Ich mochte immer ganz gerne »reingehen, explodieren, rausgehen, Wiedersehen«. Wie ich weiß, haben dich die Sitzungen ja weniger gestört. Mich würde an dieser Stelle aber mal interessieren, wie du mit dem Programm inhaltlich klargekommen bist. Denn ein Problem halb-intellektueller Studienabbrecher, wie wir es sind, war ja immer, daß Fritz nicht die ganz große Politik und nicht die ganz großen Wirtschaftswahrheiten im Morgen hatte, stimmt's? Welche Argumente hast du denn im Laufe der Jahre gefunden, um deinen persönlichen Verrat an deiner linken, aufklärerischen Phase zu rechtfertigen?

*Robert:* Ich habe meine linken Ideale nie verraten. Ich habe sie möglicherweise modifiziert. Modernisiert. Aber nie verraten. Und zu Fritz-Zeiten schon gar nicht. Und meine linken Ideale waren ja auch nie stalinistisch-links, sondern immer liberal-links. Und du weißt ja, das liberal-linke Niveau ...

*Volker:* Robert, würdest du bitte meine Frage beantworten!

*Robert:* Ja, nein. Also, ich habe nichts verraten.

*Volker:* Das war nicht die Frage. Sondern die Frage war: Wie hast du das vor dir gerechtfertigt, daß du angetreten bist, die Welt zu verändern und dann am Schluß trotz allem nur Kaufhaus-Kaffee-Spiele mit den Hörern gespielt hast?

*Robert:* Das stimmt nicht! Wir haben die Welt ja verändert.

*Volker:* Wer ist denn wir?

*Robert:* Wir bei Fritz. Wir in der Redaktion. Die Redaktion damals, die hat ja die Zwölf-Stunden-Aktion gemacht. Als es um die Einrichtung eines Jugendclubs ging, das war doch eine klare linke Aktion.

*Volker:* Befriedigt es dich, das so zu sehen?

*Robert:* Im nachhinein macht es mich stolz, ja! Apropos Stolz: Was dich ja wenig stolz machen durfte, ist die Tatsache, daß sehr viele Leute am Anfang dagegen waren, daß du zu Fritz kommst. Wie hast du es eigentlich trotzdem geschafft, aufgenommen zu werden?

*Volker:* Der Mann, der das Sagen hatte, hat mich geholt. Das war der Chefredakteur.

*Robert:* Und wie hat der's geschafft, dich durchzusetzen?

*Volker:* Da war ich ja nicht bei. Ich wurde ja aus Amerika importiert!

*Robert:* Das heißt, du hast davon gar nichts mitbekommen?

*Volker:* Wenn ich dich kritisiert habe, hast du mir oft gesagt, es gäbe Leute in der Redaktion, die mit mir Probleme hätten. Aber auf Nachfrage von mir, wer das denn wäre, kam immer nichts.

*Robert:* Na, kannst du dich denn nicht zum Beispiel an die eine Geschichte erinnern: Du solltest, glaube ich, am Nachmittag ein Interview mit einem Politiker führen und dann kamst du zu mir und sagtest, die zuständige Redakteurin wolle dir jetzt noch erzählen, wie der Innenminister heißt. Und ob die der Meinung wäre, daß du gar keine Ahnung von Politik hättest.

*Volker:* Nee, daran kann ich mich nicht mehr erinnern.

*Robert:* Wenn du aber heute von mir daran erinnert wirst. Wie fühlt sich das heute an?

*Volker:* Oh Gott! Gleichgültig.

*Robert:* Es ist dir eigentlich egal?!

*Volker:* Ja.

*Robert:* Diese Gleichgültigkeit gegenüber dem, was die Kollegen von dir denken, wann hast du das das erste Mal bemerkt ?

*Volker:* Also, Gleichgültigkeit bemerkt sich selber nicht.

*Robert:* Okay, das heißt, du hast dich selber nicht bemerkt?

*Volker:* Ja!

*Robert:* Als alter Teamplayer ist mir ja überhaupt nicht gleichgültig, was die Kollegen von mir denken. Deshalb Volker, jetzt Hand auf's Herz: Was ist dein größtes Problem mit mir?

*Volker:* Mein größtes Problem mit dir bist immer du!

*Robert:* Ein bißchen konkreter?

*Volker:* Noch konkreter?! Das größte Problem mit dir ist für mich, daß du sagst, »Mit mir ist nichts«, du aber nach außen erkennbar anders wirkst. In diesen Momenten senden wir nicht mehr auf der gleichen Wellenlänge. Ich meine dann immer, dich nicht mehr erreichen zu können. Was ich lernen mußte zu akzeptieren, war, daß es für dich wirklich so ist. Daß du glaubst, wirklich nichts zu haben. Daß du das sozusagen nicht merkst. Der nächste Schritt ist dann, daß du denkst, du bist dem Tode nahe. Aber in diesem Zwischenbereich bist du nicht sehr eigenwahrnehmungsstark. Das ist ja auch eine große Stärke: Selbstverleugnung.

*Robert:* Ja, ich will ja auch niemandem zur Last fallen.

*Volker:* Nee, du willst niemandem zur Last fallen. Das sollte mal die ORB-Abteilung Honorare und Lizenzen lesen. Die würden sich freuen, deine Honorare zu kürzen. Du hast doch jeden Vorteil genutzt, den Fritz dir geboten hat.

*Robert:* Welche denn?

*Volker:* Kannst du dich nicht mehr an deinen alten schmutzigen Opel erinnern? Mit dem du damals in die Nalepastraße und dann später auch nach Potsdam gekommen bist? In dem die Sitze kaputt waren?

*Robert:* In den es reinregnete?

*Volker:* In den es reinregnete und weswegen du dann öffentlich dazu aufgerufen hast, dir dein Auto umsonst zu reparieren. Und das vor dem Hintergrund der Bonusmeilen-Affäre!

*Robert:* Das war nicht bei dem Opel. Das war bei dem BMW, wo ich dazu aufgerufen habe. Der BMW, bei dem das Schiebedach nicht mehr zuging. Johnny moderierte damals den Samstagnachmittag. Es zog eine Gewitterwolke auf und daraufhin habe ich Johnny gebeten zu fragen, ob nicht irgendwo ein Hörer in der Nähe ist, der so ein Schiebedach reparieren kann.

*Volker:* Ich glaube nicht, daß es Johnny war, sondern ich war es. Du bist in die laufende Sendung reingekommen und hast gefragt: »Kann ich mal kurz was on air sagen?« Dann hast du dich als Redakteur an das Mikro gestellt und hast die Hörer dazu aufgerufen, dein Auto zu reparieren. Woraufhin ein Hörer sich gemeldet hat.

*Robert:* Mit dem ich heute noch gut befreundet bin! Das war der BMW.

**Robi & Volli**

Der Opel ist in guter linker Tradition an die Russen verkauft worden. Aber das mit dem Hörer, der den BMW repariert hat, war richtig nett. Ach ja, die Fritz-Hörer. Wie kamst du eigentlich mit denen klar?

*Volker:* Erstens mal: Ich bin nie beschimpft worden, nie beleidigt worden. Die Fritz-Hörer, mit denen ich zu tun hatte, die habe ich alle sehr geschätzt und sehr gemocht. Weil sie alle so unglaublich lebendig und reaktionsschnell waren und in ihrer ganzen Bandbreite einen Teil von Radio-Publikum darstellten, das ich so noch nicht kennengelernt hatte. Aufgeschlossene, witzige, lebenshungrige, intelligente und einfallsreiche spontane Leute. Was ich von denen on air mitbekommen habe, hat mich schlichtweg begeistert. Eines der großen Verdienste von Fritz war und ist es, mit den Hörern kommuniziert zu haben. Und das auf einer Ebene, die nicht nur eindimensional war. Da ging es nicht nur um Brüllfunk. Sondern die Fritz-Kommunikation war immer: Wir können für euch das und das sein, wenn ihr das annehmt. Mit Sicherheit ein Punkt, der zum Erfolg von Fritz maßgeblich beigetragen hat. Was ist denn deiner Meinung nach der Grund für den Erfolg von Fritz? Es ist schließlich erfolgreich gewesen, obwohl du dabei warst!

*Robert:* Das ist eine spannende Frage. Dazu muß man wissen: Ich war vorher bei Radio 100 und bei Radio 4U. Und die meisten, die bei Fritz waren, kommen von Programmen, die eingestellt wurden. Und zwar Rockradio B und Radio 4U. Beides Programme, die angeblich wegen ihres Mißerfolgs eingestellt wurden. Aber ich glaube, es ist gut, wenn man mal durch viele Täler gegangen ist. Dann sagt man auch: »Das passiert mir nicht noch mal!« Das war auch das Verbindende bei Fritz. Die Leute wollten alle Erfolg, die waren alle hungrig und die haben gesagt: »Ich mache jetzt nicht mehr dieses pädagogische Radio mit Zeigefinger, sondern ich mache jetzt ein Programm, an dem ich selber Spaß habe.«

*Volker:* In einem Punkt aber war Fritz nicht erfolgreich: Es ist Fritz nicht gelungen, dich zu deinem Vorteil zu verändern. Warum?

*Robert:* Stimmt ja nicht!

*Volker:* Denke doch mal an die Nichtraucher-Woche.

*Robert:* Ach, die Geschichte!

*Volker:* Du hast weitergeraucht.

*Robert:* Aber du auch!

*Volker:* Ich habe nach der Nichtraucher-Woche zwei Jahre aufgehört!

*Robert:* Für zwei Jahre? Wo war ich denn in den zwei Jahren? In der inneren Emigration?

*Volker:* Nein, du interessierst dich nur nicht so sehr für deine Außenwelt! Also, ein weiteres Beispiel dafür, daß Fritz dich nicht verändern konnte: Wir haben die Diät-Woche gemacht. Der einzige, der zugenommen hat, warst du!

*Robert:* Das stimmt nicht. Aber um noch mal auf die Raucher-Geschichte zurückzukommen. Das war wirklich nicht ganz so leicht. Da haben wir ja diese Nikotin-Pflaster gehabt, die man nicht benutzen sollte, wenn man raucht. Das stand zumindest auf der Verpackung. Ich kann mich an einen Freitag erinnern, an dem ich drei Nikotin-Pflaster auf dem Rücken hatte und dann auf der Avus heimlich doch noch eine Zigarette geraucht habe. Ich hatte große Angst, einen Herzinfarkt zu kriegen.

*Volker:* Am besten finde ich, daß du heimlich geraucht hast! Aber wenn du schon nicht zu deinem Vorteil verändert werden konntest, was hat die Zeit bei Fritz dir gebracht?

*Robert:* Ich habe eigentlich alles bei Fritz gelernt. Das, was man vorher gelernt hatte, konnte man teilweise wieder vergessen. Denn der Reiz von Fritz bestand darin, daß man wissen mußte, wie es eigentlich gemacht werden müßte, um es dann genau nicht mehr so zu machen. Ich glaube, das war eigentlich das Erfolgsrezept von Fritz. Und die absoluten Freiheiten, die wir da hatten, habe ich sehr geschätzt. Wir durften ja wirklich unglaublich viel machen, das darf man ja heutzutage gar nicht mehr. Aber jetzt mal den Spieß umgedreht. Was war denn für dich das Besondere an Fritz? Was hast du gelernt, auch fachlich?

*Volker:* Was ich bei Fritz gelernt habe? Bei Fritz habe ich mehr in einem Team gearbeitet als je zuvor. Fritz hat mich vom Klima und von den Leuten her eingenommen, hat mich immer wieder zurückkommen lassen. Deshalb habe ich oft auch gesagt: »Hey, ich nehme jetzt an diesen Sitzungen teil, auch wenn ich es nicht gerne mache.« Und Hörfunk hat sich für mich noch mal dadurch verändert, daß ich endlich machen konnte, was ich wollte. Ich wollte immer mit den Leuten reden. Ich wollte mit den Hörern das Innerste nach außen kehren, sowohl bei mir als auch bei denen. Um zu zeigen, daß es keinen Grund gibt, sich für irgendwas zu schämen. Weil jeder eine Zwiebel ist, jeder hat unterschiedliche Schalen und Schäden und darunter steckt immer Leere. Das war auch der Grund dafür, daß ich immer so an die Leute rangegangen bin. Weil ich dachte, ich will die knacken. Das mit den Leuten gemacht zu haben, war bei Fritz einfach großartig. Also, ein Mensch, der zu uns ins Studio kommt und sich zwei Murmeln in die Ohren steckt, dabei rückwärts läuft und dazu »La Paloma« pfeift, der Nasenmurmler, das war großartig. Und Fritz hat mir andererseits ermöglicht, viel mehr meine kommunikativen Instrumente zu benutzen. Was habe ich vorher gemacht? Vorher habe ich Bänder angesagt. Bänder angesagt und Interviews geführt. Aber mit den Leuten geredet, das hat doch keiner gemacht!

***Robert:*** Und wann hast du gemerkt, daß du weiterziehen mußt?

***Volker:*** Fritz ist ein echter Fisch, also vom Sternzeichen her. Unglaublich facettenreich, kunterbunt, unglaublich viele Interessen, sehr viele Neigungen, keine Prioritäten, querbeet und trotzdem schillernd. Für ein Jugendradio erstaunlich intelligent und tief. Aber dieser sich ständig drehende bunte Ball wird für Leute, die älter werden, irgendwann zu anstrengend. Man braucht dann noch mal eine klarere Ausrichtung, um sich zu vertiefen.

---

**Volker Wieprecht** *wuchs in Herne, Nordrhein-Westfalen, auf. Studium der Altphilologie, Philosophie, Germanistik, Reporter beim SFB, Moderator bei verschiedenen Radio-Sendern, u.a. SFB 2, seit 1990 bei Radio 4U. 1993-1997 bei Fritz, seit 1997 bei Radio Eins. TV-Moderationen für SFB und ORB sowie für n-tv.*

**Robert Skuppin** *kommt aus Bonn. Ab 1985 Studium der Publizistik in Berlin. Seit 1990 Redakteur bei Radio 4U, ab 1993 bei Fritz. Ab 1994 Moderation zusammen mit Volker Wieprecht. Ab 1997 bei Radio Eins. Zusammen mit Wieprecht auch Moderation des »Newsquiz« auf n-tv.*

# 2.
# Zehn kleine Jägermeister

# Das Rock'n'Rollkommando

## Aus dem Leben eines Morgenmoderators

*Von Steffen Hallaschka*

---

Kurz und gut, die Antworten auf die drei meistgestellten Fragen gleich vorab:

- Der Wecker klingelt um zwanzig vor vier, Arbeitsbeginn ist um fünf.
- Nein, man gewöhnt sich nicht daran.
- Doch, die gute Laune ist echt. Meistens.

Danke für die Aufmerksamkeit, das nächste Info mit Wetter und Verkehr gibt's um halb. Morgenmoderatoren sind eine Spezies für sich. Manchmal läßt der Gedanke an all die anderen unzähligen hauptberuflichen Wachmacher, Morningmänner und Morgencrews den Kreislaufschock beim nächtlichen Aufstehen erträglich werden. Die virtuelle Leidensgemeinschaft kann sogar helfen, das Stechen in der Milz für ein paar Momente zu vergessen und den Kampf gegen das gleißende Badezimmerlicht aufzunehmen. Denn keiner der Gute-Laune-Dealer wird jetzt auch nur einen Funken Fröhlichkeit verspüren. Sie alle werden sich fühlen wie kurz nach einer Vollnarkose und aussehen wie Wasserleichen. Jeder mag sein eigenes Rezept haben, um nun schnellstmöglich auf Touren zu kommen: Kaffee oder kein Kaffee, Frühstück oder kein Frühstück, Frühsport oder innere Einkehr bis zum Sendebeginn. Doch eines eint sie alle: Sie müssen zu dieser Unzeit aus den Federn kriechen und in die Redaktion hetzen, im besten Wissen, daß sie damit das Karriereleiterchen ihres Senders nahezu vollständig erklommen haben. Der Morgen ist die Prime Time, und der frühe Vogel fängt den Wurm. Den Glamour muß man sich dazudenken. Ich wollte nie Morgenmoderator werden. Ich habe dreizehn Schuljahre lang damit gekämpft, pünktlich um acht wenigstens körperliche Präsenz zu zeigen, und bin schon daran oft genug gescheitert. Später habe ich mir eine Mischexistenz aus studentischem Dasein und Freiberuflichkeit gezimmert, um meinem Biorhythmus keine unnötige Gewalt anzutun. Mein natürliches Schlafbedürfnis beträgt neun bis zehn Stunden und wird am liebsten zwischen ein Uhr nachts und zehn Uhr morgens gestillt. In einer schwachen Stunde ließ ich mich fürs Frühstücksfernsehen verpflichten. Ich verlor Gewicht, ich vernachlässigte meine Freunde, ich wurde übellaunig. Nach einem Vierteljahr war der Job vorbei. Dann wurde ich krank. Mit meinem Start bei Fritz schien alles aufwärts zu gehen. »Radiofritze am Nachmittag« – das war eine durchweg sympathische Tätigkeitsbeschreibung, wohlklingend und vor allem im zweiten Teil verheißungsvoll: Dienstbeginn erst mittags und Feierabend rechtzeitig vor der Hauptvorstellung im Kino. Das Schicksal meinte es gut mit mir. Dann rief der Chef zum Gespräch. Und so wurde ich »Radiofritze am Morgen« – gemeinsam mit Holger Klein. In den Jahren 2001 und 2002 haben wir jede zweite Woche versucht, am frühen Morgen einen bunten Abend zu veranstalten. Showtreppen-Radio im Morgengrauen sozusagen. Es war die schönste und schaurigste Zeit meines Moderatorendaseins. Eine Zeit, die ich heute nicht missen möchte, die aber nicht hätte endlos laufen können. Feierabend um 12 Uhr mittags klingt großartig, aber die bleierne Müdigkeit am Nachmittag und der frühe Nachtschlaf haben mich arg angefressen. Letztlich war die Zeit für neue Aufgaben einfach gekommen! Deswegen unverstrickt, unverblümt und rückblickend mein »Radiofritzen am Morgen«-Tagebuch, das ich nie geschrieben habe.

### 3:40 Uhr

*Aua, aua, auaaaa! Wie heißt eigentlich der Erfinder des Weckers? Ich wünsche dem Mann posthum zwei Nasen ins Gesicht. Andererseits: Ohne Wecker hätte ich jetzt nicht den Hauch einer Chance, meinen schlaftrunkenen Körper in die Senkrechte zu bewegen. Nicht nachdenken. Vor allem nicht nachgeben. Aufstehen. Autopilot einschalten. Ab ins Badezimmer. Pinkeln. Dusche an. Um diese Uhrzeit ist kein Moderator der Welt spritzig, witzig, schlagfertig. Ich jedenfalls bringe gerade mal die fünf Vokale in willkürlicher Reihenfolge heraus. Aaaaah! Kein Shampoo mehr da ...*

**Steffen Hallaschka und Holger Klein (unten)**

4:00 Uhr

*Aus dem kleinen Radio auf dem Durchlauferhitzer zischt ein Show-Opener. »Fritz. Phoenix« sagt die freundliche Stimme und erinnert mich daran, daß es Kollegen gibt, die noch viel unglaublichere Arbeitszeiten haben. Ab jetzt noch zwei Stunden bis zur Sendung. Wachs in die Haare rubbeln. Zähne putzen.*

4:16 Uhr

*Zum Kaffee hat es wieder mal nicht gereicht. Dafür steht Holger bestimmt schon vorm Haus. Der Mann ist unglaublich. Jeden Tag, an dem wir gemeinsam Sendung haben, fährt er den Umweg bis vor meine Tür und ist dabei praktisch nie zu spät. Im Gegensatz zu mir. Trotzdem nicht rennen auf der Treppe. Einmal ist mir dabei ein Thermobecher mit Milchkaffee aus der Hand geglitscht. Es gibt Erhebenderes, als um zwanzig nach vier das Treppenhaus zu feudeln.*

4:18 Uhr

*Erste Bestandsaufnahme beim Einbiegen auf die Brunnenstraße: Gut geschlafen? Irgendwelche kniffligen Themen oder Aktionen in der Sendung? Welche neuen Gerüchte gibt es aus dem Sender? Info-Radio suchen. Um 4.20 Uhr bringen die Nachrichten. Wenn sich über Nacht etwas Dramatisches ereignet hat, ist jetzt der Zeitpunkt, den Fritz-Nachtredakteur anzurufen. Brauchen wir einen Korrespondentenbericht? Was melden die Agenturen? Meistens aber ist es ruhig. Dann hat Herr Möllemann eine Pressekonferenz gegeben. Oder Herr Westerwelle. Oder es ist Fußball-WM. Jetzt ist der Zeitpunkt für Geistesblitze. Oder wenigstens für Geistesfunken ... Taugt Möllemann für einen Witz? Oder die Fußball-WM?*

4:28 Uhr

*U-Turn auf der Seestraße – und ab zur Tanke. Es mag albern klingen, aber die ARAL an der Seestraße hat sich von der Versorgungsstation zum Fixpunkt im sozialen Netzwerk gemausert. Hier passiert der erste Kontakt mit anderen nachtaktiven Gestalten. So wie dieser Versorgungsstop zu unserem Tagesablauf gehört, scheinen auch hier schon alle auf uns gewartet zu haben. Hoffentlich hat Herr Heinz nicht Nachtschicht. Bei dem dauert das Kassieren doppelt so lange, dafür ist er doppelt so gestreßt. Am Stehtisch neben der Brötchentheke schlürft der bärtige BVG'ler seinen Kaffee, jeden Tag bis kurz nach halb fünf. Er freut sich diebisch, wenn Holger die obligatorischen Mettbrötchen ordert. Mettbrötchen mit Zwiebeln um halb fünf! Der Bärtige hält uns wahrscheinlich für aufrechte Malocher. Bei mir variiert der Tanke-Einkauf ebenfalls selten: Eine Flasche Multivitaminsaft, ein Nescafé Express aus der Dose, ein Käse- oder Eibrötchen und je nach Laune ein Schoko-Croissant. Beim Rausgehen kurzer Schlagzeilen-Check: Was schreibt die Bild? Was dichtet die BZ? Je nach Tagesform ist jetzt der Zeitpunkt für Holgers ersten Lachflash. Noch eine Stunde und 25 Minuten bis zur Sendung.*

4:44 Uhr

*Warum heißt die Spanische Allee eigentlich Spanische Allee? Ich wußte mal, was AVUS bedeutet ... Dosencafé ist gar nicht unlecker ... Im Sommer ist es jetzt superdufte hellblau-hell. Im Winter schwarz. Sommer macht mehr Spaß.*

5:00 Uhr

*Einparken vorm guten alten ORB. Die Frühschicht hat unschätzbare Vorteile! Man braucht für die Strecke Prenzlauer Berg nach Babelsberg nur 35 Minuten netto. Man bekommt immer einen Parkplatz vorm Haupteingang. Und auf dem Rückweg erspart man sich den Berufsverkehr. Okay, da sind auch Nachteile. Es heißt nicht zu Unrecht Früh-Schicht.*

5:04 Uhr

*Morgen! Moin! Um diese Zeit gehört der Sender praktisch uns. Nur der Pförtner hockt am Eingang. Ein gutgelaunter Frühredakteur erwartet uns. Ein Kollege moderiert den »Phoenix«. Und ein Techniker schlurft herein. Prima. Mehr Sozialkontakt würde definitiv mein Betriebssystem zum Absturz bringen. Apropos Betriebssystem: Warum braucht der Computer so lang zum Einloggen? Kurzer Check: Hat sich an der Planung der Frühsendung seit gestern abend noch irgend etwas geändert? Müssen wir etwas vorproduzieren? Wieviele Interviews haben wir in der Sendung? Ist das Infomaterial ausreichend? Wer kümmert sich in der Vorbereitung um welches Thema?*

5:23 Uhr

*Zwei Menschen starren auf ihre Computermonitore. Ihre matten Hirne formulieren Sätze, die in drei Stunden wahnsinnig spritzig und witzig aus dem Autoradio quaken. Manchmal. Manchmal starren die Hirne auch nur und formulieren gar nix. Oder lesen E-Mails. Wird schon werden. Ist ja nicht die erste Sendung ... Wie hat Energie Cottbus gespielt? Wie heißt noch mal diese Schauspielerin, mit der wir reden werden?*

5:52 Uhr

*Was jetzt nicht aufgeschrieben ist, wird auch nicht mehr – oder muß während der Sendung gemacht werden. Die ungeschriebene Regel lautet: Interviews und Anmoderationen werden aufgeschrieben. Spiele und Hörertalks eigentlich auch – passieren allerdings meistens aus'm Hut. Wie so vieles. Gut so. An guten Tagen gibt es jetzt sogar schon eine kleine Liste mit tagesaktuellen Witzen oder aktuellen Themen, die mal Witze werden könnten, wenn der Gott des Rampenlichts es gut mit uns meint. Noch acht Minuten bis zur Sendung.*

5:58 Uhr

*Immer wieder ein ganz kleines bißchen heilig – dieser Moment. Rein ins Studio. Sachen sortieren. Blöde Sprüche machen. Lachen, wenn's geht. Einen Schluck trinken. Mikros auf.*

6:00 Uhr

*Showtime! Es gibt zwei Varianten: auf dieser Seite vom Pult und auf der anderen Seite vom Pult. Wie die allermeisten Sender funktioniert auch Fritz im Selbstfahrerbetrieb. Das heißt, entweder steht Holger an den Reglern und ich ihm gegenüber oder umgekehrt. Wir haben uns auf täglichen Wechsel geeinigt. Wenn alles gut läuft, kann man den Unterschied nicht hören. An manchen Tagen allerdings habe ich statt eines Gehirns ein nasses Brötchen im Kopf und an den Händen dicke Würste statt Fingern. Dann fahre ich die Sendung wie ein betrunkener Schimpanse.*

6:10 Uhr

*Ein schlechter Start hängt mir oft noch länger als eine Stunde nach. Ein guter Start kann die Stimmung für die komplette Sendung anschieben. Nach dem obligatorischen Beginn der Sendung und dem ersten »Mußte wissen« ist jetzt die Chance für den guten Start. Dabei gibt es zwei Varianten. Erstens: den abgesprochenen Gag – also Schlagzeile, kurzer Dialog, Pointe. Zweitens: den absoluten Freiflug – also: »Äääh, mach mal Mikro auf, mal gucken, was passiert.« Kann beides schön werden. Kann auch beides weh tun. Dann war es Kunst.*

6:20 Uhr

*... ist 7:20 Uhr ist 8:20 Uhr ist 9:20 Uhr. Ab jetzt sind Uhrzeiten nur noch abstrakte Größen auf dem Flug durchs Vakuum. Die Zeit zwischen 6 und 10 Uhr ist eigentlich zeitlos. Das Studio bleibt das Studio, ein Interview bleibt ein Interview, Mike Lehmann bleibt Mike Lehmann. Zuhause kann der Unterschied zwischen 7:38 Uhr und 7:42 Uhr darüber entscheiden, ob man zu spät zur Arbeit kommt. Im Studio entscheidet er lediglich darüber, ob man noch einen Musiktitel mehr pro Stunde schafft.*

7:39 Uhr

*Wahrscheinlich gibt es wenige Jobs, in denen man enger zusammenarbeitet. Fünf Tage die Woche jeweils vier Stunden lang gemeinsam eine Sendung zu moderieren, das hat etwas absolut eheähnliches. Kein Scheiß! Du gehst zwanzig Stun-*

*den in der Woche gemeinsam durch alle Höhen und Tiefen. Du verzapfst gemeinsam peinlichen Dreck und erlebst gemeinsam Höhenflüge in geglückten Interviews oder wirklich witzigen Moderationen. Und du könntest deinen Partner regelmäßig auf den Mond schießen – für seine Launen und Macken. Oder wegen deiner eigenen Launen und Macken. Warum muß Holger eigentlich jetzt schon wieder rauchen? Und du lernst Vertrauen. Und Klappe halten. Und auf einmal entstehen diese fast schon magischen Momente, in denen ein Dialog wie abgesprochen läuft, obwohl vor wenigen Sekunden noch nicht einmal klar war, worum es gehen würde.*

### 8:01 Uhr

*Möglicherweise wird Fritz im Jahr 2013 an seinem zwanzigsten Geburtstag ganz anders klingen als heute. Ziemlich sicher sogar. Aber ich würde Geld darauf wetten, daß die Morningshow immer noch »Die Radiofritzen am Morgen« heißt und daß um acht Uhr »Der lachende Dritte« gespielt wird. Das Quiz, bei dem zwei Anrufer gemeinsam zwei Fragen beantworten oder ein dritter einfach nur durch hämisches Lachen die Preise absahnt. Achtung! – jetzt wird ein Betriebsgeheimnis verraten: Dieses schöne Spiel wäre beinahe schon einmal in der Altspielesammlung entsorgt worden, weil im Hause Fritz niemand mehr richtig Spaß daran hatte. Glücklicherweise kam ein schlauer Radiomann des Weges, der die Idee als »genial« lobte. Ein Kracher sei das. Spitzenmäßig! Also wurde weitergespielt. Strenggenommen sieht die Sendungsplanung übrigens vor, daß »Der lachende Dritte« zwischen 7:58 Uhr und 8:00 Uhr gespielt wird. Holger und ich waren selten vor 8:03 Uhr mit dem Herunterbeten des Regelwerks fertig. Unvergessen bleibt mir der Tag, an dem die Telefonanlage streikte und wir im Studio telefonisch die Kandidaten ausgewählt haben: Holgers Freundin Uschi und Götz, den Redakteur, der sich die Fragen nur Minuten vorher selbst ausgedacht hatte. Rock'n'Roooooll!*

### 9:00 Uhr

*Es gibt zwei Arten von 9:00 Uhr. Erstens: Wow-schon-neun! Und zweitens: Puuuh-erst-neun! Und ich habe in gut anderthalb Jahren Frühmoderation nicht herausgefunden, wie sich diese gefühlte Uhrzeit beeinflussen läßt. Es gab Sendungen, die sich nach acht Stunden*

**Eine große Spaßblase**

*friedlichsten Nachtschlafs angefühlt haben wie Jogging im Treibsand. Und auf der anderen Seite sind uns die witzigsten und geistreichsten Sendungen nach meinen kürzesten Nächten gelungen. Eine einzige Sendung habe ich sogar nach quasi durchgemachter Nacht moderiert. Ein sehr entspannt-entrücktes Gefühl, das den Eindruck verstärkt, daß man sich ohnehin lediglich in einer großen Spaßblase bewegt. Aber definitiv keine Garantie, daß das auch noch ein zweites Mal so gut klappen würde. Übrigens: Die gute Laune, die da aus dem Radio kommt, ist in den allermeisten Fällen wirklich gute Laune. Natürlich gibt es schlechte Tage, Krisenzeiten, Ärger im Team und was-auch-immer. Aber meistens ist die Show stärker als der Stunk.*

9:59 Uhr

*Und tschüs. Zu dieser Zeit rauscht das Gefasel der vergangenen vier Stunden als Highlight-Collage über den Sender. Am Pult passiert der fliegende Wechsel zum Soundgarden-Moderator. Was jetzt folgt, ist denkbar unglamourös. Kein Chauffeur, der einen um fünf nach zehn ins Freibad kutschiert. Statt dessen ein Frühstück, das den Namen fast sieben Stunden nach dem Aufstehen nicht wirklich verdient. Holger wurde nach der Sendung schon mit Schnitzel gesichtet! Danach ein bunter Reigen an Sitzungen und Auswertungen – manchmal auch die Aufzeichnung eines Interviews für den nächsten Morgen. Feierabend ist irgendwann zwischen 11.30 Uhr und 13.00 Uhr. Der Kopf ist dann hinreichend damit beschäftigt, den Sonnenstand mit der subjektiven Bettschwere in Einklang zu bringen. Schon lange vor dem Sonnenuntergang siegt die Schwerkraft.*

Ja, liebe Hörfunkfreunde, so war das mit den Radiofritzen am Morgen. Und es war gut so. Wenn Ihr also irgendwie irgendwo irgendwann auf zwei blasse Gestalten trefft, die den Blick eines toten Otters in den Augen tragen und unvermittelt hysterische Anfälle bekommen, dann seid extra lieb zu ihnen. Es könnten Eure Radiofritzen am Morgen sein. Und die sind schon verdammt lang auf den Beinen ...

---

**Steffen Hallaschka:** *Nach dem Abitur Praktikum beim Hessischen Rundfunk in Frankfurt/Main. 1996 nach Berlin, um das Jugendmagazin »100 GRAD« zu moderieren. Später folgten die »ProSieben-Morningshow« und eine Schwangerschaftsvertretung im ARD-Magazin »Polylux«. Er ist Radiofritze seit März 2000. Zusammen mit Holger Klein hat er zunächst die Radiofritzen am Nachmittag und später die Radiofritzen am Morgen moderiert. Zuletzt war Steffen auf Fritz vor allem im »Blue Moon« zu hören. Mit seiner Firma »televisionaere« produziert er die ORB-TV-Show »Dreilinden«. Außerdem ist er auch im ORB-Kulturmagazin »Querstraße« zu sehen. Mehr Infos: www.hallaschka.de.*

# Radio aus der zweiten Reihe:

## Programm-Manager bei Fritz

*Von Martin Böttcher*

---

**A**: (eher gelangweilt) »Was arbeitest du denn?«
**B**: »Ich bin beim Radio.«
**A**: (schon interessierter) »Ach ja? Was genau machst du da?«
**B**: »Ich bin Programm-Manager«»
**A**: (nach Denkpause) »Moderierst du auch?«

**ENDE DER UNTERHALTUNG**

AvD, TvD, RvD, OvD, MvD, PvD – in der langen und wenig einfallsreichen Reihe von Abkürzungen bei Fritz gibt es seit ein paar Jahren eine, die aus dem Rahmen fällt: Der PM! Der PM heißt nicht so, weil er immer erst nach zwölf Uhr mittags kommt (frei nach dem englischen past meridian) oder weil er früher beim »interessanten Wissenschaftsmagazin« von Peter Moosleitner gearbeitet hat – nein, der PM heißt PM, weil er erstens nicht mehr CvD heißen sollte und zweitens, weil er Teil des PM ist. Äääääh – nichts verstanden? Dann muß man hier wohl anders anfangen. Also noch mal: Alle, die mal etwas näher mit Fritz zu tun hatten, kennen das: Bei Fritz wird nicht nur ziemlich viel geredet, nein, bei Fritz arbeiten auch ziemlich viele Leute. Aber wer da für was zuständig ist, wer was entscheidet, an wen man sich mit welcher Frage wendet und wie das alles zusammenhängt, das ist so undurchsichtig, daß es selbst langjährige Fritzen nicht immer wissen.

Nur mal so auf die Schnelle: Neben den dutzenden Moderatoren und freien Reportern, neben Chefredakteur und Programm-Assistenten, gibt es jede Menge Menschen, die in verschiedenen Dienstplänen auftauchen und für die die schönsten Abkürzungen existieren. Es gibt Nachrichten-Menschen (Aktuelle vom Dienst), Techniker (vom Dienst), es gibt den Redakteur vom Dienst (bitte nicht mit dem Tagesredakteur verwechseln!), es gibt den Onliner und den Musikredakteur vom Dienst. Einigermaßen aus der Reihe fällt der PvD, denn dahinter versteckt sich ein sehr bekannter und moderierender DJ, so daß hier zwar -vD draufsteht, aber kein »vom Dienst« drin ist. Und dann, ein wenig aus der Reihe tanzend, haben wir noch den PM. Hinter den unscheinbaren zwei Buchstaben versteckt sich: der Programm-Manager in männlicher und weiblicher Ausprägung. Viele Programm-Manager (gerade sind das so um die acht) sind zusammen das Programm-Management. Böse Zungen behaupten: Der Programm-Manager heißt seit einigen Jahren nicht mehr wie früher »Chef vom Dienst«, sondern Programm-Manager, weil dieser Begriff in keiner Gehaltsbeschreibung auftaucht und der Ostdeutsche Rundfunk ihm deshalb so viel bzw. wenig zahlen kann, wie er will. Für alle anderen ist vielleicht ganz hilfreich: Der PM heißt PM, weil diese nicht ganz eindeutige Tätigkeitsbeschreibung sehr genau seiner umfangreichen Tätigkeit entspricht – das Programm managen!

Was also tun diese wirklich wichtigen Menschen namens PM bei Fritz? In der Hierarchie stehen sie direkt unter dem Chefredakteur. Und in ihrer Arbeitsplatzbeschreibung stehen so bedeutende Dinge wie: »Die Programm-Manager stellen sicher, daß ohne ihre Kenntnis und Zustimmung kein Thema ins Programm kommt«. Sie bestimmen, welcher Reporter wohin geschickt wird, sie entscheiden, für welche Berichterstattung Geld ausgegeben wird, sie beurteilen die Leistungen der anderen Fritz-Mitarbeiter. Ganz wichtig: »Die Programm-Manager sind verantwortlich für die Einhaltung der inhaltlichen und formalen Programm-Grundsätze von Fritz.« Ohne die jetzt aufzählen zu wollen, das sind viele! PMs sind also kleine

**Die beiden Fritz-Chefs: Helmut Lehnert (li.) und Konrad Kuhnt (re.)**

Chefs. Chefchen, sozusagen. Und im Klartext heißt das, daß der PM auch schwer daran arbeitet, sich unbeliebt zu machen. PMs sagen, welche Themen sie für wichtig (und fritzig, aber dazu an anderer Stelle mehr) halten und wer als Reporter bei Fritz sein Geld verdienen kann. Die Zahl der schleimenden Möchtegern-Reporter hält sich trotzdem sehr in Grenzen. Das liegt vielleicht daran, daß die richtigen Schleimer gleich ganz hoch hinaus wollen: auf den Moderatoren-Thron.

Möchtegern-Moderatoren müssen sich im Vorfeld aber nicht bei den PMs einschleimen – wer bei Fritz moderiert, ist Chefsache. Natürlich haben auch wir PMs unsere eigenen Vorlieben und Macken. Der eine ist Elvis-Anhänger, der andere haßt Gitarrenmusik. Der eine PM will mehr politische Themen, dem anderen ist es wichtig, daß Beiträge und Interviews nicht länger als drei Minuten dauern. Was wir alle gemein haben: Es fällt uns leichter, Schlechtes zu kritisieren, als Gutes zu loben. Trotzdem kann es für Redakteure und Moderatoren wunderbar sein, einen PM zu haben. Und zwar immer dann, wenn es etwas zu entscheiden gibt, was eventuell für Ärger sorgt! Darf man einen ganzen Morgen lang über Selbstmord bei Jugendlichen reden? (Darf man.) Darf man sich in der Vorwahlzeit über Politiker lustig machen? (Darf man, dann aber über alle.) Sind einstürzende Hochhäuser in New York ein Thema, dem man sich auch mal von der Comedy-Seite aus nähern darf? (Unter Umständen ja.) Darf ich in einem lustigen Ratespiel die Zahl der von Deutschen ermordeten Juden schätzen lassen? (Ganz sicher nicht. Aber für diese Entscheidung braucht es auch bei Fritz keinen PM.)

Nicht, daß die Fritz-Programm-Manager immer richtig liegen. Aber das ist ja auch nicht wichtig. Wichtig ist, ob sie das Thema abgenickt und damit die Verantwortung übernommen haben. Wenn jetzt etwas schief geht, dann weiß der Chefredakteur, wen er anmeckern kann. Und machen wir uns nichts vor: Es geht ständig etwas schief. Wo das mit dem Anschiß am besten gemacht wird, weiß der Chefredakteur auch schon. Am liebsten in einer der zahlreichen Sitzungen, die sich über die Woche verteilen. Aber wahrscheinlich nicht in der Themensitzung, nicht in der Promotion- und auch nicht in der Musiksitzung, sondern vorzugsweise in den 14.30-Uhr-Wichtig-Sitzungen am Montag (PM-Sitzung), Mittwoch (Planungssitzung) oder Freitag (Rück- und Ausblick). Wenn der Chefredakteur dort loslegt, dann mag er zwei Dinge nur bedingt: Widerworte und indifferentes Grinsen. Aber die Lektion lernt man als Programm-Manager relativ schnell. Und richtig lange böse ist der Chef auch nicht, selbst wenn er boshaft und gemein wird. Dafür läßt er sich auf den anderen noch nicht erwähnten Sitzungen nur selten blicken. Zum Beispiel morgens, auf der täglichen Nachbereitung der Prime-Time-Show »Radiofritzen am Morgen«. Dort dürfen PMs, in einer eigentümlichen Mischung aus gemeinsamem Witzemachen und ernstem »Die-Dinge-beim-Namen-nennen« mit den Moderatoren und dem gesamten Team (bis auf den PvD sind dort fast alle -vDs beisammen), darüber diskutieren, warum zum Beispiel das Interview mit XY so scheiße/lang/uninteressant/toll/unterhaltsam/nichtssagend oder einfach nur nett war. Es darf sich gemeinsam oder gegeneinander über die Technik aufgeregt werden. Und es darf überlegt werden: nach der Sendung ist vor der Sendung.

Auffälligstes Merkmal bei Fritz: Wir gehen alle ganz schön nett miteinander um. Ehemalige Feldwebel oder hierarchiegeile Psychopathen haben noch nicht den Weg aus anderen Sendern ins Fritz-Programm-Management gefunden. Aber das liegt vielleicht auch daran, daß die PMs nicht als PMs geboren wurden. Sondern meist schon lange bei Fritz sind und viele, mit denen sie arbeiten, lange kennen. Wie wird man eigentlich PM? Mit einem Wort gesagt: widerwillig. Sagen jedenfalls die meisten der PMs, die bei Fritz mal mit ganz anderen Aufgaben angefangen haben als »Programm managen«. Denn PM heißt auch ein bißchen aufs Altenteil geschoben werden. Die meisten der PMs bei Fritz haben als Reporter und Redakteure angefangen, haben moderiert, Beiträge gemacht, ihre Stimmen waren in ganz Berlin und Brandenburg zu hören. Dann brauchte der Sender erfahrene Leute, denen man zutrauen konnte, das Programm zu managen. Das ehrt natürlich auch, vom Fritz-Hörer zum Fritz-Mitarbeiter zum (Mit)Verantwortlichen aufzusteigen. Trotzdem schwingt da irgendwie mit: Du bist alt. Jedenfalls alt genug, um in der »Verwaltung« des Senders das Programm zu verwalten. Und irgendwie zu alt, um noch den Ton der Fritz-Hörer zu treffen. Auch wenn man selbst das für ausgemachten Unsinn hält, ist es natürlich eine große Zäsur, die Berufung zum PM. Potentielle Kandidaten – also Fritz-Reporter und -Redakteure so um die 30 – versuchen deshalb oft, den Zeitpunkt so weit wie möglich hinauszuschieben.

Dann, als PM, kommen die Selbstzweifel. Reporter werden zu spannenden Interviews, zu Terminen weit weg von Berlin und Brandenburg geschickt, Moderatoren können sich selbst im Programm abfeiern, haben tolle Studiogäste, werden selbst von Fernsehen und Presse interviewt – und was bleibt dem PM? Die tägliche Frage an sich selbst: »Wenn ich heute nicht hier gewesen wäre, hätte sich das Fritz-Programm dann auch nur einen Deut anders angehört?« Hätte es, natürlich, nur weiß man leider nicht, wie. Und auch die Arbeit mit neuen, nicht so erfahrenen Reportern und Moderatoren macht ja eigentlich Spaß. Trotzdem, gerade am Anfang ist der Verlust sehr konkret. Auf (Nimmer-) Wiedersehen Live-Reportagen,

Studiogespräche, Beiträge, auf Wiedersehen freie Arbeitszeit-Einteilung, hallo 10 Uhr bis 18 Uhr 30 (wahlweise auch 9 Uhr bis 17 Uhr 30) – die wirklich spannenden Dinge sind fast alle vorbei. Keine Streitereien mehr mit Moby über seine neue Platte, keine ehemaligen Schulfreunde mehr, die einen ständig im Radio hörten und dann halb bewundernd, halb abneigend wissen lassen, daß Fritz ja auch schon mal besser war. Keine »Martin Böttcher? Ich kenn dich von Fritz!«-Zufallsbekanntschaften mehr. Dafür die Erinnerung an eine der Weisheiten des Radios: Die wichtigsten Menschen sind immer die, die gerade on air sind. Also niemals der PM. Heul!

---

**Martin Böttcher** *hat vor Fritz studiert (Publizistik und Amerikanistik), war auf der Berliner Journalistenschule und hat für Deutsche Welle TV (Nachrichten und Fußball), die taz (Sport- und Lokalredaktion) und gelegentlich für die Zitty geschrieben. Bei Fritz war er lange Reporter und Redakteur und ist jetzt Programm-Manager und »Nightflight«-Moderator. Er beschäftigt sich viel mit Musik, geht immer noch gerne feiern und legt ab und zu auf.*

**Mittagspause**

# Ich bin Reporter!

*Von Ken Jebsen*

Nur weil wir im selben Laden arbeiten, heißt das nicht, wir hätten denselben Beruf!« Dieses Zitat aus einem amerikanischen Journalistenfilm geht mir seit Jahren im Kopf herum. Was treibt Menschen dazu, es in einem Medienberuf zu versuchen. Neugier? Der Hang zur Wahrheit? Geld? In vielen Fällen ist es Eitelkeit. Dafür habe ich Verständnis, denn wir alle wollen vorkommen, je öffentlicher desto besser. Der Bekanntheitsgrad des Erzählers macht aber noch keine gute Story. Es kommt auf die Worte, den Wortschatz an. Mit einem Wortschätzchen ist man schlecht beraten. Leider sprechen Journalisten heute mit wenigen Ausnahmen dieselbe Sprache wie Politiker. Eine Sprache, die niemandem mehr weh tut und die permanent relativiert. Unwissen, Inkompetenz und schlechte Vorbereitung werden in Worthülsen verpackt und in Mikrophone, Kameras und Diktiergeräte gespuckt. Unzählige Male habe ich erlebt, daß ein Kamera- und Mikrofonwald einen Spitzenpolitiker, Spitzensportler oder Spitzen-DJ daran hinderte, in die VIP-Lounge zu entkommen, doch diese Gefangennahme durch die Medienvertreter wäre nur gerechtfertigt gewesen, wenn dem Eingekesselten eine vernünftige Frage gereicht worden wäre. Diese vernünftige Frage kam fast nie. Oft wurde sogar überhaupt keine Frage gestellt. Irgendwann fangen die »Profis im Rampenlicht« dann ganz automatisch an, vorgefertigte Sätze aus sich herausfließen zu lassen. Das haben sie trainiert, das kann man leicht schneiden, das wirkt souverän. Wesentliches muß dabei nicht gesagt werden. Unwesentliches schon. Die »jungen Wilden« unter den Journalisten stört das leider immer weniger. Im Gegenteil: Viele von uns sind nur noch auf der Jagd nach dem reinen O-Ton, sprich: Töne vom Original. Egal wie unoriginell. Auf die Standardfrage in der Redaktion »Und wie lief's?« antwortet der Reporter, der Journalist, der Medienmensch dann oft unter Streßatmung: »Du, ich hab den Schröder, den Kohl, den Westbam, wen auch immer.« Die Nachfrage »Und was hat der gesagt?« habe ich in den letzten 15 Jahren nur sehr selten gehört und sie wurde auch mir kaum gestellt. Mein Wunsch: Wieder mehr Netto statt Tara! Live und vor Ort recherchiert. Von einem Reporter. Zugegeben, Reporter klingt irgendwie gewöhnlich, irgendwie nach Straße, aber genau darum liebe ich diesen Job. Man arbeitet auf der Straße, vor Ort, bei jedem Scheißwetter und muß mit den Launen der Menschen zurechtkommen – und um Menschen geht es. Mein Vorbild war in diesem Zusammenhang immer Kermit der Frosch. Natürlich als Reporter mit Trenchcoat und Standmikro. Kermit ließ sich nie aus der Ruhe bringen, war stets souverän und sprach konsequent zwischen den Zeilen. Kermit stand für den gesunden Menschenverstand und waren die Umstände noch so absurd – und absurd sind sie noch. Der Reporter sollte allerdings in der Lage sein, live und vor Ort diese Absurdität zu entlarven, denn interessant ist immer nur die Geschichte hinter der Geschichte. Das reine Beschreiben der Wirklichkeit ist eindimensional, dabei fehlt die Hälfte. Es geht um die Interpretation der »scheinbaren« Wirklichkeit, um das »Entschlüsseln« der Matrix. Subjektiv! Objektiv, neutral gibt es gar nicht. Ein Reporter ohne eigene Meinung hinterläßt ein Informations-Chaos, anstatt es zu entwirren.

Ein Reporter sollte daher sprachgewandt sein, schnell, vollgasfest und dreist, wenn es sein muß. Er benötigt eine gehörige Portion Selbstbewußtsein, um es auch mit hohen Tieren aufnehmen zu können. Die Waffe des Radio-Reporters ist das gesprochene Wort. Sein Schutzschild der Umstand, daß er im Auftrag spricht. Der Reporter stellt vor Ort die Fragen, die Millionen gerne gestellt hätten. Von daher ist der Reporter eine Art Vertreter. Er hat das Recht, unangekündigt einzutreten. Meistens.

Der Auftrag jedes Reporters lautet daher immer: zu re-portieren. Etwas zurückzubringen, damit man es in aller Ruhe noch einmal betrachten kann. Es ist wie mit den Fotos, die die Polizei von Tatorten macht und die erst beim genauen Hinsehen ihre Geheimnisse offenbaren. Die Welt da draußen ist voller Geheimnisse, sie aufzuspüren, zu entschlüsseln, der Öffentlichkeit zu präsentieren, war alles, was mich als Fritz-Reporter immer bewogen hat, diesen Job zu machen. Und ich mache ihn bis heute. Leidenschaftlich, gerne und am liebsten live.

---

**Ken Jebsen:** *Geboren an Bord einer Boing 747 irgendwo über Persien!! Aufgewachsen in Teheran, die Eltern arbeiten für das Persische Wirtschaftsministerium. Mit drei Umzug nach Deutschland. Moustafa Kashefi, so sein bürgerliche Name, besuchte ausnahmslos Waldorfschulen. Ein Praktikum bei der Reederei Jebsen führte Moustafa Kashefi rund um den Globus. Mit 15 kehrte Ken Jebsen, wie er sich jetzt nennt, nach Deutschland zurück. Ausbildung zum Zimmermann. Mit 20 kommt er zufällig nach Berlin und nimmt an einem Moderatoren-Casting vom SFB/Radio 4U teil, 6. Platz. Danach Reporter beim Jugendmagazin 100 GRAD, diverse Moderations-Tätigkeiten. ZDF-»Mondscheinshow«, »Canale Grande« (VOX), PRO 7 »Morningshow«. Als Reporter für den ARD-Hörfunk tätig, auch für Fritz. Seit April 2001 Moderation der Sendung »KenFM«. Einziges Hobby: beschäftigt sich mit dem Entstehen und der Entwicklung der menschlichen Sprache.*

Schnell, vollgasfest und dreist: Ken Jebsen

# Sprechen kann helfen – Kuttner

*Interview von Ronald Galenza*

---

*Kuttner ist Kult! behaupten viele. Sein Name fällt oft, wenn man über Fritz spricht. Seit über zehn Jahren moderiert er seine Talksendung »Sprechfunk« und hat damit Rundfunkgeschichte geschrieben. Wie es sich damit lebt und wie alles anfing, erzählt er hier. Ebenso von seinen Videoschnipsel-Vorträgen und seiner Theater-Arbeit.*

*Hast du schon früh eine Art Sendungsbewußtsein in dir gespürt?*
**Kuttner:** Mehr indirekt. Ich hab einfach versucht, eine Sendung zu machen, die ich auch selbst gerne hören würde. Mein Sendungsbewußtsein bewegt sich auf verschiedenen Ebenen, die Sendung sollte eine Doppelbödigkeit haben, verständlich und überkodiert sein, aber auch andere Text- und Bedeutungsebenen haben. Sie soll aber auch eine Herausforderung für die Hörer sein. Dabei fand ich von Anfang an schrecklich, was den gängigen Radio-Durchschnitt ausmacht, Moderatoren, die nur die Waschzettel der Plattenfirmen vorlesen, einen auf Star machen. Dieses »Ich bin so super und toll«-Gequatsche von angepaßten Typen. Das wollte ich formal brechen. Da hatte ich es auch leichter, weil ich mich nicht eimertragend hochdienen mußte, sondern Quereinsteiger war. Für mich war klar: Sei einfach der, der du selber bist.

*Wolltest oder willst du mit deiner Sendung jemanden erziehen?*
**Kuttner:** Ich will die Leute mit Sachen konfrontieren, die sie nicht kennen. Ich versuche schon, eine andere Haltung zu zeigen. Es geht aber nicht um mich. Vielleicht gelingt es mir aber, die Hörer zu einer Art Distanz zu sich selbst zu bringen, ihnen zu zeigen, daß Radio auch anders funktionieren kann. In den Gesprächen mit den Leuten ist meine Hoffnung, die Leute zu verrücken, daß sie neben sich selbst stehen können, daß sie einen anderen Blick auf sich bekommen. Eben nicht bewußtlos scheinbaren Idol-Mustern zu folgen und im immer stärker werdenden Mainstream-Sog unterzugehen.

*Wie ist Kuttner zum Radio gekommen oder das Radio zu Kuttner?*
**Kuttner:** Extrem zufällig. Ich hatte ja allen möglichen anderen Quatsch vorher gemacht. Damals war ich auch Leiter der Bolschewistischen Kur-

kapelle und mit der hatten wir an einer großen DT 64-Protest-Sendung mitgemacht. Da fiel ein Moderator aus und irgend jemand fragte mich, ob ich nicht einspringen könne. Also bin ich einen Tag mit dem Mikro durch die Kneipen gehechtet, das muß wohl ganz gut gewesen sein. In dieser Zeit wurde gerade Rockradio B gegründet, wo zehn Kollegen von DT 64 weitermachten. Und die haben händeringend Wort-Journalisten gesucht. Am zweiten Weihnachtstag 1992 hing dann ein Zettel von Galenza bei mir an der Tür, ob ich nicht Lust hätte, beim Radio anzufangen. Ich dachte, davon hab ich keine Ahnung, das könnte ganz interessant werden.

*Wie kam es zu der Idee deiner Talk-Sendung?*
**Kuttner:** Das Programm von Rockradio B wurde erweitert und wir überlegten, was wir am Abend senden könnten. Zu dieser Zeit lief gerade der Oliver Stone-Film »Talk-Radio«, daraus ist eigentlich die Idee entstanden. Die anderen Kollegen wollten nicht soviel arbeiten und auch nicht erschossen werden, auf einmal hieß es, Kuttner mach du das mal, du quatschst sowieso den ganzen Tag. So saß ich plötzlich hinterm Mikrophon, unter der Überwachung von Ronny Galenza. Der kam alle zehn Minuten panisch ins Studio gerannt und erklärte mir, ich solle nicht dauernd »Scheiße« sagen. So ging es los. Für mich war ganz klar, ich wollte keinen Politik-Talk machen, weil die Leute nur erzählen, was sie irgendwo gelesen haben. Eine Zeitungsschau wollte ich nicht, die hatten wir im Osten genug. Und ich wollte auch nicht über Sex reden, das war mir zu einfach. Ich wollte Alltag problematisieren.

*Du hast im weiteren Verlauf im Sprechfunk nicht nur reine Talk-Sendungen gemacht, sondern auch thematische. Wie suchst du deine Themen aus?*
**Kuttner:** Oft war das Thema der Aufhänger, um mit den Leuten interessant ins Gespräch zu kommen. Man merkt schnell, ob ein Thema eine ganze Sendung trägt. Manchmal ist es auch nur ein Vorwand, die Hörer zum Anrufen zu bewegen.

*Bereitest du deine Sendungen vor?*
**Kuttner:** Ja klar, das hängt aber auch von meiner Stimmungslage oder dem Thema ab. Ein Weg ist: Man läuft so durch die Welt und denkt bei bestimmten Sachen, darüber müßte man mal reden. So habe ich zum Beispiel die Sendungen über »Die Poesie des Alltags« gemacht. Über interessante Autonummern zum Beispiel oder Fernfahrer. Der andere Weg ist eben Texte raussuchen, Zitate, Gedichte, viel lesen. Dazu gehört auch, daß ich mir einen Tag überlege, welche Musik ich abends spiele, daraus entstehen auch Ideen.

Auf der Suche nach anderen Formen: Kuttner

*War es dir in zehn Jahren Sprechfunk wichtig, Tabus zu brechen?*
**Kuttner:** Nee, das ist zum Deppenspiel verkommen, das ist doch total langweilig. Es gibt ja kaum noch Tabus, jetzt versuche ich vielmehr, Tabus zu errichten! Aber es gibt Tabus für mich: Ich will Leute nicht lächerlich machen. Obwohl es wohl ein gängiges Klischee über meine Sendung ist, wie glänzend ich die Leute fertig machen kann. Wenn man genau hinhört, merkt man aber, daß das nicht der Fall ist. Ich hab auch eine Scheu davor, in eine wirkliche Intimität im Gespräch zu gehen. Da sollten die Hörer wirklich bei sich bleiben und nicht unkontrolliert in eine vielleicht auch voyeuristische, gierige Öffentlichkeit geraten. Das finde ich total eklig und abstoßend. In den letzten zehn Jahren sind die Sitten in den Medien total verroht. Ich finde bestimmte Formen von Höflichkeit, Intimität und Achtung extrem wichtig.

*Bist du noch neugierig, ist es für dich noch interessant, mit Fremden zu telefonieren?*
**Kuttner:** Grundsätzlich ja, aber es gibt bei mir auch Wellenbewegungen, also Phasen von Müdigkeit. Manchmal ist es wirklich anstrengend, weil bestimmte Sachen durch den Sender auch kaputtgemacht werden. Durch dieses extreme Setzen auf die ganz jungen Hörer hab ich oft die erste dreiviertel Stunde mit debilen Idioten zu tun, die denken, daß Fritz der Ort für ihr extrem niveauloses Gestammel ist. Bei Fritz gibt es ja für die Hörer keine selbstverständlichen Anstandsregeln. Ich hab all die Jahre immer alle Anrufer direkt in die Sendung genommen, in letzter Zeit mußte ich allerdings einige Mal den Nachtredakteur einschalten, damit der die Hörer abcheckt. Der mußte diese selbstverliebten, nichtssagenden Hohlköpfe erst vertreiben, denn das sind Medien- oder Anruf-Junkies, die sich nur selbst im Radio hören wollen.

*Sind die Hörer doof?*
**Kuttner:** Eigentlich nicht, aber viele werden auch doof gemacht. Es gibt, auch durch bestimmte Medien, eine massive Debilisierung, an der ich mich nicht beteiligen will. Die besten sind wirklich die, die einfach das, was sie täglich erleben, mit einer gewissen Selbstdistanz erzählen können. Zu einem guten Gespräch gehört ein bestimmtes Maß an Erfahrung und Neugier. Für mich spannend ist das Übergreifende dabei. Also wenn du erst mit den Kindern, dann mit den Eltern sprechen kannst oder mit einem Proll und einem Altertumsforscher. Wenn sich daraus Verbindungen herstellen. Also wenn ein trauriger Bauarbeiter aus Waren und eine verglei-

chende Literaturwissenschaftlerin von der FU Berlin miteinander reden, die sich sonst wohl nie begegnet wären.

*Hast du eine Vorstellung davon, welche Menschen bei deiner Sendung vor dem Radio sitzen?*

**Kuttner:** Nee. Zumal sich Anrufer und Zuhörer auch deutlich unterscheiden. Das habe ich gelernt, als ich mit meinen beiden Büchern »Das große Sprechfunk-Buch« und »Experten-Gespräche« Lesungen gemacht habe. Da habe ich auf einmal Leute gesehen, von denen 95 Prozent nie anrufen würden, die aber regelmäßig die Sendung gehört haben. Die Anrufer sind meist nicht repräsentativ für die gesamte Hörerschaft.

*Hat sich deine Hörerschaft in den vergangenen zehn Jahren verändert?*

**Kuttner:** Die Hörer wechseln sich alle zwei, drei Jahre aus, das ist normal. Aber die Hörer sind generell jünger geworden, was mit dem Umfeld des Senders zu tun hat. Fritz war vor zehn Jahren noch älter, vielleicht studentischer, jetzt zielt es mehr auf die Schüler.

*Von Zeit zu Zeit hast du monothematische oder komplett produzierte Sendungen gemacht, zum Beispiel »Hautärzte lesen Gottfried Benn«. Was war dein Ansatz dafür?*

**Kuttner:** Das war einfach die Lust auf ein bestimmtes Thema. Heiner Müller hat mich immer sehr interessiert. Es gab zwei Sendungen über Krieg, jenseits aller Tagesaktualität. Die Schwäche aller formatierten Radios ist es ja, daß jedes Thema modisch und aktuell sein muß. Themen wie Literatur, Wissenschaft, Geschichte fallen da raus. Ich glaube aber, daß genau diese Themen von gebührenfinanzierten Sendern, egal für welche Altersgruppe, bedient werden müßten. Es ging mir dabei auch darum, andere Formen einzubringen, also nicht, was lesen denn unsere Hörer gerade, sondern was lesen sie nicht. Am liebsten würde ich jeden Sonntag einen Literatur-Blue Moon mit guten Texten machen, denn das Interesse bei den jungen Leuten ist ja da.

*Eine andere Form des Sprechfunks ist, daß du dir bestimmte Gäste für drei Stunden einlädst, wie die Ex-Terroristin Inge Viet, Bommi Baumann, Frank Schöbel, Sophie Rois, Funny van Dannen, Alexander Osang, Schlingensief und andere. Was reizt dich daran?*

**Kuttner:** Ich hab ja kein Interesse an Promis an sich. Der ist gerade Star, lad den doch mal ein, ist mir zu langweilig. Jemanden drei Stunden lang zu interviewen, ist allerdings wirklich anstrengend. Der Reiz dabei ist, einen Zustand herzustellen, wo man relativ unbeschwert miteinander redet. Mir geht es nicht darum, daß ein Moderator einen Prominenten ausfragt, sondern daß man sich quasi privat und unmittelbar unterhält. Das ist aber verflucht schwer. Aber das kurz Geschnittene findet man doch heute überall, wo gibt es denn noch einen Platz, wo sich zwei Leute drei Stunden lang öffentlich unterhalten?

*Im Sprechfunk spielst du ungewohnte Musik, die reicht von Maria Callas über PJ Harvey bis Frank Schöbel und Funny van Dannen. Wonach wählst du deine Musik aus?*
**Kuttner:** Mir geht es um den Erhalt der Arten-Vielfalt. Die Musik aus dem normalen Radio ist längst völlig sortenrein, ohne Brüche. Wenn aber jeder in sich hineinhört, ist da viel mehr. Das geht von Kinderliedern über die ersten Knutschsongs und Schlager, bis zu ganz vielen verschiedenen Stilen, die man in sich aufgenommen hat. Inzwischen bekommen die Leute vorausgewählte Musik vorgesetzt, die bewegt sich an einer scheinbar aktuellen Oberfläche. Jeder hat aber ein unglaubliches Archiv eigener Musik in sich. Dabei gibt es allein schon in dem jugendlichen Bereich diverse Szenen und Subgenres, die im Radio nie stattfinden.

*Wie bist du auf Schuberts »Gute Nacht« aus seiner Winterreise als Abschiedslied deiner Sendung gekommen?*
**Kuttner:** Auch heute kommen immer wieder Fragen und Mails, was das denn für ein Stück ist, von wem, woher. Da paßte so vieles, die Überschrift heißt ja »Gute Nacht«. Und die Zeilen »Fremd bin ich eingezogen, fremd ziehe ich wieder aus« beschreiben meine Situation im Radio ganz gut. Ich mache die Sendungen jetzt zwar schon zehn Jahre, fühle mich aber nicht unbedingt als Radiomacher.

*Du spielst manchmal auch Pionierlieder aus der DDR, russische Lieder oder seltsame indische Tracks; kann man mit Musik im Radio noch provozieren?*
**Kuttner:** Das passiert in Wellen. Ich hab für Musik, die ich spiele, drei Überschriften: seltsame Musik, prima Musik und bedrohte Musik. Anfangs war es noch provokant, bestimmte Lieder aus dem Osten zu spielen, z.B. Ernst Busch oder das Alexandrow-Ensemble mit Russen-Hymnen. Viele taten so, als hätte es die nie gegeben, aber alle kannten die. Inzwischen hat sich das Provokative allerdings verloren. Das sähe im Tagesprogramm natürlich noch anders aus.

*Wolltest du den Kram, sprich den Sprechfunk, schon mal hinschmeißen?*

**Kuttner:** Nach zwei, drei Jahren dachte ich, man müßte auf dem Höhepunkt abtreten und ewig kann ich das auch nicht machen. Es hat sich aber mittlerweile eine Kontinuität entwickelt, auf die ich stolz bin. MitMarushas Rave Satellite ist der Sprechfunk die älteste Sendung, und die gab es beide schon vor Fritz. Ich hab immer noch den ersten Sendungstrailer aus der Nalepastraße. Inzwischen hab ich den Ehrgeiz 25 Jahre vollzumachen!

*Mit »Null Uhr Kuttner« hast du versucht, den Sprechfunk ins Fernsehen zu transportieren?*

**Kuttner:** Das war eine gute Erfahrung, denn es hat richtig Spaß gemacht. Das hatte eine lustige Vorgeschichte. Aufgrund des Sprechfunks wurde ich vom Fernsehsender Premiere angerufen und zu einem Casting für eine Talksendung im TV eingeladen. Die gab es damals noch nicht. Also bin ich nach Hamburg, denn ich wollte mir das mal ansehen. Allerdings hatte ich keine Lust, meine Sprechfunk-Idee für einen Privatsender zu machen. Aber es war lustig: Draußen saßen 30 Studenten, die bei den Casting-Kandidaten angerufen haben. Ich hab gleich voll durchgezogen und diese Anrufer in meiner Art hochgenommen, da war gleich Alarm. Hinterher haben die mir dann Prügel angeboten. Nächsten Tag stand ich beim ORB-Fernsehdirektor vor der Tür und meinte, laßt uns doch hier so eine Sendung machen. So wie das Radio hat mich das Fernsehen als Medium interessiert. Ich hab »Null Uhr Kuttner« dann zusammen mit André Meier und Stefan Schwarz umgesetzt.

*Eine gelungene und wichtige Erfahrung für dich?*

**Kuttner:** Meine Radikalität aus dem Radio umzusetzen, war dabei sehr viel schwieriger. Für diesen Job bin ich zu wenig divenhaft, man stößt permanent an Grenzen. Im Sprechfunk war ich mein eigener Herr, das war im Fernsehen viel problematischer. Beim Fernsehen bekommt man für dieselbe Arbeit das Zehnfache bezahlt, wahrscheinlich alles Bestechungsgelder. Ich wollte mich nicht vom Fernsehen abhängig machen, mir blieb das eher fremd. Ich wollte auch nicht in einer curry-cremefarbenen Jacke enden. Diese Distanz blieb.

*Du kennst das Fernsehen auch aus einer anderen Sicht, denn du warst Gast bei Harald Schmidt, Biolek und Erich Böhme, welche Erfahrungen hast du dabei gemacht?*

**Kuttner:** Eine Einladung zu Harald Schmidt habe ich als große Ehre empfunden, wir kennen uns und schätzen uns. Ich war schon dolle aufgeregt. Ich war so über-adrenalinisiert, daß ich sehr schnell gesprochen habe. Bei

Kuttner: nachdenklich

Erich Böhme war ich eher der Vorzeige-Ostler, da wirst du zum Funktionär deiner selbst. Ich sollte der die Ostjugend kennende Ostler sein. Hat aber auch Spaß gemacht, das mal zu beobachten. Bei Biolek saß ich zwischen Konsalik und Marianne Michael und sollte eine Betroffenheitsgeschichte erzählen, gaga.

*Du hast längst einen großen Bekanntheitsgrad erlangt, wie gehst du damit um, daß Fans oder Hörer meinen, »Kuttner ist Kult!«?*
**Kuttner:** Es ist ja nicht so, daß ich Bodyguards bräuchte. Diesen Kult-Begriff finde ich doof, das nervt. Ich fände es schöner, wenn sie sagen, Kuttner ist ein feiner Mensch. Mir ist lieber, wenn die Leute inhaltlich argumentieren oder loben, dann freue ich mich.

*Wie hat sich dein Verhältnis zu Fritz in den zehn Jahren entwickelt?*
**Kuttner:** Es gab Phasen, wo mir der Sender näher und dann wieder fremder war. Am Anfang war eine große Fremdheit, weil es ja zu Fritz durch so eine Art Zwangsvereinigung von Rockradio B und Radio 4U kam. Man kann auch sagen, eine Form von feindlicher Übernahme, man konnte dann sehen, wie die Ost-Kollegen weggeparkt und von den Mikrophonen verbannt wurden. Danach hat man sich genauer kennengelernt und es gab mehr Kommunikation zwischen mir und dem Sender. Die ist nun wieder eingeschlafen. Mit der Sendung »Weltall Erde 42«, die ich mit Johnny Haeusler zusammen machte, haben wir verschiedene neue Radio-Formate entwickelt. Kino im Radio, Theater im Radio, das funktionierte super. Die sind einfach versickert, das hat keinen der Kollegen interessiert. Ich denke, Fritz weiß, was sie an mir haben, und ich weiß, was ich an Fritz habe, da sind beide Seiten Profi genug.

*Du hast Anfang 1995 Kontakte zur Staatssicherheit eingestanden. Was war der Grund dafür?*
**Kuttner:** Für mich sah ich darin die letzte Möglichkeit, mich selbst zu offenbaren. Der Anlaß war das Bekanntwerden der Stasi-Tätigkeit vom damaligen ORB-Moderator Lutz Bertram. Es lief ja fast immer so, daß ein Journalist belastende Akten gefunden hat, der Betroffene kam in persönliche Erklärungsnot und die Defensive. In aller Regel ein Trauerspiel. Das wollte ich nicht, also habe ich versucht, meine Sicht zu erklären. Also daß ich bei der Armee von denen angesprochen wurde und mich ein paarmal mit denen getroffen habe. Ich habe keine Aufträge von denen bekommen und hätte auch keine angenommen. Ich wußte, daß das Stasileute sind und daß ich mich mit denen unterhalten habe. Was diese Gespräche bedeute-

ten, wußte ich überhaupt nicht. Das beendete ich 1982. Bei meinem Outing wollte ich selber rausgehen und erzählen, wie ich es erlebt habe. Da war nicht mehr. Dann werden ja die Akten kommen und man kann vergleichen. Es gab allerdings gar keine Akten.

*Ergaben sich aus diesem Eingeständnis Konsequenzen für dich?*
**Kuttner:** Zum einen konnte mich nun jeder beschimpfen, wie er wollte. Allerdings wollten kaum Leute ernsthaft über meine Zeit in der DDR reden. Ich wurde suspendiert, der Sprechfunk ausgesetzt und ich hatte ernsthaft Angst, ob und wie es weitergeht. Meine Fernsehsendung ist wohl auch daran kaputtgegangen. Eigentümlich war für mich, daß es zu so einem komischen Popularitätsschub führte. Ich bekam etwa 400 Briefe, die ich auch alle beantwortet habe. Viele Briefe waren von einer Art Verständnisbereitschaft geprägt, die mich erstaunt hat. Vielleicht wurde ich da zu einer Projektionsfläche für andere Sachen, die sich die Leute nicht öffentlich auszusprechen trauten. Viele merkten daran, daß es für ihre Probleme, Widersprüche oder Konflikte gar keine Öffentlichkeit mehr gab. Eine wichtige Erfahrung für mich.

*Deine Videoschnipsel-Vorträge an der Volksbühne sind immer ausverkauft, wie bist du auf diese Form des Vortrages gekommen?*
**Kuttner:** Ich mußte wieder zum Jagen getragen werden. Im November 1996 sollte ich zu einem großen Festival an der Volksbühne zu sieben Jahre Mauerfall etwas machen. Es gab die Idee, Fernsehausschnitte zu zeigen und diese zu kommentieren. Auf einmal stand ich vor tausend Leuten auf der großen Bühne, das Haus war brechend voll. Da hatte ich erst mal Schiß. Geplant war eine halbe Stunde, nach zweieinhalb Stunden war ich fertig. So fing es an, seitdem mache ich jeden Monat die Videoschnipsel.

*Mittlerweile bist du mit den Videoschnipseln auch landesweit unterwegs, funktionieren die auch in der Fremde?*
**Kuttner:** Ja, aber da leide ich immer etwas unter meinem Ruf als Berliner Lokal-Hero. Eine fremde Umgebung war zum Beispiel die Kästner-Gesellschaft in Hannover, ein Verein für bildende Kunst. Sehr schick, sehr elegant. Ich hab da rumgeprollt, für die muß ein Russen-Panzer durch ihre Galerie gefahren sein, die waren völlig fertig. Eine interessante Erfahrung. Aber es funktioniert auch in München, Zürich oder Schwedt.

*»Lei Feng-Renegaten« war deine erste Theaterarbeit, das Stück wurde an der Volksbühne Berlin aufgeführt. Was zieht dich ans Theater?*

**Kuttner:** Mich interessiert das Medium Theater und dann war es die Volksbühne und das, was Castorf da gemacht hat. Der macht die einzige Form von Theater, die mich richtig interessiert. Der hat einfach in der Mitte von Berlin einen Platz besetzt und eine Form von Öffentlichkeit hergestellt, wie auf eine andere Art und Weise auch Fritz. Da wurde der Umbruch, dieser Ost-West-Konflikt abgebildet, über innere Auseinandersetzungen und übers Programm. In meiner Sendung wie am Theater will ich Formen in Frage stellen. Da gibt es eine Verwandtschaft. Ich hatte schon im Rahmen der Prater-Spektakel der Volksbühne eine andere Form von Theater gemacht. »Lei Feng« war im Prinzip ein chinesischer Revolutions-Comic, ein Ausprobieren. Ich bin ja ein Solo-Eintänzer, mich hat diese andere Arbeitsweise interessiert, das Arbeiten in einer kleinen Gruppe, in der sich jeder einbringt.

*Mit deiner neuen Veranstaltungsreihe PLAY LOUD! erfüllst du dir ein verbreitetes Bedürfnis: Lieblingsplatten hören, aber nicht alleine im stillen Kämmerlein und immer viel zu leise, sondern schön laut und mit anderen zusammen. Wie kam es zu »Play Loud«!?*
**Kuttner:** Eigentlich auch eine gute Idee fürs Radio. An der Volksbühne wird gern laut Musik eingesetzt. Ich dachte, dann hört man mal wirklich eine Platte komplett durch und redet öffentlich mit einem Gast darüber. Eine andere Hörerfahrung. Die Gäste suchen die Platte aus und erklären ihr Verhältnis dazu. Bis jetzt waren da: Sophie Rois, Frank Castorf, Funny van Dannen und Alexander Osang. In Frankfurt/Main hab ich das auch am TAT gemacht, da gastierten Heike Makatsch mit Fleetwood Mac und Gina Wild mit Pink Floyd.

*Du gestaltest seit Januar 2002 immer mittwochs von 20 bis 22 Uhr die Sendung Talk X auf HR-XXL. Schnell war klar, daß die Sendung unter dem Motto »Hessen stressen« stehen würde. Wie kam es zu dieser Sendung?*
**Kuttner:** Der alte Fritz-Kollege Jan Weyrauch hat mich dahin geholt, obwohl es sehr mühselig ist, ständig nach Frankfurt/Main zu fahren. Aber ich fand diese Fremdheit interessant, Ost-West, eine andere Kultur. Die Hessen sind ja eher gemütlicher und unironisch. Die Sendung hat eingeschlagen, so Hurricane-mäßig. Die Unterschiede sind schon enorm. Hessen erscheint mir noch fast unberührt, während Berlin-Brandenburg zynischer, härter, ironischer und schneller ist. Das war eine neue Herausforderung, da muß ich mich neu beweisen.

*Zehn Jahre Sprechfunk sind eine sehr lange Zeit für eine Sendung, macht es dir noch Spaß?*

**Kuttner:** Mal mehr, mal weniger, aber grundsätzlich schon. Andere Sendungen sind nach wenigen Jahren verbrannt. Es bereitet mir inzwischen diebische Freude, da old fashioned rumzufunken. Also eine entspannte Radio-Show zu machen.

---

**Jürgen Kuttner** *studierte Kulturwissenschaften und arbeitete von 1987 bis 1989 als stellvertretender Abteilungsleiter im Verband Bildender Künstler der DDR. Nach der Wende Geschäftsführer und Autor der neugegründeten Ost-taz. 1992 begann Kuttner seine Hörfunksendung »Sprechfunk Kuttner«, der später die Fernsehfassung »Null Uhr Kuttner« (ORB) folgte. Seit Januar 2002 moderiert er auch die Radio-Sendung »Talk X« auf HR-XXL. Seit 1996 hält er seine Videoschnipsel-Vorträge in der Berliner Volksbühne und an anderen Orten. Anfang 2000 inszenierte er mit »Renegaten? Lei-Feng!« sein erstes Theaterstück an der Volksbühne und ist mit dem Theaterprojekt »Rollende Road-Schau« unterwegs. Im Herbst 2002 spielte er als Schauspieler im Theaterstück »Der Selbstmörder« im Theater am Turm (TAT) in Frankfurt am Main. Mehr Infos: www.kuttner.de*

# Dienstag

*Von Philip Meinhold*

In New York ist ein Flugzeug abgestürzt«, ruft Frank aus dem Nachrichtenkabuff. Kerstin und ich sehen kurz hoch. Unsere Blicke treffen sich in der Mitte zwischen unseren Schreibtischen, dann machen wir weiter, womit wir gerade beschäftigt waren. Tippen irgendwas in unsere Computer. In New York ist ein Flugzeug abgestürzt. So what? Früher haben wir zu Flugzeugabstürzen manchmal Interviews mit Korrespondenten geführt, inzwischen melden wir so etwas in den Nachrichten. Es stürzen zu viele Flugzeuge ab. Wir haben einen kleinen Kriterienkatalog entwickelt, der uns hilft, die Wichtigkeit von Themen fürs Programm zu prüfen: Aktualität, Regionalität, Gesprächswert, Nutzwert, Unterhaltungswert. Wenn drei der fünf Punkte gegeben sind, ist ein Thema für uns ein Thema. In New York ist ein Flugzeug abgestürzt – ein Punkt von fünfen. Die Nachrichten müssen reichen. »Mitten aufs World Trade Center«, ruft Frank, der inzwischen den Fernseher eingeschaltet hat. »Schaut euch das mal an.« – »Solange es nicht das Europa-Center ist«, sage ich. Wir gehen ins Nachrichtenkabuff und schauen auf den kleinen Bildschirm. CNN zeigt das World Trade Center; das World Trade Center qualmt. Frank fragt: »Sollen wir dazu ein »Fritz aktuell« machen?« Kerstin und ich sehen uns an. In New York ist ein Flugzeug abgestürzt, das World Trade Center qualmt, sollen wir dazu ein »Fritz aktuell« machen? Ich schaue auf die große Uhr an der Wand. Es ist kurz nach 15 Uhr. Ich sage: »In zwanzig Minuten sind Nachrichten. Reicht doch, wenn wir es dann melden.« Wir schweigen und schauen auf den Bildschirm. CNN zeigt immer noch das World Trade Center. Das World Trade Center qualmt. Ein zweites Flugzeug erscheint und fliegt in den Qualm hinein. Also gut!

Frank schreibt eine dreizeilige Meldung, Anke nimmt sie aus dem Drucker und geht ins Studio, Moderator Ole fährt den »Fritz aktuell«-Jingle ab. »Und in den Nachrichten dann mit Ton«, sage ich zu Frank. Kerstin versucht den ARD-Korrespondenten in Washington zu erreichen; vielleicht machen wir doch noch ein Interview. Tom, der die nachfolgende Sendung moderiert, fragt: »Sollen wir die Comedy rausschmeißen?«, ich frage: »Wieso?«. Ich weiß, daß Tom jede Möglichkeit zu nutzen versucht, die Comedy nicht zu senden. Der Chefredakteur erscheint und fragt: »Was machen wir zu diesem Flugzeugabsturz?« »Wir haben gerade ein »Fritz aktuell« gemacht und in den »Radiofritzen« telefonieren wir mit 'nem Korrespondenten.« Alles ist gut.

Das Ganze hat vielleicht zehn Minuten gedauert. Ich setze mich an meinen Computer, um mir die Agentur-Meldungen durchzulesen. Die Überschriften der Eilmeldungen sind rot. Fast der gesamte Bildschirm ist rot. Ein Flugzeug ist in das World Trade Center geflogen, auf das vorher ein anderes Flugzeug gestürzt ist. Merkwürdig irgendwie. Dann kommen noch mehr rote Überschriften: Ein drittes Flugzeug stürzt auf das Pentagon; Pentagon und Weißes Haus werden evakuiert. Der Chefredakteur kommt, setzt sich neben mich, sagt: »Jetzt wird's ja ganz verrückt!«

Einen Augenblick lang ist mir schwindlig. Die Wirklichkeit scheint irgendwie ihre Form zu verlieren. Dann berufen wir eine Spontansitzung ein: Kerstin kümmert sich um das Programm des nächsten Morgens, ich mich um das von heute, Steffi ist Ansprechpartner für den jeweils aktuellsten Nachrichtenstand. Irgend jemand versucht den Kollegen Adi zu erreichen, der gerade in New York seine Eltern besucht, ein Praktikant recherchiert, welche Firmen im World Trade Center sitzen, beim ARD-Büro in Washington ist ständig besetzt. Steffi sagt, daß alle Amerikaflüge abgesagt sind, wir schicken einen Reporter zum Flughafen Tegel, ein Turm des World Trade Centers fällt in sich zusammen, in Washington ist noch immer besetzt, wir machen monothematische Nachrichten und zu jeder

**In der Fritz-Redaktion**

vollen Stunde ein »Fritz aktuell«, wir schicken einen Reporter zur amerikanischen Botschaft, am besten wir sprechen stündlich mit Adi, heute ist Dienstag, irgendjemand muß Kuttner anrufen, der soll einen »Blue Moon« zu dem Anschlag machen, wir brauchen einen zusätzlichen Nachtredakteur, wir schmeißen die Comedy raus – heute nachmittag, morgen früh, die gesamte kommende Woche –, Kuttner ruft zurück, sagt, er macht den »Blue Moon«, wir werden eine Woche lang jeden Abend einen »Blue Moon« zu dem Anschlag machen, wir rufen in New York beim *Spiegel* an, bei unserem Korrespondenten in Tel Aviv, uns fällt ein, daß wir alle Interviews absagen müssen, die eigentlich stattfinden sollten, zwischendrin schaue ich kurz zu Kerstin hinüber. Ich reibe mir die Hände und sage: »I love this.« Kerstin nickt, so als wisse sie, was ich meine.

Wir machen ab 19 Uhr eine Sondersendung, die »Open Box« fällt aus, der »Soundgarden« fällt aus, Marco und Tom moderieren einfach weiter, ich sage meine Verabredung für den Abend ab, irgendwann werden zehn Pizzen geliefert, die hat der Chefredakteur bestellt, und als es 20 Uhr ist, habe ich zum ersten Mal seit fünf Stunden für einen Moment nichts zu tun. Ich setze mich mit einer Pizza-Ecke in der Hand vor die Tagesschau: Das World Trade Center qualmt, ein Flugzeug fliegt in den Qualm hinein, der erste Turm des World Trade Centers stürzt in sich zusammen. Es ist, als würde ich diese Bilder, die den ganzen Tag schon den Bildschirm bedecken, gerade zum ersten Mal sehen. I love this – bin ich verrückt? Ich fühle mich vollkommen leer, irgendwie hohl, möchte zum Telefon gehen und meine Ex-Freundin anrufen, zu der ich seit einem Jahr keinen Kontakt mehr habe. Stattdessen gehe ich ins Studio und frage die Moderatoren, ob mit dem nächsten Interview alles okay ist. Es ist leichter, wenn man beschäftigt ist.

Um 22 Uhr 30 verlassen wir schließlich zu neunt den Sender. Zuhause setze ich mich noch vor den Fernseher, gegen 2 Uhr gehe ich ins Bett. Vor dem Einschlafen muß ich kurz daran denken, wie Frank aus dem Nachrichtenkabuff rief: »In New York ist ein Flugzeug abgestürzt.«

# Hallo hier Radio Fritz – wollt Ihr 'ne eigene Radiosendung?

**Die Toten Hosen**

---

**Als das Angebot kam,** griffen wir sofort zu. Anfang 1995 war die Idee entstanden, daß wir ein Jahr lang jeden Sonntag bei Radio Fritz unser eigenes Programm machen könnten. Am 30. April 1995 sollte es losgehen, ein Name für die Sendung war auch bald gefunden: »Tausend Takte Tanzmusik«. Wann hat man schon einmal die Chance, im Radio zu machen, was man will? Die Sendungen waren oft chaotisch, manchmal abstrus, manchmal wirklich gut. Am Totensonntag spielten wir ausschließlich Platten frühzeitig verblichener Rockmusiker, dazwischen liefen Beiträge von unserem Besuch in einem Bestattungsinstitut. Im Februar quälten wir die Berliner und Brandenburger mit einer Sendung, in der wir den offiziellen Karneval zu einer üblen Parodie verarbeiteten. In »Kreuzfahrt zur Seele« therapier-

**Pressekonferenz der Toten Hosen**

ten wir uns gegenseitig und in »Wenn's vorne juckt und hinten beißt« stellte uns eine Heilpraktikerin teilweise erschreckende Diagnosen. Studiogäste waren alte Bekannte wie DJ Hell, Bela B. oder Rocko Schamoni. Egal wie gut oder wie schlecht eine Sendung war, die Musik stimmte immer, da kannten wir uns schließlich aus.

Die meisten Radiosender zwängen ihr Programm in ein strenges Format, um möglichst viel Quote zu machen, für Experimente bleibt da kein Platz. Deswegen haben wir größten Respekt für die Macher von Fritz, die nicht nur bei unserer Sendung Mut zum Risiko bewiesen. Die Liste der ungewöhnlichen Aktionen bei Radio Fritz ist lang. In bester Erinnerung ist uns auch immer noch »Die lange Nacht der Toten Hosen« am 25.1.2002, als wir von 8 Uhr abends bis 6 Uhr morgens ein Marathonprogramm durchzogen, unterstützt von Freunden wie den Beatsteaks, Funny van Dannen, Fetisch von Terranova und Ben Becker, ebenso wie unsere Besuche in Marco Seifferts WM-Studio. Hoffentlich werden wir irgendwann wieder die Gelegenheit haben, bei Fritz die Grenzen nicht nur unserer Belastbarkeit auszutesten, sondern auch die der Hörer und der Redakteure. In diesem Sinne: Viel Erfolg und bis bald!

*Eure Hosen*

**Letzte Sendung »Tausend Takte Tanzmusik«**

# Chaos statt Kaffeekochen

## Als »Neue« bei einem alten Sender

*Von Magdalena Bienert*

---

### Intro

Bei Fritz zu arbeiten, bedeutet, rund um die Uhr MTV und Viva gucken zu dürfen. Pausen machen zu können, sooft man möchte. An die neueste Musik als erster heranzukommen. Großartige Bands und berühmte Musiker zu treffen. Im Internet ein Foto von sich zu haben. Immer auf der Gästeliste zu stehen. Einfach nichts zu verpassen.

Ich gebe es zu: In meiner Radiovergangenheit gab es auch mal andere Sender. Damals, als ich fernab vom Fritz-Sendegebiet wohnte. Ohrenmüde und musikverdrossen zog ich nach Berlin und machte mich auf die Suche nach einem neuen Radiosender. Meinem Radiosender. Einem, der meine Morgenmuffelei nicht noch schlimmer machte; der nicht zehnmal am Tag das gleiche Lied spielte; der sich mit dem beschäftigte, was mich interessierte. Eines Morgens wurde ich durch Zufall fündig, blieb bei einem nicht wirklich lustigen, aber absolut charmant vorgetragenen Witz hängen. Ich entdeckte Fritz – und schaltete nie wieder um.

»Was mit Medien machen«. Klang aufregend und schindete Eindruck. Also landete ich irgendwann nach der Schule erst bei einer Zeitung und wieder etwas später bei meinem Lieblingssender als Praktikantin – trotz 40minütiger Verspätung zum Vorstellungsgespräch. Ich war frei von Vorbehalten, Hoffnungen und Utopien, wollte nur wissen, wie Radio gemacht wird. Kaffeekochen, Moderatoren bedienen, Mikros putzen – gefaßt war ich auf alles. Gut, vielleicht hätte ich es mir weniger chaotisch vorgestellt. Weniger schmuddelige Räume. Mehr Platz. Mehr Stars. Mehr Glamour. Wie, und der kleine Araber, der immer nur nachts kommt, ist gar nicht der Putzmann, sondern Kuttner?!

Über den ersten Schrecken half mir der neutral-freundliche Empfang der »Fritzen«. Wer hier aufgrund guter Erziehung siezen möchte, fällt auf. Ja, sogar zum Chef kann man du sagen. Beziehungsweise man macht es, weil man anfangs gar nicht weiß, wen man vor sich hat. Er weiß es allerdings auch nicht. Glaubt man zumindest. Mich nahm er nach sechs Wochen Ignoranz plötzlich an der Hand und schleifte mich in sein Büro zwecks Zukunftsplanung. Ich durfte bleiben. Ein Fritz-Praktikant kann im Prinzip tun und lassen, was er will, wenn er sich gleichzeitig für nichts zu schade ist. Er kann gucken, ausprobieren und reinen Gewissens Leuten zur Last fallen. Kaffeekochen muß er bei Fritz übrigens nicht. Es gibt Automaten. Dafür kam ich mir anfangs wie in einem Call-Center vor: Für die Bollmann-Sendung mußten sogenannte Büro-Teams gefunden werden. Firmen, die eine Aufgabe erfüllen mußten, um den Preis des Vorgängers abzustauben. Jedes kleine, feine Unternehmen, das etwas auf sich hielt, war mindestens einmal in seiner Geschichte Bollmann-Team. Und wessen Aufgabe war es, diese vielen Teams aufzuspüren? Genau! Hunderte von Fritz-Praktikanten haben sich dafür die Ohren heiß telefoniert. Jetzt, da es keine Bollmann-Teams mehr gibt, haben Praktis um so mehr Zeit für Umfragen, Quizfragen und Recherchen jeglicher Art.

In der Praktikanten-Hierarchie ist man aufgestiegen, wenn man sich keine Fragen mehr für den »Lachenden Dritten« ausdenken muß, sondern diese Aufgabe auf seinen Nachfolger abwälzen kann. Es gibt Schülerpraktikanten, die zwei Wochen bleiben und für die Studenten-Praktikanten keine ernsthafte Konkurrenz darstellen. Aber jeder neue Sechs-Wochen-Praktikant wird erst einmal mißtrauisch beäugt. Gut, Konkurrenz belebt das Geschäft, zuviel muß aber auch nicht sein. In der Anfangszeit gehen Praktikanten stets gemeinsam essen. Wenn sie dann endlich auch mal mit den »Fritzen« in die Kantine gehen, gehören sie schon fast dazu.

Sich durch gutes Kaffeekochen zu profilieren, fällt wie gesagt weg, also muß man durch Ideen glänzen. Da stellt sich am Anfang die Frage: Wem erzähle ich sie denn nun, meine großartige Hat-die-Welt-noch-nicht-gehört-Idee? Bis Dienstag kann ich auf keinen Fall warten! Dann findet nämlich immer Punkt 11 Uhr die Themensitzung statt, bei der jeder all seine kranken Ideen verbreiten kann, die sich während der Woche angesammelt haben. Es gilt also erst einmal herauszufinden, wer hier eigentlich was und warum macht: Wieso entscheidet dies der PMa und das der EP? Womit muß ich zum Mifri? Warum raucht ein RvD so viel und wie heißt MC Lücke wirklich? Aus Scheu vor einer möglichen Unterqualifikation fragt man lieber nicht. Mit etwas Geduld klärt sich jedoch fast alles auf: Wenn Themenvorschläge nicht so aktuell sind, daß sie sofort umgesetzt werden müssen, trägt man sie dem Mifri vor. Der ist der Mittelfristige Planer und hat den Überblick, meistens jedenfalls, wann und ob für ein Thema Zeit ist. Hat der Mifri den Vorschlag angenommen, feilt man an der Idee so lange herum, bis sie schlüssig ist und im Programm auftauchen kann. Darüber werden dann die jeweils zwei PMas informiert. Der gemeine PMa darf immer am Fenster sitzen. Er hat die Entscheidungsgewalt darüber, was ins

Programm kommt und was nicht. Er nennt sich nämlich Programm-Manager aktuell. Hat der PMa mit dem Kopf genickt, überlegt der EP, an welcher Stelle und an welchem Tag er den Beitrag gerne hätte. Ein sogenannter E-Producer ist speziell für die »Radiofritzen am Morgen« oder am Nachmittag verantwortlich, und wenn etwas schief geht, ist er schuld. Er hat sich für morgen nachmittag entschieden. Also guckt der RvD, der Redakteur vom Dienst, in seinem Nachmittagsplan, zu welcher Uhrzeit es günstig ist. Und schon ist das Ding eingetütet, wie es so schön heißt.

Die wohl angenehmste Arbeit bei Fritz ist aber eine Party- bzw. Konzert-Review. Neider könnten behaupten, wir würden dabei nur fürs Amüsement bezahlt. Okay, vielleicht ein bißchen. Allerdings habe ich für mein erstes »Mußte wissen« gute zwei Stunden gebraucht. Für einen Text von 30 Sekunden Länge! Und am nächsten Morgen mußte ich erschüttert feststellen, daß mein großes Werk gar nicht gesendet worden war. Es war »inhaltlich nicht auf den Punkt gebracht«. Aber es wurde besser. Für meine nächste Review von einer HipHop-Veranstaltung benötigte ich nur noch eine Dreiviertelstunde, und sie wurde sogar gesendet. Aus Fehlern lernt man wohl doch. So weiß ich jetzt auch, daß ein DAT-Rekorder keine Temperaturschwankungen mag. Im Winter aus der überhitzten Columbiahal-

**Umfragen machen, Umfragen machen: Magdalena Bienert**

le zu kommen, um die Konzertbesucher draußen nach ihrer Meinung zu fragen, ist also äußerst ungünstig. Als sich das Ding endlich wieder regeneriert hatte, waren nur noch stark alkoholisierte Jungs da, die an diesem Abend höchstwahrscheinlich auch ein Konzert der Kastelruther Spatzen toll gefunden hätten. Die britische Band Kosheen durfte ich dagegen im gut geheizten Tourbus interviewen. Nach zwanzig Minuten Gespräch konnte ich erleichtert und ein wenig stolz noch eine CD abstauben und stolperte glücklich aus dem Bus. Als ich zuhause die Töne abhören wollte, war ich jedoch einer Ohnmacht nahe: Die Mini-Disc gab keinen Mucks von sich. Anscheinend hatte ich alles richtig eingestellt, aber schlicht vergessen, die Pause-Taste zu deaktivieren. Anfängerfehler, könnte man meinen. Nur leider ist mir das nach anderthalb Jahren passiert.

Um mich nicht als völligen Loser dastehen zu lassen, erwähne ich vorsichtshalber noch, daß ich auch aufschlußreiche Interviews geführt habe. Zum Beispiel mit Xavier Naidoo, morgens um halb neun, nachdem er nur drei Stunden geschlafen hatte. Trotzdem war er sehr nett, und als wir durch Zufall auf das Thema Beerdigungen kamen, erzählte er mir, daß er seine Asche, wenn er tot ist, als Pfeffer verschicken lassen will. An Politiker, die ihm das ganze Leben über »auf den Sack gegangen« sind. Nicht sehr christlich, wie ich finde! Und wer würde ahnen, daß der megacoole Ferris MC bei »Legenden der Leidenschaft« im Kino geheult hat wie ein Schloßhund?! Angesichts solcher Offenbarungen muß man schon ein bißchen aufpassen, daß man nicht übermütig wird, weil man plötzlich mit Leuten zu tun hat, für die manche ihren BH opfern würden. Diese Gefahr existiert aber nur kurzfristig am Anfang. Und bevor es soweit ist, steht sowieso eine ganz normale Praktikantenlaufbahn.

### Outro

Als Praktikant bei Fritz muß man sich ein bißchen langweilen, Umfragen machen, Kritik verkraften, Umfragen machen, sich Fragen für den Lachenden Dritten ausdenken, Umfragen machen, sich Fragen für den Tomatenwecker ausdenken, Umfragen machen, Geld in den Kaffeeautomaten investieren, Umfragen machen ...

---

**Magdalena Bienert:** *1986–1996 Synchronsprecherin (DEFA, Hamburg Synchron). Freie Mitarbeit u.a. bei BZ (Kulturredaktion), Mitwirken bei Off-Theaterproduktionen + Lesungen. Seit Februar 2001 Fritz (Reporterin, Party-Tips, Redaktion). Seit April 2000 TU für Linguistik + Philosophie eingeschrieben. Zwischendrin diverse Nebenjobs wie Garderobiere, Promotion, Komparse, Marktforschung.*

# Lügen haben lange Beine

## Die Wahrheit über die gloriosen Schwestern

*Von Julia Vismann*

---

Samstagabend, 22 Uhr. In Berlin-Kreuzberg ist die Temperatur auf fast null Grad gefallen, es nieselt und Nebel zieht auf. Im Radio läuft der Dance under the Blue Moon. Es ist Zeit für die erste Live-Einblendung von Fritzens Party-Reporterinnen, den Glorious Sistas: »Kerstin-die-Plateausohle-Campbell«, »Julia-the-Dancing-Queen-Vismann« und »Kerstin-swinging-Federboa-Topp«. Gerade hat der Praktikant Ole, von uns nur »Brilliant Brother« genannt, die letzte Schraube am Fritz-Mini festgezogen und mit dem Kompaß den Satelliten über'm Indischen Ozean geortet. Wir stehen vor dem »Wiener Blut«, bei uns ist die Autorin Jenny Zylka. Eine Alleinunterhalterin, deren Phantasie so blühend ist wie ihre 60er-Jahre-Klamotten sexy: »Ich bin heute abend unterwegs mit den Glorious Sistas«, erzählt sie ins Fritz-Mikro. »Julia hat sich in eine graue Mausfelljacke gezwängt und trägt die Frisur einer lesbischen Gefängniswärterin aus Schweden. Kerstin hat sich vorweihnachtlich mit Lametta geschmückt«, beschreibt Jenny Zylka, die selbst bis auf ein glitzerndes Chanel-Halsband völlig nackt ist, was sie den Hörern keineswegs verschweigt.

Wie jeden Samstag haben wir volles Programm. Nach der Live-Schaltung vor dem »Wiener Blut« schnallen wir uns Raketen auf den Rücken und düsen ein paar Straßen weiter in den »Privatclub« zu einer wilden 60er-Jahre-Party. Dort streifen wir uns Baströckchen über, setzen uns Sombreros auf und tanzen die ganze Nacht auf den Tischen zu Salsa und Merengue. Das waren die Glorious Sistas, wie man sie aus dem Radio kannte: Mondän wie Grace Kelly, sexy wie »Ingrid-ich-mache-mir-einen-Schlitz-ins-Kleid-Steeger« und unerreicht schön wie Brigitte Nielson. Immer unterwegs auf den wildesten Parties und in den coolsten Clubs; bekannt bei allen Türstehern, umringt von Fans.

Wir feierten mit den Backstreet Boys gemeinsam auf ihrer Aftershow-Party, tranken Champagner mit Howie im Nethemd und flirteten mit Nick und Kevin. Zur Berlinale legte sogar Bruce Willis mit nacktem Oberkörper HipHop-Platten im »Planet Hollywood« für uns auf. Nach seiner Trennung von Demi Moore versuchte er, uns mit seiner männlichen Brust auf sich aufmerksam zu machen. Auch Leonardo DiCaprio zwinkerte uns zu, als wir Gäste bei der Premieren-Party seines Films »The Beach« waren. Er hat uns nur deshalb nicht nach Hollywood eingeladen, weil er von unserem grandiosen Aussehen so geblendet war, daß er sich beim »shakehands« in meinen sieben Meter langen Haaren verheddert hat und nur noch peinlich berührt seinen einzigen deutschen Satz stammeln konnte: »Warum ist die Banane krumm?« Natürlich wollte uns auch das heimische Playboy-Urgestein Rolf Eden kennenlernen. Er empfing uns im »Big Eden« mit Champagner und unzweideutigen Angeboten. Mit Techno-Papst Sven Väth tranken wir Cappuccino und philosophierten über das leidige Problem, daß die Berliner immer erst dann zur Party kommen, wenn es eigentlich schon wieder Zeit wäre, ins Bett zu gehen. Auch Lord Knut, Radio-Ikone der siebziger Jahre, hatte von unseren schönen, langen Beinen, den meterlangen rauschenden blonden Haaren und unseren heißen Klamotten gehört und lud uns zu seinem 30. Geburtstag ein. Er hatte weiße, lange und vom Kopf abstehende Haare und eine dunkle Taucherbrille im Gesicht. Alles in allem das perfekte Double des verrückten Professors aus »Zurück in die Zukunft«. Zu seiner eigenen Geburtstagsparty fuhr der Lord standesgemäß in einem futuristischen, knallroten Sportflitzer vor. Die Backstreet Boys, Leo, Sven, Knut und Bruce: Wenn man Stars von diesem Kaliber trifft, braucht man natürlich immer das passende Outfit und das entsprechende Hairstyling. Kein Problem für die Glorious Sistas. Wir hatten in unserem Satelliten-Mini einen gigantischen Kleiderschrank, aus dem wir uns blitzschnell die passenden Sachen und die ausgefallensten Perücken aussuchen konnten, wenn es von der einen zur nächsten Party ging. Der alljährliche Besuch bei der »Gangster-Groove«-Party war deshalb ein Kinderspiel: Einfach die Afro-Perücke aufgesetzt, die Puschel-Plateauschuhe angezogen und los ging's.

Unsere nächtlichen Ausflüge waren purer Luxus, reiner Glamour, eine einzige rauschende Ballnacht. Leider nur in unserer Phantasie! Und wahrscheinlich auch in der Phantasie unserer Hörer, die uns um unsere Erlebnisse beneideten. »Die haben den tollsten Job, den man bei Fritz machen kann!« Mit diesem stereotypen Satz wurden wir meist vorgestellt, wenn wir den ein oder anderen Fritz-Mitarbeiter nachts privat mit Freunden trafen. Die Realität sah aber ganz anders aus. Die ganzen Stars haben wir zwar wirklich getroffen, aber selbst wenn uns Leonardo zugezwinkert hätte, wir hätten es wahrscheinlich gar nicht gemerkt. Denn um unsere Live-Schaltungen nicht zu verpassen, haben wir auf Parties ständig nervös auf die Uhren gestarrt. Der gigantische Kleiderfundus bestand aus mollig warmen, unförmigen Wollpullovern, Moon-Boots, Funktionsunterwäsche und Nierenwärmern. Das Senden mit dem Satelliten-Mini geschah häufig unter

Kerstin Koch und Julia Vismann (re.)

widrigen Wetterverhältnissen: bei Regen, Schnee und Orkan bis zu Windstärke sieben. Wir verbrachten die halbe Nacht auf der Straße und hatten daher keine Zeit für Leo, Bruce und Konsorten. Der Satelliten-Mini mußte ja erst aufgebaut und zusammengeschraubt werden, dann mußten wir mit Kompaß und Weltkarte einen Satelliten orten und danach geduldig auf unseren Einsatz warten. Es erforderte oft ein hohes Maß an Phantasie, von toller Partystimmung in einem Club zu berichten, während wir frierend draußen vor dem Club auf der Straße standen und entweder eine ratternde Straßenbahn oder heulende Feuerwehrsirenen jedes Wort von uns übertönten. Auch der stündliche Wechsel zur nächsten Party war richtig harte Arbeit. Mini abbauen, woanders wieder aufbauen, Satellit finden. Dazu mußten wir manchmal querfeldein über Grünflächen, und Bürgersteige rauf- und runterfahren. Dieses seltsame Fahrverhalten zog jede Menge Schaulustige an und ebenso häufig Kontaktbereichsbeamte, die uns aus dem Halteverbot verscheuchen wollten. Immer, wenn wir versuchten, die Polizisten mit unserer Sondergenehmigung zum Parken zu beeindrucken, und ihnen erklärten, daß der Mini der kleinste Ü-Wagen der Welt sei, sind sie in schallendes Gelächter ausgebrochen und haben ungläubig gefragt: »Was? Mit dieser Salatschüssel wollt ihr senden?!«

Doch durch solche Begegnungen haben wir uns nie verschrecken lassen und sind trotzig weiter gefahren, zur nächsten Party. Manchmal mußten wir vor den Clubs an langen Warteschlangen vorbei: Lauter trendbewuß-

**Fritz wird fünf**

te Partymenschen, die Einlaß begehrten. Wir fühlten uns oft komisch, wenn wir an diesen Leuten vorbeistapften, mit unseren dicken Moonboots und unförmigen Jacken; direkt auf den Türsteher zusteuerten und dann das Zauberwort »Gästeliste« sagten. Verwundert hat uns die eine oder andere Dame an der Kasse dann entgegnet: »Ach, ihr seid die Glorious Sistas?! Ich habe mir euch ganz anders vorgestellt. Federboa und Lippenpiercing oder zumindest knallrot gefärbte Haare.«

Im Sommer 2002 haben wir uns schließlich entschlossen, nicht noch einen Winter die »frozen« Glorious Sistas zu spielen. Deshalb haben wir uns mit dem Partyschiff »Hoppetosse« nach Hawaii abgesetzt. Seitdem arbeiten wir bei »Radio Honolulu«, liegen Caipirinha schlürfend unter Palmen und berichten von blumigen Strandpartys. Jetzt aber wirklich!

---

**Julia Vismann** *arbeitet seit dem Sommer 1995 bei Fritz. Zunächst war sie als Redakteurin, später auch als Autorin und Reporterin für Fritz tätig. Julia Vismann gehörte neben Kerstin Koch (jetzt Campbell) zur Ur-Besetzung der Glorious Sistas. Später kamen auch noch Kerstin Topp und der Lounge-Reporter Marcello dazu. Zwischen 1998 und 2002 berichteten sie jeden Samstagabend von Parties und Club-Eröffnungen.*

# 3.
# Disco 2000

# Wie kommt die Musik ins Radio?

## Und wieder raus?

*Von Patrick Ressler*

---

Wie sie wieder raus kommt, ist hinlänglich bekannt, nämlich Radio an, den richtigen Sender eingestellt (Fritz) und laut aufgedreht! Und dann gefällt's dem unbekannten Wesen, das wir Radioleute »Hörer« nennen, oder der Sender wird ganz schnell gewechselt. Recht machen kann man's sowieso nicht allen. Deswegen folgt jetzt ein kleiner Erklärungsversuch, wie die tolle, schlimme, grandiose, nervtötende und sowieso immer viel zu kommerzielle Musik ins Radio kommt. Bei Fritz gibt's drei bis vier musikbegeisterte Menschen, die entscheiden sollen, welche Musik die Zielgruppe zu hören bekommt. Einfach so? Natürlich nicht: Wir haben schon ein Bild im Kopf, wie Fritz zu klingen hat, nämlich immer überraschend, aber doch populär. Nach allen musikalischen Richtungen offen, aber nicht

**Die, die die Musik ins Radio machen**

beliebig. An Strömungen orientiert, aber nicht jedem Trend blind nachlaufend. Chartsbewußt, aber nicht dogmatisch. Soviel zur groben Marschrichtung der Fritz-Musikredaktion. Doch wie wirkt sich das auf den Arbeitsalltag eines Musikredakteurs aus?

Man öffnet die Post, packt täglich etwa dreißig bis vierzig Maxi-CDs aus. Jetzt denkt jeder außenstehende Musikliebhaber: »Toll, jeden Tag Weihnachten! So viele CDs! Und alle umsonst!« – Knapp daneben ist auch vorbei: Von den vielen CDs sind 80 Prozent übler Schrott, den man weder fürs Programm, noch für die heimische Tonträgersammlung, noch für Verlosungen, noch für sonstwas verwenden will – sie landen in irgendeiner Kiste und werden von irgendwem irgendwann abgeholt, man ist froh, daß sie in der Redaktion keinen Platz mehr wegnehmen. Zu den interessanteren 20 Prozent: Es folgt ein ausgeklügeltes Fritz-eigenes Verfahren, bei dem jeder der Redakteure einen kleinen gelben Zettel mit seinem Kommentar auf die betreffende Maxi-CD klebt und diese dann an den nächsten weiterreicht. So entsteht eine lustige Kommentarsammlung und am Ende ist man klüger. Dann stehen auf all diesen Zetteln lustige Halbsätze wie »erst ab Top Ten« oder »sofort reinnehmen und zwei Mal täglich spielen« oder »nur über meine Leiche« oder »langweilig, Finger weg!«. Zum Glück sind die Fritz-Musikredakteure in den meisten Fällen einer Meinung, so daß es nur sehr selten zu Gewaltszenen in Babelsberg kommt. Sollte es einen ganz bestimmten Titel geben, der nur von EINEM Fritz-Musikredakteur für spielenswert gehalten wird, entstehen Dialoge wie der folgende:

Frankie: »Die Nummer ist aber geil, die geht in den Clubs schon überall ab, müssen wir unbedingt reinnehmen!!«
Patrick: »Was? Der Flachbrettbohrer? Das geht doch gar nicht! Also ich will mit so was nicht morgens geweckt werden ...«
Bernd (diplomatisch): »Hm, vielleicht sollten wir noch etwas warten, bis das in den Charts auftaucht ...«
Inga: »Mir geht die Nummer ja ziemlich am A***h vorbei, laß mal lieber.«
Frankie: »Menno! Jetzt ist die Nummer aber heiß!«
Patrick: »Ach, wenn's unbedingt sein muß, dann spiel doch deinen Großraum-Dissen-Scheiß! Oller Reindrücker, du!«

Die Rollenverteilung dieser kleinen Spielszene ist völlig zufällig und auch die Wortwahl der auftauchenden Personen variiert in der Realität etwas. Am Ende wird man dann oft eines Besseren belehrt, nämlich, daß der Kollege mit seinem Hit-Tip doch nicht so falsch lag. Und nach mehrmaligem Hören klingt das »Flachbrett« auch schon viel gehaltvoller. Eigentlich ist man dann nur froh, keinen Hit verpennt zu haben, bedankt sich beim Kollegen und kriecht ein paar Stunden lang voller Demut in Sack und Asche vor ihm her ...

Neben den internen Konflikten gibt's natürlich auch Kontakt zur prinzipiell feindlichen Außenwelt. Ich meine die böse Schallplattenindustrie: Jeder Promoter (oder auch Vertreter) ist davon überzeugt, daß sein »Produkt« (also eigentlich: seine CD, seine Band) das Beste überhaupt ist, absolut toll zu Fritz paßt und sowieso »das nächste große Ding« sein wird. Argumente gibt's genug: die Verkaufscharts, die Airplay (also Radio-) Charts, die »German Dance Charts«, die »German Club Charts«, die »Deutschen Alternative Charts«, die »Deutschen Black Charts«, die »German DJ Playlist«, die »DJ Top 40« und natürlich auch die »Official Dance Charts« – alles Statistiken, die erfunden wurden, um harmlose Musikredakteure

Fritz Die Schallplatte

zu verwirren, überfordern und natürlich um sie zu überzeugen, gerade diese eine Single im Radio zu spielen. Im besten Fall geben diese Promoter nach dem dritten Besuch und dem achten abschlägigen Telefonat Ruhe und tauchen nach drei Wochen mit der nächsten »tollen« Single auf, die genauso wenig ins Fritz-Programm paßt wie die letzte ...

Wenn sich die Musikredaktion jedoch dazu durchgerungen hat, einen Song in die Playlist (Achtung! Wichtige Fachsprache!) aufzunehmen, wird's technisch. Zunächst gibt man alle relevanten Daten eines Songs, also Musikstil, Tempo, Urheber, Verlag, Label und noch einige andere in ein Archiv- und Musikplanungsprogramm ein. Neuerdings wird die Musik bei Fritz digitalisiert, also auf eine riesige Festplatte gepackt, das macht das Schleppen von schweren CD-Kisten nämlich überflüssig. Außerdem entfällt der Ärger, der entsteht, wenn unkonzentrierte Moderatoren den ersten statt des dritten Titels spielen oder eine CD einfach mal durchlaufen lassen. Danach geht's an die Musikplanung. Das Tolle an der Musikplanungssoftware ist, daß man selber bestimmen kann, nach welchen Kriterien die Musik im Programm auftauchen soll. Man darf Regeln aufstellen wie: »spiele drei aktuelle Hits hintereinander und danach drei Klassiker aus den Sechzigern« oder »spiele am Montag alle Interpreten, die mit A anfangen, am Dienstag nur welche mit B«. Solchen Schabernack machen wir bei Fritz allerdings nicht. Unsere Regeln sind viel langweiliger, etwa so: »spiele abwechselnd Hits und unbekannte Titel« oder »spiele nie zwei Hip-Hop-Titel hintereinander« oder »wenn du die Kylie-Single heute um 8 Uhr spielst, dann aber auf gar keinen Fall morgen um die gleiche Zeit« oder »spiele einen Titel allerhöchstens dreimal am Tag«. Wir machen das wegen der Abwechslung, damit's unseren Hörern nicht langweilig wird und uns auch nicht.

---

**Patrick Ressler:** *Studium Publizistik- und Kommunikationswissenschaft & Nordamerikanistik an der FU Berlin. Parallel Wagenreiniger bei Robben & Wientjes Kreuzberg. 1997 Praktikum bei Fritz, danach freie Mitarbeit als Autor der beliebten Rubrik Dr. Pop, in der Promoabteilung, seit 1999 Redakteur bei der Fritz-Tagesmusik.*

# Ich kann nicht genug von Musik bekommen

*Frank Menzel im Gespräch mit Ronald Galenza*

---

*Bei der Auswahl der Musik ist jeder ein Experte, jeder hat eine eigene Meinung. Da läßt es sich wunderbar streiten. Frank Menzel gilt als einer der versiertesten und erfahrensten Musik-Kenner bei Fritz. Wie das Tagesmusikprogramm von Fritz ins Radio kommt, erfahrt ihr hier im Interview mit Fritz-Musikredakteur Frank Menzel.*

*Wie wird man überhaupt Musik-Redakteur?*
**Frank Menzel:** Dieser Beruf ist eher selten, es gibt auch gar keine Ausbildung oder Studium dafür. Das sind in der Regel Musik-Freaks, Leute, die sich fanatisch für Pop-Musik interessieren. Dabei sollte der Musikgeschmack nicht zu festgelegt sein, sondern in die Breite gehen.

*Wie bist du zu Fritz gekommen?*
**Frank Menzel:** Ich bin seit Anfang an bei Fritz, davor hab ich schon bei Rockradio B und DT 64 gearbeitet, bin seit 1987 Musikredakteur. Ich hab gleich nach der Lehre professionell mit Musik zu tun gehabt, indem ich in den Studios des DDR-Rundfunks Musik produziert habe. Ich hatte also täglich mit Pop-Musik Berührung.

*Was waren deine prägendsten Musik-Einflüsse?*
**Frank Menzel:** Ich wollte als kleiner Junge nie ein Moped haben, wie alle meine Freunde, oder den Wimpel eines Fußballvereins, sondern ich hab mich schon sehr früh für Musik interessiert. Ich habe in den Siebzigern alle verfügbaren Radiosender durchgekurbelt und nach Pop-Musik gesucht, die damals noch selten lief. Die hab ich aufgenommen und meine Lieblings-Popsongs mußten immer dreimal hintereinander auf dem Band sein, denn es gab noch keine Repeat-Taste. Ich fand die Beatmusik aus England am spannendsten, dann kam Amerika dazu, die Beach Boys und Bee Gees. Mir ging es um kurze, einfache Songs mit einprägsamen Melodien. Ich hatte aber auch eine Schwäche und die hieß Smokie.

*Inwieweit kann oder darf persönlicher Musik-Geschmack in die Auswahl der Fritz-Tagesmusik einfließen?*
**Frank Menzel:** Mein persönlicher Musikgeschmack spielt bei der Auswahl für ein Radio-Programm eine untergeordnete Rolle, der kommt erst an dritter oder vierter Stelle. Musik ist ein Gefühl und natürlich spielt das bei jedem Kollegen eine Rolle. Jede Persönlichkeit hat auch einen anderen Musikgeschmack, dementsprechend streitet man sich auch mal um bestimmte Titel. Die Kunst einer guten Musikredaktion besteht eben darin, sich fair zu einigen. Daraus entsteht dann ein homogenes Musik-Programm.

*Nach welchen Kriterien sucht ihr die Musik für das Fritz-Programm aus?*
**Frank Menzel:** Als Radioprogramm hat man eine bestimmte Zielgruppe und nach der richtet man die Klangfarbe aus. Dazu kommen objektive Kriterien wie die Verkaufscharts, die TV-Musikkanäle und die diversen anderen Chartlisten. Zum Schluß kommt das Bauchgefühl. Fritz ist ja auch ein Trend-Radio, also suchen wir auch Titel, die erst Wochen später zum Hit werden.

*Wie ist die Hörer-Zielgruppe von Fritz definiert?*
**Frank Menzel:** Fritz als Jugendprogramm möchte die 14- bis 29jährigen erreichen. Allerdings ist diese Zielgruppe die schwierigste, weil sich in diesem Alter der Musikgeschmack am häufigsten ändert. Dabei gehen wir in jede Musikrichtung, denn Fritz will kein Spartenradio sein, sondern ein Jugendradio für alle.

*Es gibt längst unzählige Musikstile und Trends, wie bewältigt ihr den großen musikalischen Spagat?*
**Frank Menzel:** Indem wir fast jeden Stil spielen, wollen wir bei den Hörern auch ein Stück Toleranz erreichen. Wir spielen immer einen bekannten und danach einen unbekannten Titel unterschiedlichen Stils. Unbekannte Titel verpacken wir also mit zwei Hits. Dabei muß man auch beachten, daß die Kids musikalische Trends schnell wieder fallen lassen und ständig neue suchen.

*Wonach entscheidet ihr, welcher Titel wie oft im Fritz-Programm läuft?*
**Frank Menzel:** Unsere Tagesmusik-Redaktion besteht aus vier Leuten und macht das Musik-Programm von 4 bis 20 Uhr. Wir setzen uns einmal in der Woche zusammen und legen dabei fest, welcher Titel wie oft läuft. Wir spielen 80 Prozent Neuheiten, also Titel, die nicht älter sind als drei Monate. 20 Prozent sind ältere Songs. Für die 80 Prozent haben wir drei ver-

schiedene Playlisten. Der Charts-Pool, diese Songs laufen ein bis zweimal am Tag, der Fritz-Pool, das sind Titel, die neu erscheinen und noch nicht in den Charts sind, die kommen auch ein bis zweimal pro Tag und den großen Neuheiten-Pool, diese Stücke laufen ein bis dreimal in der Woche. In unserer Rotation befinden sich immer 1000 bis 1200 Titel.

*Hast du manchmal bei bestimmten Songs auch Bauchschmerzen?*
**Frank Menzel:** Absolut. Ich bin ja auch nur ein Mensch mit bestimmten Gefühlen. Mit bestimmten Nummern kann ich einfach nichts anfangen, da habe ich manchmal Angst, die Hörer eher abzustumpfen. Aber die Geschmäcker sind halt verschieden.

*Wie erkennt man denn einen Hit?*
**Frank Menzel:** Ein Musikredakteur, der ein populäres Tagesprogramm macht, muß die Begabung haben, einen Hit zu erkennen. Einen Hit erkennt man an seiner Eigenständigkeit und Wiedererkennbarkeit. Man hört die Nummer und hat das Gefühl, die immer sofort wieder zu erkennen. Dabei ist die Musik-Richtung vollkommen egal.

*Habt ihr schon mal einen wichtigen Hit verschlafen?*

**DJ Frankie Menzel**

**Frank Menzel:** Ja, leider. Wir sind zu spät bei Edwyn Collins »A Girl Like You« eingestiegen. Am meisten ärgere ich mich persönlich über »Maria« von Santana, über den gab es endlose Diskussionen. Wir haben ihn aber erst gespielt, als er auf Platz eins der Charts war. Das ärgert mich sehr.

*Was sind sogenannte Image-Titel bei Fritz?*
**Frank Menzel:** Das sind Songs, die nur Fritz spielt. Die sich einfach von allen anderen Stationen unterscheiden. Das ist ja mittlerweile nicht mehr schwer in der deutschen Radiolandschaft. Es gibt nur noch sehr wenige innovative Sender, die anderen gehen einfach auf Nummer sicher und spielen nur etablierte Hits.

*Wie wird das Fritz-Musikprogramm erstellt?*
**Frank Menzel:** Wir arbeiten seit zehn Jahren mit einem Musik-Softwareprogramm aus den USA. Das ist aber lediglich ein unterstützendes Hilfsmittel. Die Musikredakteure stellen jeden Tag das Musikprogramm nach bestimmten, von uns definierten Kriterien zusammen. Dabei geht es um eine gute Abwechslung der Stile wie Rock, Techno und HipHop und neue und ältere Songs für junge Leute.

*Versucht ihr als Fritz-Musikredaktion selbst bestimmte Titel zu pushen und groß herauszubringen?*
**Frank Menzel:** Ja, klar. Zum einen wollen wir uns dadurch von anderen Sendern unterscheiden, zum anderen haben wir eine gewisse Sympathie gegenüber bestimmten Musiktrends. Manchmal kann man so auch helfen, Beispiele dafür sind zum Beispiel Rammstein oder Seeed, die wir lange vor allen anderen Radiostationen gespielt haben.

*Habt ihr im Laufe dieser zehn Fritz-Jahre bestimmte Bands gefördert und unterstützt?*
**Frank Menzel:** Natürlich. Los ging es mit Rammstein, Selig, Fettes Brot, über Tocotronic, Paula, 2Raumwohnung bis Seeed.

*Bedanken sich manche Bands mal bei euch für die Radio-Unterstützung?*
**Frank Menzel:** Ja, es gibt gute persönliche Kontakte zu den Bands, viele Bands spielen auch mal umsonst für uns und die Fritz-Hörer. Und in unserer Redaktion hängen diverse Goldene Schallplatten, zum Beispiel von den Ärzten, Rammstein, Jamiroquai und den Sugababes.

*Haben die Hörer Einfluß auf das Fritz-Programm?*

**Frank Menzel:** Ja, da gibt es verschiedene Wege. Wir haben zwei Sendungen, die direkt von den Hörern gemacht werden: die Open Box und die Hörer-Charts. Da tummeln sich auch Titel, die wir vielleicht beim erstenmal überhört haben oder es taucht plötzlich eine Band aus dem Underground dort auf. Dann äußern sich die Leute auch auf unserem Fritz-Board im Internet und es kommen Briefe und E-Mails zu uns. Dann wünschen sich die Hörer auch bestimmte Titel über zwei, drei Jahre lang immer wieder.

*Betrachtet ihr den Radiomarkt in Berlin & Brandenburg für Fritz als besonders schwierig?*
**Frank Menzel:** Es ist für uns einfach spannend, sich im dichtesten Radiomarkt in Europa zu bewegen. Es macht uns stolz, unter über 30 empfangbaren Radiostationen derzeit auf Platz 5 zu liegen. Und das mit einem offenen, nicht voll durchformatierten Musik-Programm. Das gibt uns auch das Gefühl, daß da draußen doch noch nach Qualität verlangt wird. Das macht schon Spaß.

**Old School, Baby: Westbam und Nena**

*Gibt es aus eurer Kenntnis noch unterschiedliche Hör- und Musikgewohnheiten zwischen Ost- und West-Berlin und Brandenburg?*
**Frank Menzel:** Die gibt es auf jeden Fall. Der größte Unterschied besteht zwischen Berlin und dem Land Brandenburg. Der ist schon kraß. Das merke ich besonders, wenn ich als Fritz-DJ im Land und in der Stadt unterwegs bin. Man sieht das auch klar an den schriftlichen Hörerwünschen. HipHop ist viel später auf dem Land angekommen. Dort ändert sich der Musikgeschmack viel langsamer als in der Großstadt. Zwischen Ost- und West-Berlin gibt es nach meinen Eindrücken nur noch einen Unterschied im Lebensgefühl. Aber die Jugendlichen denken überhaupt nicht mehr in Ost und West.

*Gab es größere musikalische Stilwechsel oder Brüche innerhalb der zehn Jahre Fritz?*
**Frank Menzel:** Als Jugendradio muß man sich permanent entwickeln, du kannst einfach nicht zehn Jahre lang das immer gleiche machen, denn dann bist du alt. Wir müssen ständig an unserer jungen Zielgruppe bleiben. Ich glaube, daß das Musik-Programm von Fritz in diesen zehn Jahren populärer geworden ist. Am Anfang waren wir vielleicht risikofreudiger und abwechslungsreicher, es passierten viele spannende Sachen zeitgleich, die gesamte Region war im Auf- und Umbruch. Es gab soviele verschiedene Impulse, die wir möglichst alle befriedigen wollten.

*Wie gehen aus eurer Sicht die Moderatoren mit der Musik um?*
**Frank Menzel:** Wenn sich ein Moderator für Musik interessiert, hört man das. Es gibt aber auch Moderatoren, denen Musik am Arsch vorbei geht. Auch das hört man. Es gab auch Fälle, in denen sich Moderatoren über unsere Musikauswahl beschwert haben. Aber der eine ist halt Moderator und der andere Musikredakteur. Bei sachlicher Kritik hören wir schon zu. Es gibt auch polarisierende Bands wie zum Beispiel Rammstein. Es gab zwei Moderatoren, die sich strikt geweigert haben, Rammstein zu spielen. Auch das wurde gelöst.

*Gibt oder gab es bestimmte Tabu-Titel oder Tabu-Bands, die bei Fritz nicht laufen?*
**Frank Menzel:** Das umstrittenste Beispiel sind Die Böhsen Onkelz. Da gab es diverse Diskussionen, aber auf Grund der Vergangenheit dieser Gruppe spielt Fritz sie nicht. Bands mit einer rechten politischen Ausrichtung spielen wir grundsätzlich nicht. Bestimmte Nummern aus dem HipHop-Bereich bringen wir nicht, wenn es in denen um Frauenverachtung und Sexismus geht.

*Woher bekommt ihr die CDs?*
**Frank Menzel:** Die kommen von der Musikindustrie, also den Plattenfirmen. Die sind ja daran interessiert, daß ihre Titel bekannt werden. Fritz wird also mit den CDs bemustert. Wir haben, wie im Prinzip fast alle anderen Radios, ein Abonnement dafür. Da kommen zehn bis 40 Singles und zehn bis 15 Longplayer pro Tag rein. Vor zehn Jahren waren das noch deutlich weniger. Täglich kommen Pakete mit sämtlichen Neuveröffentlichungen aller Plattenfirmen bei uns an. Die großen Firmen haben eigene Promotor, die einmal pro Woche zu uns kommen und versuchen, uns ihre Platten schmackhaft zu machen.

*Gibt es Versuche der Beeinflussung eurer Musikauswahl durch die Plattenfirmen?*
**Frank Menzel:** Die gibt es natürlich. Solange die seriös und objektiv sind, befassen wir uns auch damit. Es gibt aber auch immer wieder Versuche, Musikredakteure durch kleinere oder größere Geschenke für sich zu gewinnen. Das reicht von der Unterhose mit Künstlernamen bis zu Super-Reisen mit dem Luxusschiff. Diese Reise haben wir natürlich abgelehnt. Manchmal bleibt aber auch mal ein T-Shirt oder Basecap liegen.

*Wieviele neue Titel hört ihr pro Woche?*
**Frank Menzel:** Von den Singles hören wir uns wirklich alle an, also 200 bis 300 Titel in der Woche. Inzwischen hat man aber soviel Erfahrung, daß man nach einigen Sekunden erkennt, ob der Song Schrott ist oder für Fritz relevant.

*Hörst du auf Grund deines Jobs noch privat Musik?*
**Frank Menzel:** Wenn ich abends nach Hause komme, schaffe ich meist nur noch den Fernseher. Ansonsten höre ich Klassik oder Ambient- und Trip-Hop-Platten.

*Müßt ihr euch noch selbst CDs kaufen?*
**Frank Menzel:** Das kommt nur ein bis zweimal im Jahr vor, das sind dann meist Raritäten.

*Wie wählt ihr eine CD der Woche aus?*
**Frank Menzel:** Die wird mit allen Musikredakteuren ausgesucht und abgestimmt. Das ist bei Streit eine Mehrheitsentscheidung.

*Konntet oder könnt ihr selbst Fritz-Moderatoren entdecken oder vorschlagen?*

**Frank Menzel:** Hab ich schon gemacht, heute ist das allerdings viel schwieriger. Aber ich hab zum Beispiel Marusha als Radio-Moderatorin entdeckt. Auch Marcos Lopez hab ich hinters Mikrophon gebracht und einige andere mehr.

*Welche Erfahrungen machst du, wenn du als Fritz-DJ in Brandenburg und Berlin auflegst?*

**Frank Menzel:** Wenn die Leute da einen Fritz-DJ haben wollen, spiele ich auch die typische Fritz-Musik. Da reicht von der aktuellen Chartmusik über Partymusik bis zu kantigeren Songs. Draußen unterwegs zu sein, ist für mich die wichtigste Basisarbeit, denn da bekommst du sofort ein klares Echo. Man hat gute, interessante Gespräche und merkt auch sofort, welche Musik ankommt und welche gar nicht. Das ist ein wichtiges Feedback.

*Geht ihr noch in Clubs oder Discotheken?*

**Frank Menzel:** Klar, das ist absolut wichtig für jeden Musikredakteur! Du mußt draußen bei den Leuten sein, auf Konzerten und in den Clubs. Sehen, was musikalisch passiert, wie die Leute reagieren.

**Rocken, poppen, tanzen**

*Macht dir der Job noch Spaß?*

**Frank Menzel:** Ja. Ich kann nicht genug von Musik bekommen. Ich hab bei Fritz einen der spannendsten Jobs und will nichts anderes machen. Ich schraube richtig gerne Musikprogramme zusammen und zudem gibt es bei Fritz auch andere spannende Aufgaben, die ein Musikredakteur zu bewältigen hat. Dazu gehört Projekte managen, sprich Programmideen ausdenken, und umsetzen und die Organisation von Fritz-Veranstaltungen.

---

**Frank Menzel** *ist gelernter Tontechniker, er hat in privaten Tonstudios auch als Toningenieur gearbeitet. Seit 1987 Musikredakteur bei DT 64; 1992 zu Rockradio B. Seit 1. März 1993 bei Fritz als Programmanager/Musikredakteur aktiv.*

# MUSIK-STATISTIKEN

**Der erste Fritz-Song:**
STEREO MC's - »Connected«

**Der am häufigsten gespielte Song:**
GREEN DAY - »Basket Case«

**Der am meisten gewünschte Song:**
KEIMZEIT - »Kling Klang«
KREZIP - »I Would Stay«
LES REINES PROCHAINES - »Opfer dieses Liedes (Wicked Games)«
ZIGARETTENRAUCHEN - »Männer« feat. ROSA

**Die Band mit den meisten CDs der Woche:**
DIE TOTEN HOSEN

**Die Bands, die am häufigsten Platz 1 der Fritz-Hitparade belegten:**
DEPECHE MODE
RED HOT CHILI PEPPERS

**Der am meisten gespielte Ost-Song:**
KEIMZEIT - »Kling Klang«

**Goldene Schallplatten, die Fritz von Bands bekommen hat:**
RAMMSTEIN
DESTINY'S CHILD
ROSENSTOLZ
OFFSPRING
DIE TOTEN HOSEN
ÄRZTE
JOACHIM WITT
SUGABABES
NICKELBACK
BOMFUNK MC'S
REAMONN

# Mit Kaffee und Kuchen ins Studio gelockt

## Begegnungen mit Stars und Sternchen

*Von Ansa Seidenstücker*

---

Ich frage den Piloten, ob er sein Steuer nicht festhalten müsse, wenn er sich die Verkehrsinformationen aufschreibt. »Nö«, sagt der, »wenn du Auto fahren kannst, ist so eine Cessna für dich auch kein Problem.« Eigentlich wollten wir gar nicht nach Berlin fliegen. Wir sind in Kyritz beim Flughafenfest gestartet, haben vorher noch zwei Fritz-Hörer mit an Bord genommen und wollten nur den Verkehr auf dem Berliner Ring von oben anschauen. Naja, irgendwie hat der Pilot dann doch Lust gehabt, eine Runde um den Fernsehturm zu fliegen. Über die Avus, da fand gerade das letzte reguläre Autorennen statt, sind wir dann in Richtung Postdam-Babelsberg geflogen. Das Fritz-Funkhaus von oben sehen, das ist schon was. Vor der Eingangstür wartete eine große Traube Mädchen, die alle Brian Harvey und den Rest von East 17 sehen wollten. Und keines der Girls hat einen Blick gen Himmel geschickt. Dabei hätten die doch wissen müssen,

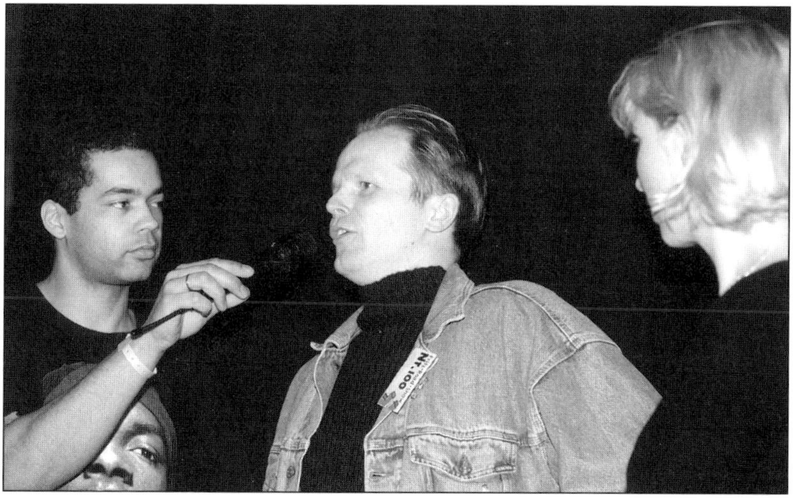

Ansa und Anja interviewen Herbert

daß ich da oben bin. Schließlich war ich der Roadrunner und habe live aus der Cessna für die »Roadshow mit Anja und Ansa«, die berühmteste Chartsendung in der deutschen Radiolandschaft, berichtet!

Stars an einem Sonntag in ein Radiostudio zu locken, ist gar nicht so einfach. Selbst wenn es, wie seinerzeit in der Fritz-Roadshow üblich, jeden Sonntag zwischen 14 und 18 Uhr selbstgebackenen Kuchen, Torten, Ökoschnitten, Knabberzeug, Buletten, Würstchen, Spreewälder Gurken, Kartoffelsalat oder literweise Glühwein von den Roadshow-Besuchern gab. Manchmal habe ich mir allerdings gewünscht, daß der eine oder andere Star lieber im Bett geblieben wäre. Damon Albarn von Blur hat bei seinem Besuch in der Roadshow durchweg semi-intellektuellen Blödsinn geantwortet, während mir sein Kollege Alex James heißen Kaffee über die Hose gekippt hat. War aber nett, mal drüber geredet zu haben.

1996 ging meine Co-Moderatorin Anja Caspary in den Fritz-Ruhestand und Blümchen rückte nach. Während eines Auftritts zum dreijährigen Roadshow-Jubiläum in der Messehalle Cottbus war die Idee entstanden, Blümchen für die Roadshow zu verpflichten. Bei unserem ersten Treffen wurde schnell klar, daß die 16jährige, die schon fast größer war als ich, nur im Doppelpack mit ihrer Mama Marija zu haben war, die sie ständig begleitete. Das machte aber gar nichts: Denn während Jasmin alias Blümchen immer ein bißchen der Star blieb, verband mich mit Mama Marija am Ende eine große Herzlichkeit. Wie angenehm es ist, wenn man mit Stars zu tun hat, die es nicht nötig haben, sich als solche aufzuführen, habe ich bei der 100. Roadshow im Potsdamer Lindenpark erlebt. Damals fehlte uns noch der ganz große Hammer. Herbert Grönemeyer hatte Berlin gerade zu seinem Erstwohnsitz gemacht, wegen der einen oder anderen verkauften Platte lag dieser Wohnsitz im Stadtteil Zehlendorf, was nun nicht so weit weg von Potsdam-Babelsberg ist. Also haben wir gefragt, ob er mitmacht bei unserer großen Geburtstags-Show und er hat zugesagt, weil er Fritz so hörenswert fand. Überhaupt war die 100. Roadshow eine Party, bei der mehr als 1000 beinharte Fritz-Fans Anja und Ansa gefeiert haben, als wären wir die größten Popstars des Universums. Ohne Scheiß! Bevor wir damals Punkt 14 Uhr auf die Bühne gegangen sind, mußte ich mir Tränen der Rührung aus den Augen wischen.

Eine beliebte Frage von Fritz-Hörern war immer wieder: »Wen hast du denn alles schon getroffen?« Tja, da Fritz für mich nicht nur die Roadshow, sondern eine ganze Menge mehr Sendungen bedeutete, war das immer schwer zu beantworten. Die Toten Hosen habe ich »all die ganzen Jahre« immer wieder getroffen, während ich auf »die beste Band der Welt«, die Ärzte, »von kurz nach früher bis (fast) jetzte« warten mußte. Dazwischen gab es Begegnungen mit fast allen Größen aus dem Musikgeschäft. Ungewöhnliche Sendungen wie einen Blue Moon mit Boyzone zum Thema »Erste Liebe«. Erwähnenswert in diesem Zusammenhang Ronan Keating. Auf die Bemerkung eines Anrufers, daß sie total beschissene Musik machen würden, sagte er: »Okay, du findest unsere Musik Scheiße, aber wir haben die Mädchen, das Geld und den Spaß.«

Die 100. Roadshow

Dank Bootsy Collins weiß ich, daß der geilste Brillenladen in New York genau der ist, in dem Elton John seine Brillen kauft. Leider weiß ich nicht, wo Elton John seine Brillen kauft. Aber es ist der Laden, in dem auch Bootsy Collins seine Brillen kauft.

Nena wollte unbedingt, daß ich mit ihr gemeinsam singe, obwohl ich gar nicht singen kann. Besonders hilfreich war dabei mein liebenswerter Kollege Max Spallek, der eigentlich Sänger ist und feixend daneben stand. Mir verging dagegen das Lachen, als Melanie Blatt von den All Saints mir mal am Ende eines Interviews verriet, daß sie gar nicht Nicole Appleton sei, weil die ja neben ihr saß! Knapp am Staatsanwalt schlittert man als Moderator vorbei, wenn man im öffentlich-rechtlichen Rundfunk als Kuppler auftritt. Aber was tut man nicht alles für seine Stars. Ob Sandra Nasic von den Guano Apes einen Begleiter für eine Nacht in Berlin gefunden hat, weiß ich nicht. Max Spallek und ich haben jedenfalls per öffentlichem Aufruf alles versucht. Eine Nacht mit Sandra, inklusive Party, kostenloser Getränke und bei körperlicher Eignung auch freie Logis in einem feinen Hotel – das war schon ein unmoralisches Angebot.

---

**Ansa Seidenstücker** *arbeitete vom Sendestart 1993 bis zum März 2002 bei Fritz. Er moderierte insgesamt 365 Ausgaben der Fritz-Roadshow; zusammen mit Max Spallek ab 1998 die »Radiofritzen am Nachmittag« sowie Das »Fritz-Labyrinth«, »Openbox«, »Fritzbee«, »Soundgarden« und »Blue Moon«.*

# »Es scheint, daß sie die etwas anderen Platten spielen.«

**Eddie Vedder (Pearl Jam)**

**Fritz am Abend und live von der Bühne**

*Von Aditya Sharma*

---

Seit Anfang der neunziger Jahre weist jeder Musik-Trend der Popwelt einen gemeinsamen Nenner auf: alle sind Abspaltungen bestimmter Musikszenen. Diese Tatsache hat das Fritz-Musikprogramm entscheidend beeinflußt und wird dies auch in Zukunft tun: die Welt der Popmusik stellt ein ganzes Universum an Stilen und zugehörigen Subgenres dar, und jeder dieser Stile hat einen festen Fan-Kreis und sollte im Programm gezielt zu hören sein. Einst Grunge, dann HipHop, Techno, Metal, Dance- und Club-Kultur, Rock, 2Step, Garage oder Reggae – die Liste der »neuen« Musikrichtungen ist unendlich und könnte beliebig fortgeführt werden. Die Frage – können all diese verschiedenen Musikrichtungen überhaupt in einem Radioprogramm untergebracht werden? Fritz hat diese Frage bejaht.

Im Jahre 1993, als Fritz entstand, wurde die Welt der Popmusik von dem letzten großen flächendeckenden Musiktrend namens Grunge beherrscht. Schon zur Geburtsstunde von Fritz war klar, daß wir als Jugendprogramm genau solche Trends im Programm nicht nur widerspiegeln wollen, sondern auch vorwegnehmen würden, indem sich geeignete Moderatoren und Redakteure gezielt mit den einzelnen Musikszenen beschäftigen. Auch wenn das Wort Trend vielleicht einen leicht bitteren Beigeschmack hinterläßt, war klar, daß aus den vielen Musikrichtungen einige besser als andere zu einem Jugendprogramm mit dem speziellen Programmauftrag von Fritz passen. Am Ende gab es eine Zweiteilung. Um ein möglichst vollständiges Musikbild darzustellen, hat Fritz die Musikwelt der Hits und Glitzerwelt der Chart-Stars tagsüber im Programm, ergänzend dazu aber auch einen gezielten Platz für speziellere Musikrichtungen und deren Fans am Abend geschaffen.

Bis heute stellt Fritz mit seinem Abendprogramm und insbesondere dem speziellen Soundgarden am Abend eine große Ausnahme in der Rundfunklandschaft Deutschlands dar. Die Idee, ab 20 Uhr abends ganz spezielle Musik-Sendungen zu machen, bei denen der Moderator Platten und Inhalte nach eigener Auswahl und Einschätzung vorstellt und sämtliche redaktionelle Freiheiten genießt, ist sogar für altgediente Radiomacher weltweit unvorstellbar. So erinnere ich mich, einmal in den USA mit einem Musik-Redakteur eines New Yorker Hit-Radio-Senders über Radio-Formate geplaudert zu haben. Als er erfuhr, daß wir auf Fritz noch Moderatoren mit »freien Einsätzen« (Jargon-Sprache dafür, daß der Moderator seine eigenen Platten spielt) ganze Sendungen bestücken lassen, wollte er sofort zum nächsten Flughafen fahren und nach Potsdam fliegen, um sich bei uns zu bewerben. Daß Fritz mit seinen Abendsendungen Erfolg hat, konnte er sich kaum vorstellen.

Die eigenen Lieblingsplatten im Radio zu spielen, ist zwar der Traum eines jeden Moderators; diese allerdings im Einklang mit dem Auftrag, auch spezielle Musik als ein Kulturgut samt ihrer Geschichte zu vermitteln, steht auf einem anderen Blatt. Die sieben Moderatoren der speziellen Musiksendungen müssen diesen Balance-Akt bewältigen, denn ihre Aufgabe liegt darin, neben einem umfassenden Überblick über die aktuelle Musikszene, auch eigene Empfehlungen abzugeben. Aktuell gibt es sieben verschiedene Soundgarden am Abend auf Fritz: Rock mit Star-Porträts von MC Lücke, HipHop mit André Langenfeld, Electronic/Club-Sounds mit Paul van Dyk, Indie-Pop mit Martin Petersdorf, Reggae/Ragga/Dancehall mit dem

**Die etwas anderen Platten – Adis Arbeitsplatz**

Blackboard-Jungle-Duo, Techno mit Marusha und Metal mit Jakob Kranz. Dazu kommen einige Musik-Sendungen am Wochenende und der tägliche Nightflight. Jede Sendung wird vom Moderator selbst redaktionell betreut.

Das gewisse Etwas erhalten diese Sendungen neben der Musik selbst durch die Moderatoren und ihr persönliches Flair. Anfangs waren die Soundgarden-Sendungen von Fritz nicht alle bestimmten Personen zugewiesen. So konnte je nach ausgewähltem Inhalt oder Band stets ein neuer Spezialist ausgesucht werden. Über die Jahre hat sich allerdings herausgestellt, daß die Sendungen wesentlich besser erkennbar sind, wenn Musikrichtungen klar definiert sind. So entstand natürlich auch die Notwendigkeit, diese Sendungen festen Moderatoren zuzuordnen, die in den speziellen Bereichen kompetent sind und die Inhalte auf ihre besondere Art und Weise rüberbringen können. Die häufigste Frage, wie man als »Spezialist« zu so einer Sendung kommt, ist recht unspektakulär zu beantworten. Die meisten Moderatoren der Soundgarden-Sendungen haben sich schlichtweg in ihren einzelnen Szenen vorher einen Namen gemacht und kamen, meist über Umwege oder glückliche Umstände irgendwann mit dem Radio in Berührung. Bei der Auswahl von Sendungsmachern wird natürlich auch darauf geachtet, daß eine gewisse Affinität zum Moderieren besteht. Mittlerweile sind alle Soundgarden-Moderatoren auf Fritz erfahrene Radio-Macher und stellen durch ihre Kompetenz eine Instanz dar. In einem Zeitalter, in dem bei anderen Radiosendern fast jedes Wort des Moderators vorher schriftlich festgelegt wird, genießen die Abend-Moderatoren kaum vorstellbare Freiheiten. Jeder Moderator kann den Inhalt seiner Sendung jede Woche nahezu beliebig allein festlegen. Bis auf die Nachrichten und einige festgelegte Hörelemente wie Jingles wird ihnen eigentlich nichts vorgeschrieben.

Diese Musik-Sendungen sind so ausgelegt, daß die Moderatoren ihre redaktionellen Inhalte mit einem Ansprechpartner aus der Fritz-Musikredaktion, im speziellen Falle mit mir, abstimmen und festlegen. Als festangestellter Mitarbeiter trage ich für das entstehende Programm die endgültige Verantwortung. So wichtig dies klingt (und im Notfall auch ist), sieht die Praxis so aus, daß ich jede Woche mit jedem Moderator ein kurzes Gespräch führe oder per E-Mail mit ihm kommuniziere, er mir einen Überblick über die Themen der kommenden Sendungen gibt, deren Inhalte er danach selbst festlegt. Die hinter den Sendungen stehende Absicht besteht darin, mit Hilfe von Interviews mit Musikern, Kennern der Musikszene und Live-Übertragungen von Konzerten und Events, die Weiten des Musikuniversums wiederzugeben und die Fritz-Hörer hautnah an diesen Ereignissen teilhaben zu lassen. Es war nie die Absicht und konnte es auch nicht sein, alle Musikrichtungen einzufangen. Uns wird gelegentlich vorgeworfen, bestimmte Bands und Musikrichtungen zu unterschlagen oder zu ignorieren. Hierbei hilft nur die Erkenntnis, daß wir rein zeitlich und vom Umfang her nie den Ansprüchen aller gerecht werden können. Daß wir es nicht jedem einzelnen Fritz-Hörer recht machen können, liegt auf der Hand. Hoffentlich gelingt es uns mit diesen Sendungen, die Tore zum Musik-Universum ein wenig weiter zu öffnen. Das einfachste Werkzeug, eine Musik oder Band vorzustellen, bleibt das Interview. Ein persönliches Interview mit einem großen Star zu bekommen, ist dabei natürlich die Wunschvorstellung des Moderators. Da Fritz einen guten Ruf genießt, bekommen wir glücklicherweise auch oft Interviewmöglichkeiten. Und das, obwohl es für die Musiker und ihre zugehörigen Marketing-Abteilungen oft mehr Sinn macht, überregionalen Zeitschriften Interviews zu geben, die natürlich mehr Leute erreichen, als dies ein lokales Radio wie Fritz schafft. Dennoch wissen die meisten Plattenfirmen, daß Fritz mit den Soundgarden-Sendungen eine Besonderheit darstellt. Die meisten Bands, die auf Fritz im Interview zu hören sind, werden uns direkt angeboten. Im Regelfall bietet uns eine Plattenfirma oder eine Promotion-Agentur eine Band samt Termin an. Als Ansprechpartner sammele ich die Angebote, um selbst eine Vorauswahl zu treffen, um danach mit den anderen Kollegen

**Fettes Brot**

aus der Musikredaktion den Umfang und etwaige Aktionen im Programm zu überlegen. Das Wichtigste dabei ist jedoch, daß das subjektive Empfinden der einzelnen Musikredakteure bei der Auswahl keine Rolle spielen darf, denn wir machen nie für uns selber Radio! Die Interviews finden dann teilweise in unseren Studios statt. Bei den größeren Bands ist es allerdings oft notwendig, daß ein Reporter ins Hotel der Band oder in die Räumlichkeiten der Plattenfirma fährt. Bei den ganz großen Stars, die meist nicht viele Interviews geben, gibt es oft nur einige wenige Reporter, die den Zuschlag erhalten, die danach den Radiostationen das Interview anbieten. Die Interviews werden heutzutage meist auf digitalen Geräten wie Mini-Disc oder DATs aufgenommen und hinterher bei Fritz bearbeitet.

Eine Besonderheit bei Fritz ist auch, daß wir in der Lage sind, Konzerte zu übertragen. Fritz hat als öffentlich-rechtlicher Sender die technischen Mittel und ein umfangreiches Netz an ARD-Partnern, das die meisten Privatradios schlichtweg nicht haben. Die Übertragung von einem Konzert ist allerdings ein längerer, oft frustrierender Prozeß. Am Anfang steht die prinzipielle Bereitschaft einer Band, ihr Konzert übertragen zu lassen, wonach über mehrere Stufen mit Plattenfirma, Management, Tour-Leitung und verschiedensten Technikern eine Einigung über den Umfang erzielt werden muß. Es wird ein Vertrag ausgehandelt, erst ab diesem Moment wird dann mit Hilfe der Technik-Abteilung des ORB wirklich konkret überlegt, in welcher Form das Konzert aufgenommen oder live übertragen werden soll. Von den ersten Überlegungen bis zur eigentlichen Umsetzung können Monate vergehen. Die Verhandlungen, besonders bei ausländischen Bands und Künstlern, sind oft zäh und mühsam, weil Management-Entscheidungsträger in Los Angeles oder England sitzen, nicht erreichbar sind oder schlichtweg keine verbindliche Antwort geben. Obwohl das Thema »Urheberschutzrecht« durch die aktuelle Diskussion um das Brennen von CDs allgegenwärtig ist, bildet es oft den Kern der Bedenken seitens einer Band, wenn sie sich nicht übertragen läßt (was auch bei den beliebtesten Bands vorkommt). Denn die Rechte an einer Übertragung behält zu jeder Zeit der Künstler. Dies bedeutet zum Beispiel, daß Fritz im Nachhinein aus rechtlichen Gründen keine Mitschnitte vom Konzerten an Hörer verschicken darf. Mir ist ehrlich gesagt nie ganz klar geworden, warum eine Band etwas dagegen haben kann, sich im Radio übertragen zu lassen. Für die Fritz-Musikredaktion war es zum Beispiel ein großes Ziel, die Band Underworld zu übertragen, gerade weil sie so etwas selten zuläßt. Fritz hat Underworld im November 2000 live aus dem »Mojo«-Club in Hamburg übertragen. Wochenlang wurde im Vorfeld in Kleinstarbeit jeder einzelne Satz in dem entsprechenden Vertrag ausgehandelt und die Bedingungen genau festgelegt, unter denen Fritz das Konzert übertragen durfte. Das Ganze mündete darin, daß ich an einem Nachmittag mit dem Management der Band den Vertrag noch einmal stundenlang telefonisch Punkt für Punkt durchgehen mußte, obwohl ich kein Rechtsanwalt bin.

Andererseits gab es in der Vergangenheit auch große Bands und Künstler, die uns sehr willig ihre Erlaubnis gegeben haben, zum Beispiel die Smashing Pumpkins live aus Hamburg von ihrem kostenlosen Konzert auf der Reeperbahn, The Cure, Beck aus der Columbiahalle oder auch Faith No More aus dem kleinen, verschwitzten SO36 in Berlin-Kreuzberg am 5. Mai 1997. Live-Übertragungen bleiben einfach unbezahlbare Moment-Aufnahmen, die wir gern im Radio einfangen wollen.

Die Übertragung von Konzerten ist aber in erster Linie ein Highlight für die Fans. Im Durchschnitt überträgt Fritz etwa sechs bis acht Konzerte pro Jahr. Auf den Klang wird natürlich besonders geachtet – ein Live-Mix bzw. Mitschnitt wird mit Hilfe von mehreren Technikern des ORB am Tag des Konzerts gewährleistet. Hieran sind bis zu sechs Menschen beteiligt. Der ORB hat großartige technische Mittel und Übertragungswagen, diese Ü-Wagen sind teilweise die modernsten, die derzeit weltweit zu finden sind – bis zu 64 Kanäle können hier einlaufen. Schon Wochen zuvor werden Leitungen über die Deutsche Telekom bestellt, die sehr teuer sind. Konzerte sind natürlich in erster Linie ein emotionales Erlebnis und diese Stimmung einzufangen, ist die Grundlage einer guten Übertragung. Im Vorfeld der Übertragung wissen die Bands natürlich immer, daß Fritz vor Ort ist; oft ist es auch möglich, mit ihnen vorher zu reden. Eine auf diese Weise gewonnene Vorabinformation führte in der Vergangenheit einmal bei einem Konzert zu einem Highlight in der Fritz-Geschichte, zu dem wir sogar bis heute noch Post erhalten: dem Konzert von Pearl Jam in der Deutschlandhalle am 3. November 1996. Schon im Vorfeld wurde gemunkelt, daß Fritz nicht nur das Konzert übertragen dürfe, sondern daß Eddie Vedder von Pearl Jam eventuell nach dem Auftritt eine seiner legendären »Monkey Wrench Radio-Shows« auf Fritz machen würde. Diese Show war eine Reihe von Sendungen in Seattle, die Eddie mit einigen befreundeten Musikern gemacht hat. Vorsichtshalber wurde daher ein Ü-Wagen zur Deutschlandhalle bestellt, um für den Fall, daß Eddie nach dem Konzert wirklich seine legendäre Sendung machen wollte, gerüstet zu sein. Tatsächlich wußte noch während des Konzerts keiner von uns hundertprozentig, ob dies zustande käme. Aber siehe da, es klappte! Nach einem fulminanten Auftritt von Pearl Jam hatten MC Lücke und ich die Ehre, durch einen Blue Moon mit Eddie Vedder zu führen, wo er mit Fritz-Hörern plauderte und mit seiner eigenen kleinen Musiksammlung eine Sendung nach eigenem

Ermessen zusammenstellte. Am unglaublichsten war dann die persönliche Danksagung von Eddie Vedder während des Konzerts an Fritz – er erklärte: »Radio Fritz seems play records that nobody else would. Thank you, Radio Fritz.« Dies ist wahrscheinlich das Highlight meiner persönlichen Tätigkeit bei Fritz – ein unglaublicher Abend, bei dem ich mit einem ruhigen, nüchternen und verschlossenen Eddie Vedder drei Stunden auf engstem Raum in einem Ü-Wagen sitzen durfte.

Aber Highlights gab es genug in den letzten zehn Jahren. Schon 1994 haben wir die Ärzte übertragen, danach noch einige Male mehr, zuletzt ihren Auftritt im Sommer 2002 am Mariannenplatz in Berlin-Kreuzberg. Ebenso die »Great Music Experience« aus Japan (Mai 1994), die Weihnachtskonzerte der Toten Hosen, die Smashing Pumpkins, die Fantastischen Vier, Nickelback, Staind, P.O.D., Beck, Blumfeld, Faith No More oder Underworld – Fritz war stets live dabei. Dazu kommen natürlich eine Reihe von Event-Übertragungen wie die Mayday-Parties, das Melt-Open Air oder das Crazy Club Radio, wo Anja Schneider fast ein Jahr lang jede Samstagnacht aus einem anderen Club in Berlin und Brandenburg live zu hören war. Seit dem Umzug in ein neues Radiohaus verfügt Fritz nun über eine sensationelle neue Möglichkeit, besondere Events mit Bands zu organisieren: die Fritz-Studios. Gleich neben unseren Sendestudios steht

**Adi mit Lemmy Kilmister (Motörhead)**

Fritz ein größerer Studio-Raum mit allen technischen Mitteln im eigenen Haus zur Verfügung, um sogar kleine Konzerte zu veranstalten. Die Bands bringen einfach ihr Equipment, jegliche Instrumente, PA und Backline selbst mit, und Fritz gewährleistet die technische und radiotaugliche Umsetzung des Konzerts live vor bis zu 120 Fritz-Hörern. Unter anderem haben hier Mia, Westbam, Slut, Natural, die Märtini Brös. und Deichkind das Haus gerockt.

Eins kann man über die Musikszene am Anfang des 21. Jahrhunderts schon jetzt sagen. So vielschichtig und vielfältig die einzelnen Szenen auch sein mögen, wird es immer Fans geben, die ihre Lieblings-Bands live im Radio hören möchten. Und daß Fritz auch in Zukunft die besonderen Leckerbissen übertragen wird, versteht sich von selbst. Auch die speziellen Musiksendungen am Abend werden die Vielfalt und wechselnden Energien der Pop-Welt stets im Auge behalten. Denn nur so wird Fritz auch in Zukunft gewährleisten, den jugendlichen Radiohörern ein möglichst aktuelles und repräsentatives Abbild der Musikwelt zeigen und näherbringen zu können.

---

**Aditya Sharma** *lebte als Kind indischer Diplomaten u.a. in der Türkei, Hongkong, Saudi Arabien und in den USA, bevor er 1986 zwecks Studium an der Technischen Universität Berlin nach Deutschland kam. Während des Studiums arbeitete er als Musik-Fan in einem Plattenladen, wo er mit Fritz in Kontakt kam. Er moderierte fast sieben Jahre lang die Sendung »Stahlwerk« und ist seit fünf Jahren als Programm-Manager tätig. Er ist u.a. zuständig für Konzert-Übertragungen und die Abend-Musiksendungen auf Fritz.*

# Radio Fritz wird 10 ...

**... und das muß man jetzt einfach mal in aller Deutlichkeit und vor allem für ALLE, die es noch nicht wissen!**

*Die Ärzte*

---

Ich weiß es noch, als wäre es lange her gewesen, da hatten wir (die Ärtze aus Bernil) das erste Interview mit einem Radiosender, der so hieß wie die große Form unseres Lieblings-Witz-Protagonisten aus Kindertagen (und der hieß Klein Fritzchen) (super an den Haaren herbeitelefoniert, oder?) und schon damals dachten wir - ich zitiere - »Hä? Wieso heißen die denn Fritz??« Damals saßen die zwei minderjährigen »Macher« von Radio Fritz noch in einer wellblechbedachten Hundehütte in Potsdam (bei Berlin) und schickten unsere wahrscheinlich unglaublich schlauen Antworten auf die mit Sicherheit unsagbar schlauen Fragen mittels einer Raviolibüchse in den Äther ... diese Zeiten sind jedoch lange vorbei, das ist Geschichte und darüber gehört jetzt auch gar nichts hierher! Was dann kam, weiß jeder bzw. wahrscheinlich niemand besser als wir und spottet jeder Beschreibung. Fritz überall, besonders in und um Berlin (aber teilweise noch in Wandlitz zu empfangen!), Fritz in aller Munde und Ohren, Fritz expandiert, Fritz geht an die Börse, Fritz fusioniert, Fritz meditiert, Fritz macht eine unsägliche Computer-CD-Rom, Fritz kauft Mikrosoft und läßt Bill Gates einfrieren, Fritz kauft einen Satelliten und schießt ihn ins Meer (um Geld zu sparen), Fritz zieht wieder um, diesmal direkt nach SansSoucis, Fritz tauft sich um in USA und erklärt Bin Laden den Krieg. Es waren herrliche Jahre. Nicht immer einfach, auch unsere Interviews wurden mit den Jahren intimer, aber gleichzeitig auch etwas persönlicher - und irgendwann haben Fritz und wir geheiratet. Es war spontan, es war Liebe, - aber nicht auf den ersten Blick, nein, schon wegen Techno im Nachmittagsprogramm - und doch Liebe. Liebe, die man in Worten gar nicht und in Blicken kaum spüren kann. (Es sei denn ...)

Herzlichen Glückwunsch zu 200 Jahren netto!

*(Alle scheinbaren Fehler in diesem Text sind gar keine und von den Ärzten voll gewollt.)*

Ein Arztbesuch

# 4.
# My Name Is Techno

# Das Leben besteht nicht nur aus Techno

## Ein Interview mit Marusha zu ihrer Sendung »Rave Satellite«

*Von Henning Wächter*

---

*Als Fritz startete, gab es ihre Sendung bereits: Seit 1991 moderierte Marusha die Techno-Sendung »Dancehall« auf DT 64. Nachdem DT 64 den Sendebetrieb einstellen mußte, wechselte Marusha die Frequenz und den Namen der Sendung. Seitdem heißt es jeden Samstag auf Fritz:* »Rave Satellite«.

*Ich fange mal mit einem Zitat an: »Hier wird ein attraktives Radio gemacht, das durch seinen Ost-West-Mix besonders sensibel und kompetent für die Probleme unserer Zeit ist« – hast du eine Ahnung, von wem dieses Zitat stammt und in welchem Zusammenhang es geäußert wurde?*
**Marusha:** Könnte von mir sein. Vielleicht aus einem Zeitungs-Interview zu meiner Sendung?

*Naja, fast. Das Zitat stammt aus einem Brief von dir an Bundesinnenminister Wolfgang Schäuble aus dem Jahr 1991 gegen die Abschaffung von DT 64.*
**Marusha:** Ja, da habe ich alle Ministerpräsidenten angeschrieben und alle anderen Politiker, die hätten helfen können. Aber Schäuble hat nie geantwortet!

*Aus DT 64 entstand dann Rockradio B, was wiederum 1993 mit dem Berliner Sender Radio 4U zu Fritz zusammengelegt wurde. Hast du damals auch für Rockradio B und gegen Fritz gekämpft?*
**Marusha:** Nein, ich habe weder für Rockradio B gekämpft noch gegen das Zusammenlegen zu Fritz. Ich muß offen sagen, daß es mir immer darum ging, das Forum beizubehalten, das ich mir in den zwei Jahren zuvor mit den Hörern erspielt und geteilt hatte. Da baute sich ziemlich schnell eine emotionale Bindung auf, die auf beiden Seiten sehr produktiv und schön

war. Ich hatte sehr große Angst, daß die Sendung nicht mehr existiert, wie sie vorher existierte.

*Stand deine Sendung mit dem Beginn von Fritz auf der Kippe?*
**Marusha:** Es war überhaupt nicht klar, welche Sendungen übernommen werden. Ich habe beim damaligen Chefredakteur angefragt, ob ich denn weitermachen darf, wurde aber so ein bißchen ausgebremst. Es gab noch eine andere Kollegin, die ich nicht kannte, die aber auch eine Sendung mit elektronischer Musik machen wollte. Ich fand das ganz geil damals, weil es nach meiner Meinung überhaupt nicht genug Leute geben konnte, die diese Musik unterstützen. Sechs Wochen vor dem Fritz-Start war meine Information, daß es beide Sendungen geben sollte. Dann erfuhr ich plötzlich, daß doch nur meine Kollegin vorgesehen war. Ich hatte tierische Angst um meine Sendung – aber ich bin da auch der totale Kämpfer. Als weitere Gespräche nichts ergaben, bin ich mit drei Säcken Fanpost zur Intendanz gegangen und habe gesagt: »Alles, was ich möchte, ist, diese Sendung weiterzumachen, weil es eine Sendung mit so einem Potential sonst nicht gibt.« Ich hatte damals eine Einschaltquote von fast einer Million Leute. Zwei Wochen vor Beginn habe ich dann einen Brief bekommen, in dem mir meine Sendezeit bestätigt wurde.

*Ging es dir nur um deine Sendung und der Rest des Radios war dir egal?*
**Marusha:** Naja, man kann sich ja nur für etwas einsetzen, über das man Bescheid weiß. Da ich aber pro Woche nur zwei Stunden im Sender war und bin, wäre es natürlich etwas vermessen, wenn ich mich hinstellen und große Reden schwingen würde. Natürlich ist mir der Sender auch nicht wurscht, allein schon, weil es ohne den Sender auch meine Sendung nicht geben würde. Trotzdem: Da ich vom restlichen Programm keine Details kenne, bin ich wohl schon eher ein Satellit. Daher natürlich auch der Name »Rave Satellite«, der sich aber genauso darauf bezieht, daß er wie ein Satellit überall empfangen werden kann.

*Was ist das Ziel des* Rave Satellite? *Wen und was willst du damit erreichen?*
**Marusha:** Ich glaube, daß diese Sendung eine Plattform bietet für einen Austausch – nicht nur musikalischer Art, sondern auch von Gedanken. Wenn man Radio macht, weiß man, daß man überall gehört werden kann. Nicht nur zuhause, auch im Auto, im Knast, gemeinsam mit Müttern und Vätern. Wenn ich überlege, was die Hörer in den vergangenen zwölf Jahren an Post und Mails geschrieben haben, ist das weit darüber hinausgegangen, was ich anfänglich immer versucht habe, mit der Sendung zu ver-

mitteln. Damals hat sich das auf die Musik reduziert und auf die Persönlichkeiten, die für diese Musik stehen. Die Sendung hat sich in Richtung einer Art Austauschbörse entwickelt, ein Austausch von Meinungen, von Fragen – gestellt von jungen Menschen, aber auch von Leuten in meinem Alter. Die fragen mich die obskursten Sachen, und ich habe auch immer alle Fragen beantwortet.

*Haben sich damit auch die Inhalte der Sendung geändert oder betrifft das nur deine sorgfältige Post- und Mailpflege?*
**Marusha:** Ich glaube, daß sich die Sendung im Laufe der Jahre dem Lebenslauf vieler Menschen angepaßt hat und die Menschen sich und ihre Themen in die Sendung eingebracht haben, die vorher nicht da waren. Das liegt sicherlich auch daran, daß der »Rave Satellite« versucht, musikalische Authentizität zu leben. Mir war immer sehr wichtig, daß die Sendung die gesamte Bandbreite elektronischer Musik abbildet und sich nicht auf einen Stil festlegt. Insofern hat sie sich eben auch immer dem Lebensverlauf der Produzenten und der Hörer angepaßt. Ich kann ja immer nur Angebote machen und Leute nicht zwingen, das zu hören. Ich kann nur sagen: Hey, so sieht es aus, so klingt das, dafür steht der oder die. Wenn es euch gefällt – super. Wenn nicht, gibt es in der nächsten Woche auf jeden Fall die Chance, daß etwas anderes läuft.

**Love is on the air**

*Wie suchst du denn eigentlich aus, was Woche für Woche in die Sendung kommt? Wie entscheidest du, welcher Musikstil und welcher Produzent zwei Stunden on air geht?*
**Marusha:** Im Grunde suche ich das natürlich aus, weil es meine Sendung ist. Aber ich höre auch auf die Hörer, die sich etwas wünschen. Das deckt sich oft mit meinem Gefühl. Wenn ich zum Beispiel denke: Eigentlich wäre es mal wieder Zeit für Gabber, dann kommt meistens auch von außen der entsprechende Wunsch, ohne daß ich mich darum bemühen muß. Erst neulich wieder hatte ich ungefähr dreißig Mails in zwei Wochen dazu. Und dann versuche ich eben, diesen Leuten den Wunsch zu erfüllen, telefoniere ein bißchen rum, hole mir die kleinen Koryphäen dieser Musik in die Sendung und dann legen die bei mir auf.

*Ein wichtiger Teil deines Konzepts ist es, Mitschnitte von international bekannten DJs mit Mixen von Leuten aus der Region abzuwechseln. Warum?*
**Marusha:** Tendenziell sehe ich meine Sendung als eine Brandenburg-weite Sendung, das heißt, für mich sind immer die Menschen interessant, die im Sendegebiet leben. Und ich liebe den Osten über alles, denn die Leute spiegeln auch das wider, was mich groß gemacht hat. Als Wertschätzung und auch als Dank fördere ich am liebsten Leute aus Brandenburg, Sachsen, Sachsen-Anhalt, Mecklenburg-Vorpommern und Thüringen. Aus Berlin natürlich auch, aber tendenziell ist es mir doch wichtiger, daß Leute zum Zug kommen, die sonst nicht so die Möglichkeit haben. Ich schätze es sehr, wenn Leute den Mut haben, an mich heranzutreten – und auch dadurch ist natürlich gewährleistet, daß die Musik im »Rave Satellite« authentisch ist. Und wenn ich dann an den Briefen erkennen kann, daß sie auch eine Menge zu erzählen haben, wie sie ihr Leben so meistern, dann hole ich sie mir in die Sendung. Auch das habe ich über die Zeit herausgefunden: Jugendliche interessieren sich tierisch für das, was Gleichgesinnte zu sagen haben.

*Glaubst du nicht, daß Fans deiner Sendung zum Beispiel lieber Steve Mason als DJ Knorke aus Elsterwerda hören?*
**Marusha:** Ich kann mich ja nur daran orientieren, was sie mir schreiben. Und sie schreiben, daß sie das total klasse finden. Ich habe eigentlich noch nie einen Brief bekommen, in dem sich jemand darüber beschwert. Trotzdem kommt natürlich auch Post, in der sie sich bestimmte DJs wie zum Beispiel DJ Rush wünschen. Und das mache ich dann natürlich auch, weil solche Persönlichkeiten für elektronische Musik superwichtig sind und die Kultur am Leben halten.

*Und warum legst du nicht öfter selbst in deiner Sendung auf? Platten dürftest du doch genug haben ...*
**Marusha:** Ach, ich mache das im Schnitt so alle acht Wochen und das ist auch okay. Wenn ich da zu oft auftauchen würde, wäre es auch schnell langweilig. Nee, das soll schon eine Spielwiese für alle bleiben.

*Du hast deine eigene, ganz spezielle Art zu moderieren: oft auf Englisch und auch so ein bißchen gehaucht – auf jeden Fall anders, als wir gerade reden. Machst du das wegen der Coolness?*
**Marusha:** Man besteht ja nicht nur aus einer Persönlichkeit. Gerade wenn man in einer Beziehung zur Öffentlichkeit steht, vereint man verschiedene Persönlichkeiten. So habe ich eine Persönlichkeit für das DeeJayen entwickelt, eine für mein Privatleben und natürlich auch eine fürs Radio. Und je nachdem, wo ich mich gerade befinde, passe ich die Persönlichkeit dann eben an – aber ohne etwas zu spielen, denn alle diese Persönlichkeiten sind auf jeden Fall in mir. Beim Moderieren ist mir sehr wichtig, daß ich mit den Jugendlichen in ihrer Sprache rede. Ich rede aber auch normal ohne Schlagworte mit ihnen, wenn es um ernsthafte Sachen geht, wenn mir Dinge am Herzen liegen. Und wenn ich bei Sachen unterstreichen möchte, daß sie toll sind, cool, phatt, abgefahren – dann rede ich eben anders. Aber das ist auf keinen Fall adaptiert, um jünger zu wirken oder so.

*Hast du dir da auch was von anderen Moderatoren abgeschaut?*
**Marusha:** Ja, klar, kennt nur leider keiner. Als ich in London gelebt habe, habe ich immer Piratenradio gehört, »Dance FM«. Auf irgendwelchen Dächern waren die Transmitter, immer nur Freitag und Samstagnacht. Da mußtest du dann auf UKW suchen, und irgendwann bist du auf DJ-Mixe gestoßen. Und bei denen gab es einen Moderator namens Max, der natürlich extremes Brit-Englisch sprach – was ich mit meinem deutschen Brit-Englisch auch immer versuche. Damals wußte ich ja noch gar nicht, daß ich auch mal Radio machen würde. Max fand ich ganz, ganz sexy.

*Und, hast du ihn mal kennengelernt?*
**Marusha:** Nein! Ich habe mal eine Karte geschrieben zu der Adresse, die sie durchgesagt hatten. Da kam aber nie was zurück. Ich glaube, das war einfach nur eine Fake-Adresse, weil die ja auch immer auf einer heißen Sohle lebten.

*Du erzählst oft von deinen DJ-Reisen rund um die Welt. Was glaubst du, wie das bei deinen Hörern ankommt? Finden die das abgefahren, Geschich-*

*ten aus Mexiko oder Japan zu hören? Oder könnte sie das vielleicht auch nerven, weil viele sich solche Trips nicht leisten können?*
**Marusha:** Die Funktion ist vorwiegend zu zeigen, daß diese Musik auch außerhalb unserer Grenzen gehört wird. Manchmal sind das Geschichten, die schon fast Abenteuer-Charakter haben. Dann soll es aber einfach nur Unterhaltung sein. Und manchmal bekomme ich auch Post, in der die Leute mich nach Tips fragen, wo sie mit wenig Kohle einen coolen Urlaub verbringen können. Mallorca ist langweilig, Ibiza ist out, Ostsee waren wir schon so oft – und ich erzähle ihnen dann eben, wie wunderschön es in Lettland ist und wie man da hinkommen kann.

*Aber im Grunde geht es im* Rave Satellite *doch um Musik!*
**Marusha:** Schon, aber das Leben besteht weder für mich noch für meine Hörer nur aus Techno. Und so rede ich eben mal über medizinische Sachen, über Drogen, über eine schöne Landschaft oder über eine tolle Begegnung.

*Was zum Beispiel?*
**Marusha:** Einmal habe ich in Güstrow gespielt und da stand den ganzen Abend still ein 24jähriger neben mir. Als ich fertig war, kam er auf mich zu, küßte meine Hand und sagte zu mir: »Weißt du Marusha, du hast mir sehr geholfen, ohne daß du es weißt. Ich war drei Jahre lang in Wriezen inhaftiert. Aber ich konnte jede Woche deine Sendung hören, die Musik, die ich mag, die Sachen, die du erzählt hast – und das hat mir sehr geholfen durchzuhalten. Dafür wollte ich dir einmal danke sagen.« Ich war so gerührt, wir haben beide geheult. Und an solchen Geschichten merke ich, wie sehr die Leute an dieser Sendung hängen.

*Hast du eigentlich mal eine Sendung verpaßt?*
**Marusha:** Eine! Es war, glaube ich, 1996. Ich hatte an einem Freitag in Köln aufgelegt und sollte am Samstag von Münster aus nach Berlin fliegen. Die Maschine sollte um halb fünf gehen. Was sie mir nicht erzählt haben: An diesem Tag wurde der Flugplan von Sommer auf Winter umgestellt; die Maschine flog eine halbe Stunde früher. Als ich zum Flugplatz kam, sah ich sie gerade starten und meinte noch: »Guck mal, sieht aus wie unsere kleine Propellermaschine nach Berlin!« Die Dame am Schalter sagte mir dann, daß es meine war und daß die nächste erst morgen fliegt. Ich wußte gar nicht, was ich machen sollte. Ich habe bei Fritz angerufen – die waren im Gegensatz zu mir sehr entspannt. Es lief dann die Wiederholung einer alten »Rave-Satellite«-Sendung und eine Kollegin sprach ab und an

ein paar erklärende Worte drüber. Es war mir wirklich sehr unangenehm. Ab diesem Zeitpunkt war immer eine aufgezeichnete Notsendung im Sender.

*Der* Rave Satellite *ist wegen deiner vielen Bookings meistens aufgezeichnet. Würdest du nicht lieber live moderieren?*
**Marusha:** Was auf jeden Fall für live spricht, ist das Gefühl, daß die Hörer genau da sind, wo du auch gerade bist. Eins zu eins. Manchmal mailen mir Leute auch, ich soll doch bitte die Webcam ein bißchen drehen, weil sie mich nicht sehen können. Das ist natürlich schade. Aber mir ist es oft einfach zu riskant – auch wenn ich am Freitag irgendwo spiele. Oft

**Marusha**

werden Flüge ersatzlos gestrichen, und da bin ich mit einer Aufzeichnung einfach sicherer.

*Manchmal bist du aber auch live mit Gästen im Studio. Kannst du dich an eine lustige Sendung erinnern?*
**Marusha:** Klar. Die siebte oder achte »Lava«-Party in Potsdam. Ich habe vorher die Sendung live mit zwei Gästen gemacht, die auch bei »Lava« im Lindenpark dabei waren. Dann ist uns kurz nach Beginn ein System kaputtgegangen. Ich ging davon aus, daß Fritz das noch und nöcher bunkert, aber es gab keinen Ersatz! Ich dachte: Ogottogott, was machen wir denn jetzt? Aber dann fiel mir ein, im Lindenpark um die Ecke anzurufen, um von den Plattenspielern der Party ein Ersatz-System zu bekommen. Wir hatten dann ein paar Minuten nur einen Plattenspieler und erzählten on air, daß wir gerade nicht mixen können. Aber kurz darauf war ein Freund mit dem Ersatz-System da. Nur die »Lava«-Party konnte deshalb auch erst ein bißchen später starten.

*Deine eigentliche Passion ist aber nicht Moderieren, sondern Produzieren und Auflegen. Gab es da auch mal eine Zeit, in der du den* Rave Satellite *aufgeben wolltest?*
**Marusha:** Ja, das war um 1995 herum, weil ich sehr im Streß war, emotional, erfolgsmäßig – ich war total ausgemergelt. Ich habe teilweise Sendungen im Ausland aufgenommen und mit Kurier nach Deutschland geschickt. Und dann habe ich mal eine Ansage gemacht: »Ich habe ein großes zeitliches Problem, die Sendung weiterzumachen. Es gibt zwei Möglichkeiten: Entweder ich stelle die Sendung ein und jemand anderes macht sie weiter oder ihr helft mir jetzt alle, indem ihr einfach CDs mixt und sie mir schickt.« Ein Ansturm von Briefen und Tonträgern war die Antwort und so entstand letzten Endes auch der Link zur Musik der Hörer.

*Kommen wir zum Anfang zurück: Wenn Fritz jetzt, sagen wir mal, mit dem Deutschlandfunk zusammengelegt werden würde – könnte sich der deutsche Innenminister wieder auf einen Brief von dir gefaßt machen?*
**Marusha:** Ich würde Fritz jetzt nicht mit DT 64 vergleichen, weil das für mich etwas sehr Besonderes war. Aber Fritz ist auf jeden Fall ein sehr schön zu hörendes Radio, weil es noch viele Sparten bedient – was ja selten ist –, und weil man den Leuten das Gefühl gibt, daß man ihnen zuhört. Das ist für ein Jugendradio sehr wichtig: Anteil nehmen, anstatt sich nur selbst zu feiern, Lebenshilfe geben, die Kreativität der Jugendlichen fördern, an sie glauben und ihnen eine Chance geben. Das ist unsere Aufgabe, um aus

jungen Menschen mutige und hoffnungsvolle Menschen zu machen. Und – in jedem Fall würde ich einen Brief schreiben. Es geht doch um meine Sendung!

*Letzte Frage: Seit mindestens drei oder vier Jahren wird behauptet, daß Techno tot ist. Wie lange machst du noch den* Rave Satellite*?*
**Marusha:** Quatsch! Techno war nie weg. Wie kann etwas tot sein, was nie weg war? Aber ich bin ja kein Hellseher. Ich weiß nicht, was in zwei Jahren ist. Vielleicht bin ich schwanger, verheiratet und lebe im Ausland. Das weiß nur der liebe Gott ...

---

**Henning Wächter** *stammt aus Stuttgart, Diplom-Betriebswirt, studierte Publizistik und Nordamerikanistik, besuchte die Berliner Journalistenschule und arbeitet seit 1995 bei Fritz; Programm-Manager und »Nightflight«-Moderator.*

# I love Techno

## Fünf Jahre FritzLoveRadio

*Von Anja Schneider*

---

Sag mal, da gibt es doch eine in Berlin, die kennt sich aus mit DJs, die Techno, House und so ein Zeug spielen. Da soll doch derzeit einiges gehen in Berlin und Brandenburg. Das sollten wir vielleicht nicht verpassen. Lade die doch mal ein.« So oder so ähnlich muß es sich angehört haben, als sich 1996 die Chefetage von Fritz über mich unterhielt. Denn tatsächlich saß ich irgendwann bei Fritz im Chefbüro und plauderte über meine Erfahrungen mit der Berliner Clubszene. Über DJs, die in Berlin und Brandenburg Weltruhm erlangt hatten. Über Clubs, die nicht ausgeschildert waren und die trotzdem jede Nacht von jungen Menschen überrannt wurden. Und über illegale Partys in verlassenen Brandenburger Flugzeughangars, die in der ganzen Region Allianzen bildeten; bei denen nicht viel Geld verdient wurde, sondern vor allem an die Sache geglaubt wurde. An die Musik, die sich dort jede Nacht neu erfand, allein deshalb, weil zwei Platten ineinander gemischt wurden und so immer wieder ein neuer Sound entstand. Dabei ging es der Szene damals wirklich endlich mal darum, Geld zu verdienen. Jeder dritte Jugendliche träumte angeblich damals den Traum vom DJ-Dasein. Dafür gab es nämlich mittlerweile gutes Geld und vielleicht auch Fans. Man konnte die Welt bereisen oder zumindest die Großraumdisse im nächsten Dorf. Denn das war immer noch besser als nichts. Zumindest mußte man in der Großraumdisse als gebuchter DJ nicht für seine Drinks zahlen. Und wenn man Glück hatte, erschien der eigene Name noch auf dem Flyer. Dann hatte man es aber wirklich geschafft. Und genau darum ging es Fritz. Um die DJs, deren Musik und um die Love-Parade. Das ganze Lebensgefühl dieser Szene sollte ins Radio transportiert werden. Die Tatsache, daß Monika Dietl damals dafür beim sf-beat und bei Radio 4U pioniermäßig den Grundstein gelegt hatte und dieser Grundstein in gewisser anderer Weise von Marusha mit dem »Rave Satellite« bei Fritz weiter verfolgt wurde, darf natürlich nicht außer Acht gelassen werden. Aber da auch die Love-Parade selbst immer beliebter wurde, jedes Jahr der Ansturm an Ravern, Gaffern, Musikliebhabern, FKK-Fans, Familien, Politikern etc. wuchs, wollte nun auch Fritz ganz groß einsteigen. In den Fritz-Anfangsjahren hatte man bis dato meist DJs ins Studio eingeladen, die auflegten. Man hatte in Live-Reportagen von der Parade und von den Club-Parties berichtet und Fritz war auch mit eigenem Wagen auf der Parade präsent. Die Aktivitäten hatten sich aber meist auf den Samstag beschränkt. Jetzt wollte man das ganze Wochenende lang Love-Parade. Dafür wurde ich angeheuert. Ich konnte plötzlich all meine Liebe zu dieser Musik in ein Wochenende legen und konnte einer breiten Öffentlichkeit zeigen, daß die Idee von Techno und sogar der Love-Parade sich nicht nur auf einige wenige DJs reduziert, die Jahr für Jahr immer wieder dabei sind. Sondern daß es noch viel mehr wichtige Repräsentanten dieser Musik gab, die in dem mittlerweile populären industriellen Technogeschäft allzu leicht übersehen wurden. Auch meine Idee, anläßlich der Love-Parade ein bestimmtes Lebensgefühl zu demonstrieren und für das Recht auf Party einzutreten, wollte ich an diesem Wochenende realisieren. Das tat ich dann auch. Das FritzLoveRadio war geboren. Das erste FritzLoveRadio, das ich auf die Beine stellte, sollte am Love-Parade-Wochenende 1997 stattfinden. Von Freitag 18 Uhr bis Sonntag 20 Uhr, also 50 Stunden, sollte das »Love-Radio« senden. Und zwar auf einer Sonderfrequenz, die nur in Berlin zu empfangen war. Einer Verrückten wie mir traute man halt nicht gleich. Man war sich nicht sicher, ob auch alle Fritz-Hörer mich verstehen würden. Wurde ich doch anfangs selbst innerhalb der eigenen Redaktion belächelt. Bekannte man sich nämlich öffentlich zu dieser Musik, wurde man seinerzeit allzuoft als drogensüchtiges, überdrehtes Raverlein abgestem-

**FritzLoveRadio 2002**

pelt, das mit weißen Handschuhen, aufgetufften bunten Haaren, geschlechtslos, pickelig und auf viel zu hohen Schuhen wild gestikulierend durch die Gegend zog. Dies waren allerdings alles Attribute, die ich nicht aufwies und genau gegen dieses Vorurteil und auch zur Korrektur dieses Bildes wollte ich das »LoveRadio«. Ich wollte es eben auch für diese Raverlein. Nun gut, eine kleine Sonderfrequenz war besser als nichts.

Die 50 DJs für jede einzelne Stunde zu buchen, war eher das geringere Problem. Wichtiger war es, eine geeignete Spielstätte zu finden. Es durfte nicht das Studio in Potsdam sein, denn es war nicht nur schwer, jeden DJ pünktlich für die für ihn vorgesehene Stunde zu bekommen. Als geradezu unmöglich erwies es sich, jeden DJ während des Love-Parade-Wochenendes nach Potsdam rauszufahren. Außerdem wissen wir, daß ein DJ vor Publikum ganz anders spielt als alleine im müffelnden Studio, bei einem mehr oder weniger schlecht gelaunten Moderator, der wahrscheinlich auch lieber draußen sein würde. Also mußten DJ, Moderator und Redaktion raus in die Stadt, an einen zentralen Ort. So war gewährleistet, daß jeder seinen Spaß hatte, denn dieser Spaß sollte sich den Hörern vermitteln. Darüber hinaus entsprach die Idee des für alle zugänglichen zentralen Ortes auch wirklich meiner Vorstellung der Love-Parade. 1996 spielte sich die Clubkultur weitestgehend im noch fast Schickimicki-freien Berlin-Mitte ab. Dahin wollten wir, die Fritzen, mit dem FritzLoveRadio. Nein, nicht in die Clubs, sondern mitten rein ins Leben. Am besten irgendwohin, wo jeder am Love-Parade-Wochenende irgendwann mal vorbeikommt. Vielleicht auch dorthin, wo wir die Musik tatsächlich einer mehr oder weniger verblüfften Öffentlichkeit präsentieren konnten.

Na klar, da gab es nur eins: die Info-Box am Potsdamer Platz. Schön groß, schön rot, beliebter Touristen-Ort und damals noch mit einer Kulisse, von der die DJs mir heute noch erzählen, sie bekämen Gänsehaut, wenn sie daran zurückdenken, wie sie damals bei untergehender Sonne für Baukräne, staunende Touristen und vorbeiziehende Raver-Kolonnen gespielt haben. Der Balkon der Info-Box: der skurrilste, absurdeste DJ-Platz ever. Ich werde niemals die videofilmenden Senioren-Touristengruppen vergessen, die mit offenem Mund dastanden und sich manchmal auch ein Lied gewünscht haben. Wir haben heftigst darüber diskutiert, warum sie denn ihre Dual-und Grundig-Plattenspieler samt Kompaktanlage damals auf den Müll geschmissen haben. Da hätte man sie ja wohl veräppelt, vermuteten die Senioren. Ja, hat man wohl auch.

Ich möchte nicht wissen, wievielen Enkeln oder Kindern aufgrund unserer Aktion auf der Info-Box die Reise nach Berlin bis auf weiteres verboten wurde. Ich glaube, wir haben eine Menge zur Verschiebung des Weltbildes der einen oder anderen schwäbischen Touristengruppe beigetragen. Dabei meinten wir es ernst. Nicht ganz so ernst nahmen uns damals die DJs. 50 waren aus den unterschiedlichsten Musik-Genres und aus der ganzen Welt gebucht. Alles DJs, die schon damals als Stars galten oder sich zumindest dafür hielten. Viele hielten es nämlich nicht für ganz so nötig, tatsächlich pünktlich bei uns zu erscheinen. Wer Radio allerdings ein bißchen kennt, weiß, daß Pünktlichkeit in diesem Geschäft eine elementare Rolle spielt. Da ich um dieses Problem aber wußte, hatte ich zur besseren Kontrolle und Einhaltung des Zeitplans zwei Fahrer engagiert, die sich durch besondere Hartnäckigkeit auszeichneten und extreme Nervenstärke bewiesen. Die Fahrer holten fast jeden DJ persönlich mit dem angemieteten Cabrio ab und waren verpflichtet, jeden DJ, wenn es denn sein mußte, an die Decks auf dem Balkon der Info-Box zu tragen. Leider waren die beiden Fahrer (Hamburger Popfans) in der hoffnungslos überfüllten Stadt manchmal völlig überfordert. Und den Stadtplan zu lesen, wenn Sven Väth sich auf dem Rücksitz samt Eltern langweilt, schien auch uncool. Manchmal wurde auch ein DJ aus dem Hotel mitgenommen, der gar nicht gebucht war. So geschehen mit Eric More Morillo, der statt Junior Sanchez ins Cabrio bugsiert wurde. Der war folgsam gleich mitgekommen, hatte eine Plattenkiste in der Hand, war einigermaßen dick, auch farbig und also für die Fahrer der eigentlich gebuchte Junior Sanchez, den es abzuho-

**Anja Schneider und Martin Böttcher**

len galt. Der arglose Eric hat nicht einmal gefragt, wohin er denn jetzt gebracht wird, hat alle Anweisungen kommentarlos befolgt und sich zur richtigen Zeit hinter die Plattenteller gestellt. Er hat dann aber schon ein bißchen komisch geguckt, als ich ihn zu seiner Platte beglückwünschte und daß er nur eine Stunde spielen sollte, fand er – glaube ich – auch ein bißchen ungewöhnlich. Junior Sanchez rief mich derweil immer wieder auf meinem Handy an und fragte nach dem Fahrer. Natürlich habe ich ihm am Telefon unumwunden erklärt: Ja klar, Alter, wenn du Junior Sanchez bist, dann bin ich WestBam. Junior Sanchez steht doch hier schon die ganze Zeit und spielt. Irgendwann bekam ich doch Zweifel und fragte den spielenden DJ vorsichtig, wer er denn sei. Als er antwortete, er sei Eric More Morillo, wurde mir klar, daß irgendwas falsch gelaufen sein mußte. Bei Junior Sanchez habe ich mich persönlich entschuldigt, allerdings hat er nie wieder beim FritzLoveRadio gespielt. Ich glaube, Eric More Morillo weiß bis heute nicht, was er gemacht hat. Er fährt offensichlich mit jedem Fahrer gerne mit und stellt sich sofort an irgendwelche Plattenspieler. Aber es war schweinegut und ich danke ihm trotzdem.

Das Jahr darauf waren wir professioneller und wieder in der Info-Box. Hatten wir dort doch ein leichtes Spiel, denn sämtliche Bauarbeiter vom Potsdamer Platz kannten uns noch aus dem vergangenen Jahr, winkten uns

Über den Köpfen: Märtini Brös.

fröhlich mit ihrer Fritz-Wollmütze zu und stellten uns bereitwillig wieder Kräne, Leitern und Baumaschinen zum Aufbau zur Verfügung. Viele kamen uns auch während des »LoveRadios« besuchen. Wir hatten wieder 50 Stunden, diesmal allerdings auf allen Fritz-Frequenzen. Und da man uns jetzt überall gut hören konnte, nahmen uns auch die DJs ernster. Sie kamen pünktlich oder gar nicht, und wir haben diesmal auch alle erkannt. Da das »LoveRadio« immer beliebter und der Potsdamer Platz immer unsexyer wurde, zogen wir im dritten Jahr mitten rein in die Oranienburger Straße und erfanden das »Aerosoul«, einen Garten mit Schuppen-Studio neben dem Tacheles und der besten Caipirinha-Bar des Sommers. Letztere wurde von fast allen Fritzen an diesem Wochenende häufig besucht und so kam es, daß wir nicht nur genügend DJs hatten, sondern daß fast jeder Fritz-Mitarbeiter ein ausgesprochener Techno-Fan wurde und wenn es eben nur für ein Wochenende war.

Das »Aerosoul« war die bis dato beste Location, bis auf die illegalen Soundsysteme, die sich schnell um uns herum versammelten und viel lauter waren als wir. Mir war sofort klar, daß wir in Mitte nie wieder eine Genehmigung für eine unbegrenzte Beschallung erlangen würden, für 50 Stunden schon gar nicht. So war es dann auch. Aber ich wollte nicht aufgeben. Im darauffolgenden Jahr bot sich das »Casino« an und wir beschallten den Hof in der Saarbrücker Straße und nutzen die »Cookies-Bar« in der Nacht. Besser konnte es eigentlich nicht mehr werden. Wir hatten die ganze Zeit Publikum ohne Ende und die DJs drängelten sich geradezu, um bei uns auflegen zu können. Wir verlängerten das »LoveRadio« kurzerhand auf 60 Stunden und machten durch bis Montag früh um 6 Uhr. Wir boten heimatlosen DJs eine Heimat für ein Wochenende und wurden zum Zentrum und Fundbüro für verlorengegangene Raver. Geduldig hörten wir uns jede Geschichte an. Erwähnenswert an diesem Wochenende waren die Sets von DJ Clé, der danach Jenny Mansch und mir noch einen einstündigen Vortrag über die Vorteile von Frauen im Radio hielt. In bester Erinnerung auch Tobi Neumann, der gerade im Begriff war, nach Berlin zu ziehen, und dem wir bei der Entscheidung maßgeblich beigestanden haben. Oder Martin Böttcher, der das letzte Set im »LoveRadio« bestreiten sollte, Montagfrüh zwischen 5 und 6 Uhr. Martin hat von Sonntagabend an darauf gewartet und sich die Zeit mit dem ein oder anderen Caipirinha versüßt. Beim Auflegen vergaß er dann schon mal, daß er der DJ war, der gerade auflegt. Von der Tanzfläche aus sah er mit an, wie die Platte sich gerade dem Ende zudrehte, und er hat dann noch eine Weile gebraucht, um zu realisieren, daß nur er das ändern konnte. Charmante Sendelöcher gehören eben auch zum »LoveRadio«.

Mit dem »Casino« an dieser Stelle war bald Schluß, so daß ich mich dann im nächsten Jahr wieder auf die Suche nach einer neuen »LoveRadio«-Location machen mußte und diese dann im »Café Schoenbrunn« im Volkspark Friedrichshain fand. Emotional hat mich diese Location wohl am meisten berührt. Ich wußte, daß es genau so sein muß, vom Setting, von der Atmosphäre, um die Idee von Musik, friedlichem Miteinander und Clubkultur zu verwirklichen. Nur schade, daß wir nicht die ganze Nacht dort im Park Musik machen konnten. Ich weiß aber, das alle DJs dort immer wieder für uns spielen möchten. Die Märtini Brös spielten bisher jedes Jahr live auf dem Dach des »LoveRadios«. Hans Nieswandt schaute tatenlos zu, wie während seines Sets eine seiner Lieblingsplatten auf dem Plattenteller in der Sonne verbrannte. Miss Kittin spielte eine Stunde lang, obwohl sie von einem Insektenstich eine allergische Reaktion bekam und nach ihrem Set eine Woche im Krankenhaus verbrachte. David Morales spielte auf einem wirklich extrem wackeligen DJ-Pult und mixte, was das Zeug hielt auf einem für ihn unwürdigen Mixer. Frank Müller spielte wieder, obwohl wir das Jahr davor bei ihm einen Sendeausfall hatten und vom Studio in Potsdam aus ein hilfloser Techniker schnell eine Dreamdance-CD auflegen mußte.

DJ Metro spielte jedes Jahr vor einem verblüfften Publikum den Sound von »Hard:edged« immer zwischen WestBam und Paul van Dyk, und jedes Jahr freute es uns wieder, daß niemand die Tanzfläche verließ. Takkyio Ishino kam wieder und bat diesmal um eine funktionierende Monitorbox. WestBam kommt wegen uns jedes Jahr zu spät zu seiner eigenen Grillparty. DJ Disko feierte bei uns sein Comeback als DJ und ist seitdem wieder dabei, und Daniel Sunn kann das ganze Jahr nicht mehr schlafen, weil er sich Gedanken macht, ob er wohl wieder die letzte Stunde von 19 bis 20 Uhr auflegen kann (ja kannst Du). Es gäbe noch viele Geschichten und Anekdoten aus fünf Jahren FritzLoveRadio zu erzählen. Auch wenn die Locations gewechselt haben, ist die Grundidee immer erhalten geblieben. Die Idee, einer unglaublich vielfältigen Szene die Möglichkeit zu geben, sich darzustellen. Es ist eine Szene, die eine Menge guter Musiker hervorgebracht hat und die wirklich ganz lange noch nicht in ihrem kreativen Potential erschöpft ist. Es ist wichtig, daß diese Szene ein Sprachrohr findet und genau dafür mache ich das FritzLoveRadio. Jedes Jahr, solange ich darf. Vielen Dank an alle, die das »LoveRadio« ermöglicht haben: die Techniker in der Babelsberger homebase und den wechselnden »LoveRadio«-Locations; die Moderatoren, Programm-Manager, Redakteure, Reporter, Onliner, Fahrer, Caterer, helping hands und vor allem Dank an alle DJs, die dabei waren!

**Anja Schneider:** *1994 Umzug von Köln nach Berlin. 1995–1997 bei Radio Kiss FM; 1995 Idee, Organisation des Kiss FM-»Loveboats« an der Moltkebrücke. 1997 Wechsel zu Fritz: Organisation, Moderation »Crazy Clubradio« jede Samstagnacht. 1997 eigene Clubveranstaltungen: WMF, Suicide , Icon Club. 1998 Fritz Programm-Managerin, zuständig für Promotion, Marketing und Musik. 1998 Start der Sendung »Dance Under The Blue Moon« (Club-DJ-Magazin), seit 2000 auch DJ in Berliner Clublandschaft.*

**Paul beim easy going runterrocken**

# Bombay-Bristol-Babelsberg – Paul van Dyk

*Von Kerstin Topp*

---

*Jeden Mittwochabend präsentiert Paul van Dyk im* Soundgarden *zwei Stunden lang »advanced electronic music« von bekannten und weniger bekannten Kollegen seiner Zunft. Denn hauptberuflich ist Paul DJ und Producer, noch dazu einer der derzeit gefragtesten weltweit. Trotz ständiger DJ-Gigs rund um den Erdball steht er Mittwoch abends meist leibhaftig hinter den Reglern im Fritz-Studio und sendet seinen* Soundgarden. *Paul van Dyk über Radiomachen, Lampenfieber, seinen vollen Terminkalender und seine Liebe zur Musik.*

*Fritz und Paul van Dyk, wie hat diese Geschichte eigentlich angefangen?*
**Paul van Dyk:** Also ehrlich gesagt war ich, als Fritz angefangen hat, nicht so ein toller Fritz-Freund, weil ich absoluter Radio 4U-Fan war. Aufgrund von Leuten wie Monika Dietl, Barry Graves und allen anderen natürlich. Insofern empfand ich dann diese Zusammenlegung als Willkür. Ich meine, wieso sollte ich mir nun diese Rockfuzzis von Rockradio B anhören? Mit denen hatte ich musikalisch nichts gemein. Ich fand Radio 4U immer sehr Klasse, habe das immer gehört. Somit hatte Fritz ein schwieriges standing bei mir und mußte mir erst mal zeigen: Okay, das ist nicht nur dumm zusammengewürfelt, sondern da ist ein Konzept dahinter, das auch Sinn macht. Tja, und dann habe ich auch Fritz gehört.

*Wie kam es dann dazu, daß du auch Fritz-Mitarbeiter wurdest?*
**Paul van Dyk:** Ich hatte früher bei einem anderen Berliner Sender eine Sendung, wo es auch um Musik ging, im weitesten Sinne. Das lief so etwa zwei Jahre, bis dieser Sender sich entschloß, nur noch R'n'B und HipHop zu spielen und das Ganze auch innerhalb einer Woche gemacht hat. Ich hatte also nicht mal die Möglichkeit, mich bei meinen Hörern zu verabschieden, das war sehr heikel. Dann war erst mal Pause. Danach habe ich unregelmäßig bei Fritz den »Nightflight« moderiert und irgendwann kam das Angebot, ob ich nicht Lust hätte, das Ganze im Soundgarden ein bißchen früher, ein bißchen kürzer, ein bißchen kompakter zu machen.

*Kannst du dich noch an deinen ersten* Soundgarden *erinnern, da hören ja ziemlich viele Leute zu?*
**Paul van Dyk:** Ich bin ja auch heute nach wie vor, nervös würde ich nicht sagen, ich bin einfach nicht der Radio-Profi. Das ist nicht mein Job. Das muß den Leuten schon klar sein, daß, wenn ich das da mache, es mehr ist als eine Service-Leistung. Ich bringe einfach diese Musik ins Radio. Deshalb bin ich da auch entsprechend amateurhaft und das war damals natürlich noch amateurhafter, als ich noch keine Erfahrung mit all den Knöpfen hatte. Da ging auch einiges schief und es bereitet mir nach wie vor einiges Unbehagen, mich selbst zu hören. Die erste Sendung war schon ein Graus. Eigenartig.

*Hast du früher denn mal den Wunsch verspürt, zum Radio zu gehen, bevor du hauptberuflich DJ wurdest?*
**Paul van Dyk:** Ich kann mich erinnern, in der 9. oder 10. Klasse wurden in der DDR Zettel rumgereicht, wo gefragt wurde, was man vielleicht gerne werden würde, und bei mir stand eben nicht Lokführer oder Pilot, sondern Journalist. Das konnte ich nicht werden aufgrund politischen Durcheinanders und dann habe ich eine Ausbildung zum Facharbeiter für Nachrichten-Technik angefangen. Was in der DDR alles beinhaltete, was man als Nachricht verschicken kann, auch Radiosignale zum Beispiel. Gelernt habe ich beim Fernmeldeamt und die waren auch zuständig für die technische Betreuung der Radiostationen in Berlin. Da gab es also eine kleine

Paul van Dyk und Westbam

Verbindung, aber da lief auch schon mein Ausreiseantrag. Mir war also klar, daß ich in der DDR nicht beim Radio arbeiten werde.

*Welches sind eigentlich die gravierendsten Unterschiede zwischen dem Mixen im* Soundgarden *und dem Mixen bei DJ-Gigs?*
**Paul van Dyk:** Im Club ist es schon ein bißchen heftiger. Da geht es ja darum, daß die Leute nebenbei nicht irgendwas machen, sondern in erster Linie wegen der Musik da sind. Die Dramaturgie eines solchen Abends ist auch anders, als wenn man einbettet ist zwischen einer Hörer-Wunschsendung (»Open Box«) und einer Talksendung (»Blue Moon«). Das andere ist, daß ich natürlich in meiner Sendung Sachen spiele, die ich für so wertig halte, daß ich finde, die Leute am Radio müssen sie hören. Das sind Sachen, die würde ich aber nicht unbedingt in meinem DJ-Set spielen. Irgendwelche Ambient-Platten oder irgendwelche House-Platten, die jetzt in meinem DJ-Set nicht so einen großen Stellenwert haben.

*Du kommst gebürtig aus Eisenhüttenstadt in Brandenburg. Kriegst du eigentlich viel Hörer-Feedback, Hörer-Mails aus Brandenburg?*
**Paul van Dyk:** Ich kriege ja hauptsächlich Kommentare zur Sendung oder Fragen, die an mich herangetragen werden, die sind von überallher. Es kommen tatsächlich auch welche aus Dresden, selbst Westdeutschland, Leute, die übers Internet oder Satellit hören, aber die sind von überallher.

*Ich dachte immer, du bekommst besonders viel Feedback aus Brandenburg, weil du vielleicht für die jungen Brandenburger eine Art Ikone bist!*
**Paul van Dyk:** Ehrlich gesagt, glaube ich das gar nicht. Das Schlimme in Deutschland ist ja ein Stück weit immer Neid, und ich könnte mir vorstellen, daß das in dem Fall sogar überwiegt. Ein schönes Beispiel ist die »Sommer-Safari«, dieses Open Air-Event, bei dem ich immer auflege. Dahin kamen in diesem Jahr verhältnismäßig mehr Leute aus dem Umland als aus Berlin. Das war keineswegs so, daß ich da als der »local hero« heimkehre und da so easy going runterrocke. Die haben mir das schon sehr schwer gemacht. Insofern kann ich mir vorstellen, daß ich in Brandenburg nicht so Richtung Ikone gehandelt werde. Zumal ich mich ja auch selbst nicht so präsentiere. Das habe ich ja auch immer klar gemacht: Ich bin zwar in Eisenhüttenstadt geboren, aber ich bin in Ostberlin groß geworden.

*Wenn man sich deinen Terminplan anschaut, du bist hier und da und dort, heute Australien, morgen Ibiza, dann fragt man sich: Wieso machst du diese Radiosendung, das ist ja ein Wahnsinn!*

**Paul van Dyk:** Wenn es um Musik geht, bin ich halt ein totaler Freak. Ich glaube auch, wer die Sendung hört, der weiß, daß ich das nicht zu meiner Selbstdarstellung mache, sondern mir geht es da einfach um die Musik. Mir ist das total wichtig. Deshalb spiele ich auch Musik in meiner Sendung, die nicht immer unbedingt mit einem Paul-DJ-Set zu tun hat. Also, daß man den Leuten einfach die Möglichkeit gibt, diese Musik auch zu hören, deswegen mache ich das. Außerdem natürlich, weil es Spaß macht. Es ist schon vorgekommen, daß ich vom Flughafen direkt zum Sender gefahren bin oder Mittwoch nach der Sendung nach Hause, Sachen gepackt und dann Donnerstag früh irgendwo hingeflogen bin. Aber es macht Spaß und ich sehe auch, daß es den Leuten, die diese Sendung verfolgen, etwas bringt.

*Das soll jetzt kein Angebot sein, aber könntest du dir vorstellen, im Radio eine Prime-Time-Show zu moderieren?*
**Paul van Dyk:** Nicht alleine. Aber wenn ich zum Beispiel jemand wie einen Holger Klein dabei hätte, könnte ich mir das durchaus vorstellen. Ansonsten glaube ich, hätte ich Probleme mit dem Rahmen, im dem man sich bewegen muß. Denn wenn ich einen Politiker blöd finde und ich müßte den interviewen, würde es mir schwerfallen, das nicht zu doll zu zeigen. Das würde mir sehr schwerfallen. Aber ich habe sogar mal im Kabel mit einer Freundin von mir eine Morning-Show moderiert. Hat wahrscheinlich kein Schwein gehört, weil sie im Kabel lief, aber das war sehr lustig.

*Gibt es irgendeinen Grund, aus dem heraus du sagen würdest: Das war es jetzt mit Fritz und Paul?*
**Paul van Dyk:** Wenn ich aus Berlin wegziehen würde, müßte ich natürlich aufhören. Oder, was ich nicht hoffe, daß die Hörer abstimmen und sagen, sie möchten meine Sendung nicht mehr hören. Dann akzeptiere ich das natürlich. Oder daß der Sender das Vertrauen in mein Rumgewurstel verliert. Man kann ja immer nicht in die Zukunft gucken. Aber solange ich gesund bin und die Hörer wollen, daß die Sendung passiert, mache ich gerne weiter.

---

**Paul van Dyk** *hat 1991 angefangen als DJ aufzulegen und hatte vor Fritz eine eigene Radioshow auf Kiss FM (»Soundfiles«). Bis 1999 hatte Paul bereits mehrere Alben und ein Mixalbum sowie diverse Singles veröffentlicht. Paul van Dyk moderiert bei Fritz den »Soundgarden« am Mittwochabend.*

# 5.
# Weita Weita

# Funkbleppo

## Ein Tag im Leben des ORB-Star-Fischfütterers Mike Lehmann

*Von Britta Geithe*

---

Morgens um elf ist die Welt noch nicht in Ordnung. Blaß und verschlafen wartet er, in seine kurze Lederjacke gehüllt, am vereinbarten Treffpunkt – der Imbißbude auf dem S-Bahnsteig Richtung Potsdam am Bahnhof Zoo. Statt einer Boulette rot/weiß frühstückt Mike Lehmann eine Selter. »Ick hab' jestern noch 'n bißchen rinjefeiert.« Die tägliche Strecke Prenzlauer Berg–Potsdam erledigt der große Blonde mit den »Öffentlichen«. Eine »Fahrerlaubnis« hat er nicht. Im ORB heißt Mike Lehmann Pluto. Sein Reich besteht aus 20.000 CDs. Die kleinen Plastikscheiben bewacht er wie »ein Eunuch seinen Harem«. Ihn interessieren weder Marusha noch East 17, sondern nur die harten Metal-Bands. Pluto ist als Hilfsarbeiter angestellt. Den Spitznamen hat er schon ziemlich lange – wohl weil er Hunde sehr mag. Seinen bürgerlichen Namen, Peter Neuber, kennen nur die wenigsten. Auch die Kassiererin bei Karstadt hätte beinahe die Polizei gerufen, als er mit seiner Kreditkarte bezahlen wollte. »Die hat mich die janze Zeit anjelächelt und wie ick dann zum Bezahlen jing, sacht die doch glatt: ›Herr Lehmann, zahlen se man besser in bar und die Karte jeben sie lieber dem Herrn Neuber zurück.‹« Sechs Kisten voller CDs muß er heute ausräumen und richtig einsortieren, die Arbeit von zwei Tagen. »Ick hätte hier och als Putzfrau anjefangen, nur um einen Job zu kriegen.« Bevor Mike Lehmann Mike Lehmann wurde, war er »Bekohler« in der »Berliner Werkzeug- und Maschinenfabrik 7. Oktober«. Und davor lötete er Telefonkabel für die Berliner Verkehrsbetriebe zusammen.

Mike Lehmann ist ein Star. Aber ist er auch privat der Vorzeige-Proll, den Berliner und Brandenburger aus dem Radio kennen? »Eijentlich bin ick ein janz lieber Junge. Die Texte schreiben andere«, gibt der bekennende Slayer- und Union-Fan zu. Manchmal verwirrt ihn sein Erfolg. Als er in Cottbus an einer Fritz-Wollmützen-Aktion teilnehmen sollte, standen dort auf dem Marktplatz 400 Kids. »Da hab ick erstmal 'nen Wurstverkäufer jefragt, ob hier noch 'ne Band spielen soll. Aber der sagte nur, ›die warten alle auf Mike Lehmann.‹« Nach Artikeln in der »Märkischen Allgemeinen«, der »BZ«, dem »Kurier«, der »Berliner Zeitung«, dem »Spiegel« und einem Fernsehauftritt ist nun auch »die Mutti« stolz auf ihren Sohn. In der ORB-Kantine »knistert« Mike seine erste Zigarette. Zwar schmeckt ihm danach der Kalbsbraten nicht mehr, aber dafür reiht er Kalauer an Kalauer: »Wie heißen Messer und Gabel auf ungarisch?« Die Kollegen schütteln die Köpfe. »Dit is' doch einfach. Éeß...bé-stè ^ ck.« Nach zwei weiteren Zigaretten und einer Apfelsaftschorle geht's zurück ins Studio. Die neueste Mike-Lehmann-Folge für den Beatles-Tag muß aufgenommen werden. »Dit is ja völlig krank«, kommentiert Mike prustend eine Zeile aus dem Script, für das Uwe Wassermann verantwortlich ist. »›1958 beim Woodstock-Festival, wo Udo Jürgens seine Gitarre verbrannt hat. Und der Boney-M.-Schlagzeuger Zucker hatte‹, so wat würde mir nie einfallen.« Mike Lehmann spricht seinen Text professionell und räumt das Studio nach zehn Minuten für die Moderatoren, beziehungsweise »Funkbleppos«, Kuttner und Wosch. Jetzt ist er wieder Pluto, und Pluto muß dringend auf den Ku'damm. WOM soll das aktuelle Slayer-Video haben. Eine gute Stunde später stellt sich heraus: WOM hat kein Slayer-Video. Das Regal in der Abteilung »Heavy« ist so gut wie leer – wahrscheinlich wurde das Video doch noch nicht ausgeliefert, sinniert der ehemalige Herausgeber eines Metal-Fanzines und zieht sich die rutschende Jeans wieder hoch.

Das erste warme Getränk an diesem Tag, einen Tee, nimmt er auf dem Witwen- und Westlerboulevard zu sich. Hier erkennt den Guppy-Pfleger keiner. Mit »Weita, weita« landete er seinen ersten großen Hit. 1000 Jugendliche warteten am 23. Dezember 1994 rangelnd auf den Verkaufsbeginn der limitierten Auflage vor »City Music« am Alexanderplatz. Damals gingen Scheiben zu Bruch und ein Mädchen mußte ins Krankenhaus.

Krachender Kraftfahrzeugverkehr und vorweihnachtliches Gedränge: In einer Atmosphäre zwischen Avus-Rennen und »Ein Kessel Buntes« plaudert er gelöst über usbekische Abtreibungen, Einschaltquoten, seinen Manager, lange Haare, Ladys und alte Kameraden. Neulich habe ihn zum Beispiel ein alter Schulfreund angerufen und sein Leid geklagt. »Der muß täglich zwanzig Blagen erzählen, wie dit in der Penne mit mir war«, witzelt er, nun wieder ganz Mike Lehmann, zwischen zwei großen Schlücken gesüßtem Teebeutel-Instant. Pluto fällt häufig in die Rolle von Mike Lehmann. Peter Neuber gab es nur auf dem Internat und in der NVA. »Aber schreib dit nich, dit is mir peinlich mit der NVA.« Bei seinen Kumpels ist Peter Neuber unbekannt. Sie mögen Pluto, der Dick und Doof verehrt und Dieter Hallervorden gerne sieht, und sie sind stolz auf Mike.

Ein- oder zweimal die Woche begibt sich Mike Lehmann in die Nähe des Hackeschen Marktes. Auf dem zweiten Hinterhof ist es dunkel. Fin-

Mike Lehmann als Väterchen Frost ...

ster ist es auch im Kellergewölbe des baufälligen Seitenflügels. Mit brennendem Feuerzeug tastet er sich herzrhythmusstörenden Bässen entgegen. Hinter einer nur notdürftig den Schall isolierenden Schiebetür lärmen aber nicht etwa Arno und die Morgencrew. Die Jungs von Deep Stahl, einer Hardcore Metal-Band, gleichen eher den apokalyptischen Reitern. Fürs Foto mischt sich Mike unter seine Kumpels und hantiert an einigen Baßsaiten herum – ein Instrument beherrscht er nicht.

In seiner Stammkneipe im Prenzlauer Berg schwankt er nur kurz: »Rhabarber-Kakao oder Bier?« und teilt sich ein Salami-Baguette mit Whiskey, einem Hund. Stolz erzählt er Freunden von der 1000-Tage-Fritz-Party. Für den ersten Auftritt mit seiner Single »Umwälzpumpe« hatte er Go-Go-Boys angeheuert. Tätowierte, tonnenbrüstige Lederträger bestritten die Vorstellung in der »Arena« mit Cheerleader-Puscheln. Gegen Mitternacht bestellt er die erste »Penner-Mumpe« – Kirschsaft mit Bananensaft und Wodka. Und um drei Uhr ist die Welt für Mike Lehmann in Ordnung. Am nächsten Morgen wird er, ein unausweichliches Ritual, wieder nur Selter frühstücken können.

---

**Britta Geithe** *arbeitet als Redakteurin beim Berliner Stadtmagazin TIP; dort erschien im Heft 25/1995 auch ihr Porträt von Mike Lehmann.*

# Mike Lehmann – Die seltsamen Abenteuer des Mike L.

*Von Uwe Wassermann*

---

**M** = *Mike Lehmann;* **V** = *Vater der Tochter;* **T** = *Tochter des Vaters*
**P** = *Passantin*

**Erzähler:** Was bisher geschah:

**M** Ich bitte sie hiermit um die Hand ihrer Tochter!
**V** Moment ! *(Abhackgeräusch)*
**T** AAAAAHHHH!!!
**V** Hier ... bitte schön!
**M** Äh ...
**V** Ja ... der Rest bleibt hier!

**Erzähler:** Wie es danach weiterging, nun in einer weiteren Folge von:

**JINGLE: DIE SELTSAMEN ABENTEUER DES MIKE L.**
*(Tension-Atmo)*

**Erzähler:** Er stand am Fenster, Schaum vor dem Mund, in der Hand ein scharfes Messer ...
*(Atmo reißt ab, Mike pfeift ein nettes Liedchen)*
**Erzähler:** ... und begann sich zu rasieren...
**M** Mensch, da fällt mir ein, ick muß ja noch 'ne Kiste 18er Rundstutzen besorgen!
**Erzähler:** Da erinnerte sich Mike, daß er ja noch eine Kiste 18er Rundstutzen besorgen wollte ...
**M** Obwohl ... die könnte eijentlich mein Freund Gerd holen...
**Erzähler:** Ihm fiel jedoch ein, daß die ja sein Freund Gerd holen könnte ...
**M** Sach ma ... du bist aba 'n bischen langsam heute?!

**Erzähler:** Dann stellte Mike fest, daß ich heute ein bischen lang ...?... Sach mal, wie kommt'n das, daß du mich auf einmal hören kannst?

**M** äh ... na ja ... also ick hab da diese ... äh ... Ohren!

**Erzähler:** Ja, aber ich bin doch nachträglich in diese Geschichte hineinmontiert worden, da war dein Text schon lange aufgenommen worden.

**M** Ja, keene Ahnung wie dit jeht. Ick mein ... diesen Producern von Fritz is doch allet zuzutrauen. Man kann sich da irgendwie ooch nich wehren. Die jeben dir da einfach so'n Zettel und sagen zu dir: »So Herr Dr. Fröhlich, lesen se dis einfach ins Mikrofon – den Rest machen wir schon. Und ick mach dit ooch mit, ... weil die ja janz jenau wissen, daß ick mit meinen Zahnarzt-Honoraren alleen nie über de Runden kommen würde.

**Erzähler:** Moment mal ... Du bist in Wirklichkeit gar nicht ... also du ... äh ... sie spielen diesen Mike Lehmann nur?

**M** Na denkense der is echt? So Stulle, wie der is?

**Erzähler:** Also naja ...

**2. Erzähler:** Mike war sich in diesem Moment nicht ganz im klaren, ob er den Dialog, den sein Double gerade spielte, unglaublich dreist oder einfach zum Lachen finden sollte. Er entschied sich für Letzteres, bemühte sich aber dafür dann aber auch, einen Vorwand zu liefern und brachte somit wenigstens noch den hier:

*(Großstadtatmo abends)*

**M** Äh ... Hello! Whats your name?

**P** Watse alle nehmen Süßer! Fuffzich Mark!

**... und als Fischfütterer**

# Strafraumspezialist mit Bunkermentalität

## Reporter bei einem Aktionsradio

*Von Marco Seiffert*

---

Es ist unglaublich warm, in der Luft liegt fauliger Geruch, das Wasser steht mir bis zu den Knien, vor mir schwimmen zwei tote Hühner: So ist das also, für Fritz zu arbeiten! Mein erster richtiger Einsatz als Reporter für Fritz sollte mir gleich zeigen, was sich hinter dem Begriff »Aktionsradio« versteckt. Das Oder-Hochwasser zog 1997 ganz Deutschland, aber natürlich besonders Brandenburg in seinen Bann. Fast alle Fernseh- und Radiosender schickten Reporter in die Zilthendorfer Niederung, die den Bewohnern und Helfern bei der Arbeit zuguckten, berichteten, was sie gesehen hatten, und sich nachts in ihr Hotelzimmer legten, um am nächsten Tag wieder aktuell für ihre Zuschauer und Hörer zu berichten. Aber bei Fritz ist das ja anders: »Wir haben uns überlegt«, sagte die Redakteurin, »daß du für Fritz beim Hochwasser hilfst!« Hurra, nach meinem Praktikum bei Fritz war das mein erster richtiger Auftrag! »Damit du uns richtig verstehst: Du wirst mithelfen, Sandsäcke zu schleppen, Keller leer zu pumpen und dort wie ein ganz normaler Helfer leben.« Sollte es vielleicht auch mein letzter Auftrag sein?

Aber gut, ich ließ mich vorher noch impfen, schließlich bestand Seuchengefahr für die Helfer, und fuhr an die Oder. Doch mithelfen war gar nicht so einfach. Alleine helfen ging nicht, deswegen wollte ich mich dem Technischen Hilfswerk (THW) anschließen. Aber der Einsatzleiter wollte mich nicht. Nicht nur, weil ich nicht gerade aussehe, als könnte ich körperlich arbeiten, sondern vor allem aus »versicherungstechnischen Gründen«: »Wenn Ihnen was passiert, dann macht man mich verantwortlich dafür!« Mindestens eine halbe Stunde redete ich auf diesen Mann ein, damit ich die wohl anstrengendste Arbeit meines Lebens machen durfte. Schließlich unterschrieb ich eine Erklärung, daß selbst im Falle meines Ablebens niemand zur Verantwortung gezogen werden wird. Dann ging's endlich los: Ich bekam Arbeitsklamotten und Gummistiefel und wurde einer THW-Gruppe aus dem Schwabenland zugeteilt, die die Nase von den herumlungernden und im Weg stehenden Journalisten voll hatte. Um es genau zu sagen: Die mochten mich nicht! Zumindest erst mal. Bis sie merkten, daß ich wirklich helfen wollte. So war eine der Hauptaufgaben, diese unglaublich schweren Pumpen in Keller zu schleppen, Schläuche zusammenzuschließen und nach dem Leerpumpen Müll wegzuräumen, der vorher mal Hausrat war. Und Menschen zu trösten, die vor einem Schutthaufen standen, der mal ihr Haus war. Abends haben wir »Jungs vom THW« im Asylbewerberheim in Eisenhüttenstadt übernachtet. Die Lampen auf dem Hof waren schwarz vor Mücken, in den Zimmern stank es widerlich nach Desinfektionsmitteln (spätestens seit dieser Zeit werde ich wütend, wenn jemand behauptet, daß es Asylbewerbern in Deutschland zu gut geht). Ach ja, für Fritz sollte ich da ja auch arbeiten: Jeden Morgen und Nachmittag habe ich aus einer Telefonzelle bei den Radiofritzen angerufen und berichtet, was ich den ganzen Tag erlebt habe. Angekündigt wurde ich mit dem absurden Trailer: »Er ist jung, er sieht gut aus, er ist mit allen Wassern gewaschen (Fanfare) – Super-Marco! Im Kampf gegen Schlamm, gegen Mücken und für FRITZ!« Nur um Mißverständnissen vorzubeugen: Auch damals sah ich nicht gut aus, hab mich nur wenig gewaschen und war schon gar nicht »super«. Aber trotzdem danke für die Ehre, Redaktion!

Aber nicht immer müssen Fritz-Aktionen für den Reporter hart und anstrengend sein. Nein, es gibt auch – zugegeben, komplett verrückte – Aktionen, die mir praktisch nur Spaß gebracht haben. Zum Beispiel »Auf die Plätze, fertig, Toast!« 1999 hatte Fritz zusammen mit einer Brotfirma ein eigenes Fritz-Toast auf den Markt gebracht! Das gab's zu gewinnen und auch Toaster, die die Toastscheibe knusprig braun toasteten, allerdings ein »Fritz-F« weiß ließen. Rund ums Toastbrot entwickelte sich dann ein ziemlich krankes, aber auch einfaches Radiospiel: Ziel war, eine ungetoastete Scheibe Toastbrot in möglichst kurzer Zeit komplett aufzuessen. Klingt einfach, aber dieses Brot saugt einem in kürzester Zeit den Speichel aus dem Mund, so daß man zu ersticken droht. Dieser komplett sinnlose Wettkampf gegen die Uhr zog schnell Berlin und Brandenburg in seinen Bann. Von überall meldeten sich Bewerber, die glaubten, eine neue Bestzeit aufstellen zu können: Reporter wurden in Bäckereien, Schulen, sogar zu Polizeischulen und unzähligen Fritz-Hörern geschickt. Jeder durfte sich bewerben, damit ein Reporter zu ihm kommt, um von einem neuen Rekordversuch zu berichten! Und so bewarb sich JEDER! Zum Beispiel auch per Mail ein gewisser Ilias aus Athen! Er höre Fritz über Satellit und würde gerne versuchen, den Rekord zu brechen. Normalerweise geht man bei so einer Mail mit der Maustaste auf »delete«, doch irgend jemand bei Fritz kam auf die Idee: Vielleicht könnten wir ja einen Reporter zum Toast-Wettessen nach Athen schicken! Klang unmöglich, klappte aber! Ein Sponsor finanzierte den Flug, ich qualifizierte mich im Toast-Wettessen für diesen Job und stand plötzlich mit einem Paket Toastbrot am Flughafen.

In Athen hatten wir beim griechischen Rundfunk nach langem Kampf gegen die griechische Bürokratie ein Radiostudio gebucht, und so kam es mit Ilias zum ersten internationalen Toastwettessen mit dem Titel »Weiße Toaste in Athen« (frei nach dem Nana-Mouskouri-Schlager). Die Situation im griechischen Studio war an Absurdität kaum zu überbieten. Schon beim Empfang machte der Rundfunktechniker vor Ort ein ziemlich verwundertes Gesicht, er schien sich zu fragen: Warum bringt dieser bekloppte Reporter aus Berlin ein ganzes Paket trockenes Weißbrot in mein Studio? Nach enormen technischen Problemen und minutenlangen Fehlversuchen gelang es dem Techniker endlich, eine Rundfunk-Leitung zwischen Athen und Potsdam-Babelsberg aufzubauen. In seinem Gesicht war Erleichterung zu sehen, weil er offenbar dachte: »Jetzt kann dieser Reporter seinen wichtigen, aufwendigen Beitrag über die Stadt Athen nach Deutschland übermitteln.« Ilias und ich setzten uns an einen kargen Holztisch im Studio, ich nahm meine Stoppuhr und holte den Toast aus der Tüte, beschrieb kurz ins Mikrofon die Situation in Athen und schon ging es los. Ich rief »Auf die Plätze, fertig, Toast«, drückte auf die Stoppuhr und Ilias fing an, sich die Brotscheibe in den Mund zu stopfen. Das Gesicht des Technikers hinter der Studioscheibe werde ich in meinem ganzen Leben nicht vergessen: erst blankes Entsetzen, dann ein kurzes Lächeln (vermutlich dachte er in diesem Moment, er wäre bei der griechischen Version von »Versteckte Kamera«) und schließlich entglitten ihm die Gesichtszüge völlig: eine Mischung aus Wut, Verzweiflung, Haß, Irrsinn, Depression, sinnloser Euphorie und schließlich völliger Erschöpfung! Ilias hat den Rekord leider nicht gebrochen, bis heute ungeschlagen ist meines Wissens Kollege Ken Jebsen mit 29 Sekunden. Der Techniker hat uns zum Abschied nicht mal mehr die Hand gegeben.

Nicht so sinnlos wie Toastbrotessen in Athen war die Fritz-Aktion, die im Herbst 2000 in einem Waldstück bei Zechlin in Brandenburg stattfand. Überall war von »Big Brother« und interaktivem Fernsehen die Rede. Was aber war bei Big Brother interaktiv? Man konnte für teures Geld eine Nummer anrufen und entscheiden, welcher Kandidat den Container verlassen sollte. Fritz wollte eine wirklich interaktive Aktion starten und so waren schnell die »Waldländer« geboren. Fünf Fritz-Hörer wurden auf einer Waldlichtung ausgesetzt und sollten in der Natur überleben. Sie bekamen einen erfahrenen Survival-Experten zur Seite gestellt, Ole, den Waldmeister, und mußten verschiedene Aufgaben erfüllen und konnten immer wieder mit den Fritz-Hörern am Radio kommunizieren. Das ganze Projekt wurde »trimedial« begleitet; natürlich per Radioübertragung durch die Fritz-Reporter Nicole Markwald, Martin Böttcher und mich; gleichzeitig waren auf der Waldlichtung, auf der die fünf Waldländer die meiste Zeit verbrachten, Webcams installiert, so daß auf www.fritz.de das Geschehen verfolgt werden und darüber diskutiert werden konnte. Nachts gab es im ORB-Fernsehen Zusammenfassungen des Tagesgeschehens. Die Aufgaben, die die fünf Waldländer erfüllen mußten, waren komplett unterschiedlich. Aus Blättern und Beeren sollte ein wohlschmeckender Tee gekocht werden (es wurde ein, naja, Tee gekocht)! Unvermeidlich bei so einem Projekt ist natürlich das Würmeressen, und wirklich: Alle bissen ein Stück von diesem widerlichen, sandigen Wurm ab. Also alle Waldländer, ich natürlich nicht! Ich bin schließlich Vegetarier (und war selten so froh darüber)! Spannend waren Projekte wie Nachtorientierung im Wald, natürlich ohne Taschenlampe! Wie findet man sich in einer wildfremden, pechschwarzen Umgebung zurecht? Hier konnten viele Hörer, die sich mit dem Sternenhimmel auskannten, gut helfen. Doch was wäre bei bewölktem Himmel passiert? Am spannendsten für die Waldländer, aber auch die Fritz-Hörer, waren wahrscheinlich die Gespräche im »Blue Moon«, der in diesen Nächten oft fünf bis sechs Stunden dauerte. Die Waldländer saßen am Lagerfeuer, das ohne Streichhölzer in Gang gebracht worden war, die Fritz-Hörer zu Hause am Radio. Mindestens ein Waldländer mußte immer wach bleiben, da-

**Marco Seiffert mit Sasha (li.)**

mit das Feuer nicht ausgeht. Und nachts um drei, wenn die Glut knistert, aber die Feuchtigkeit doch in die Klamotten zieht und die Müdigkeit und der Hunger im Körper gegeneinander kämpfen, entstehen schnell spannende Dialoge über die Frage, was im Leben wirklich wichtig ist. Was sich jetzt vielleicht pathetisch und philosophisch anhört, wird in so einer Nacht zum selbstverständlichen Gesprächsthema und hat das Zuhören spannend gemacht. Für die Waldländer war es in diesen Nächten besonders schön, mal mit anderen Menschen zu reden als immer mit den gleichen Waldländer-Mitstreitern und Reportern. Die Waldländer waren übrigens keineswegs alle Öko-Freaks oder Survival-Fanatiker. Nein, ganz normale Schüler, Studenten und Azubis. Der Empfang im Fritz-Studio nach der Aktion war vor allem deswegen so schön, weil es belegte Schnittchen und Sekt gab. Auch Waldländer (und Reporter) lieben kalte Büffets.

Gar nicht nach spaßigen Aktionen war den Fritzen nach dem 11. September 2001 zumute. Alle sprachen von möglichen Gasangriffen auch auf Berlin, Überlebenspakete mit Gasmasken und Jodtabletten fanden reißenden Absatz und Bundesinnenminister Schily kündigte verschärfte Sicherheitsmaßnahmen an. Ständig kamen Meldungen über Atombunker und Luftschutzkeller, der Satz »Wenn was passiert, geh ich in den Keller« machte die Runde. Doch wie sollte Fritz das Thema behandeln? Nach langen Diskussionen setzte sich die Idee durch: Wir testen selbst das Gefühl des Überlebens im Luftschutzkeller. Klar gab es auch bei Fritz Einwände, daß das zynisch wäre und sowieso unrealistisch: Wenn man weiß, daß oben alles in Ordnung ist und man jederzeit nach Hause kann, ist das was ganz anderes, als wenn so ein Keller unter einer verseuchten Stadt die letzte Zufluchtsmöglichkeit ist. Die Einwände waren berechtigt, aber lieber eine halbrealistische Situation simulieren, als nur theoretisch drüber zu reden. Unsere Frage war: Hilft ein Schutzkeller gegen Angst? Für 33 Stunden wurden fünf Fritz-Hörer und ich in einen Keller unter dem Pfefferberg in Berlin-Prenzlauer Berg gesperrt. Zum Schlafen bekamen wir Bundeswehr-Feldbetten, in einer Ecke des grauen, kalten Raums stand ein Chemie-Klo und als Nahrung wurden uns Wasser und Bundeswehr-Überlebenspakete (staubtrockene Butterkekse, Instant-Tee und Kaffeepulver, Tütensuppe, zwei kleine Fertiggerichte in Aluminium eingeschweißt und ähnliche Leckereien) gereicht. Zubereiten konnten wir unsere Mahlzeiten mit einem Gaskocher. Der Kellerraum war nicht beheizt, hatte natürlich keinerlei Tageslichteinfall, konnte aber mit Kerzen und Neonröhren beleuchtet werden. Als ich etwa zwei Wochen vor der Aktion von der Fritz-Redaktion gefragt wurde, ob ich Lust hätte, als Reporter dabeizusein, hatte ich nach nur kurzem Zögern ziemlich begeistert zugesagt. Tatsächlich war die

Fritz-Aktion »Ein RadioFritze hat Angst – 33 Stunden Schutz im Keller« bis heute die einzige, bei der ich meine Zusage mehrmals und immer wieder bereut und verflucht habe.

In diesem Keller war es feucht und kalt. Dieses merkwürdige Trockenfutter, von dem die fünf Kandidaten und ich leben mußten, machte mich spätestens nach sechs Stunden hungrig und wütend. Aber das fehlende Tageslicht ist etwas, was ich komplett unterschätzt hatte: Wenn ich in einem Raum leben muß, der um 3 Uhr morgens die gleichen kalten, sterilen Lichtverhältnisse wie um 11, 18 und 23 Uhr hat, dann werde ich depressiv und übellaunig. Das schlimmste aber war die unglaubliche Langeweile! Als vorher von 33 Stunden die Rede war, dachte ich mir: Ok, das ist easy! Fast hätte ich 48 Stunden vorgeschlagen, weil's besser klingt ... Aber in diesen 33 Stunden schien die Zeit stillzustehen: keine Bilder an der Wand, kein interessantes Muster an der Decke, nur graue, leere Langeweile. Noch heute bin ich Kandidatin Henriette dankbar, daß sie nach einiger Zeit wenigstens ein Foto von »Bush«-Sänger Gavin Rossdale an die Wand gepinnt hat. Dieses Bild könnte ich noch heute sofort aus dem Kopf nachmalen, so oft und lange hab ich's mir angeschaut. Wer sich jetzt fragt: Warum habt ihr nicht wenigstens was gespielt, so klassische Autoreise-Spiele wie »Ich packe meinen Koffer und nehme mit ...«? Dank der Licht-, Essens- und Luftzustände in diesem Keller gingen uns solche Spiele spätestens nach zehn Minuten auf die Nerven. Und wir uns gegenseitig auch. Das Fazit dieser 33 Stunden? Unabhängig von den Zuständen über der Erde ist ein Leben in so einem kargen Keller über einen längeren Zeitraum kaum zu ertragen! Also bei einem Atom- oder Giftgas-Angriff lieber gleich draufgehen? Den Satz haben mir viele in Gesprächen über diese Aktion hinterher gesagt, aber wenn es denn soweit wäre, rennt man wahrscheinlich doch sofort in den Keller.

Meine bislang letzte und auch längste Fritz-Aktion lief im Sommer 2002. Wieder wurde ich eingesperrt, aber diesmal freiwillig und mit jeder Menge Spaß! Neben dem eigentlichen Studio befindet sich, nur durch eine Schiebewand getrennt, ein weiterer Raum, der für Live-Konzerte, Lesungen und andere Events vorgesehen ist. Irgendwann ging ich, direkt nach den »Radiofritzen am Morgen«, in diesen Raum. Warum, weiß ich heute auch nicht mehr. Ich sagte zu irgend jemandem: »Naja, wenn ich meine Miete mal nicht mehr zahlen kann, könnte ich ja hier einziehen.« Keiner von uns dachte sich was dabei, bis irgendwann eine interne Mail rumging: »Wer Ideen hat, was Fritz zur Fußball-WM 2002 machen könnte, sollte bitte zur WM-Sitzung kommen!« Da kam mir der Gedanke wieder, ich könnte da ja einziehen. Natürlich war mir klar, daß fast alle diesen Vorschlag absurd finden würden, aber vorschlagen kann man ja! Und wie's so kommt: Letztlich fanden die meisten die Idee gut und so war »Marcos Strafraum« geboren. Für die kompletten 30 Tage der WM wurden die Fritz-Studios mein neues Zuhause. Ein Möbelhaus sponserte Schlafcouch, Fernsehtisch, Stehlampe, Vitrine und Couchtisch, ein anderer Sponsor lieh uns für die WM einen überdimensionalen Fernseher (1,10 Meter Bildschirmdiagonale) und eine Soundanlage, die Stadionatmosphäre aufkommen ließ. Zwei Stunden vor dem Anpfiff des Eröffnungsspiels (Senegal hat Frankreich übrigens sensationell mit 1:0 besiegt) saß ich auf meiner Couch und der Spaß konnte losgehen.

Anfangs waren jeden Tag drei Spiele. Oft wurde ich, vor allem von Frauen, gefragt: Ist das nicht langweilig, den ganzen Tag nur Fußball zu gucken? NEIN, natürlich nicht! Eine komplette Fußball-WM live verfolgen, kein Spiel verpassen, in der Halbzeit nur kurz auf Toilette gehen oder sich aus der Kantine Essen bringen zu lassen – das ist definitiv das Paradies! Ok, manchmal dachte ich, wie ist das Wetter eigentlich, wir haben doch gerade Sommer? Aber was soll's, den Sommer gibt's jedes Jahr, eine WM nur alle vier Jahre! Und das Tollste war: ich mußte die Spiele fast nie alleine gucken, ich bekam jede Menge prominenten und nicht-prominenten Besuch. Zweimal guckte ich mit Schulklassen (die Luft im Strafraum war dabei wie im Pumakäfig), dann mit der damaligen Miss Germany Katrin Wro-

**Die Angst des Torwarts beim Elfmeter**

bel (die erste Frau, die ich kenne, die die Italiener nicht »sooo süß« fand), danach mit Alf Ator von Knorkator (optisch definitiv ein Abstieg), und auch Enie van de Meiklokjes war da und trauerte mit mir über die Niederlage der Südkoreaner im Spiel um Platz drei. Ein besonderer Gast war Henning von den H-Blockx. Auf der Bühne geht's bei den Jungs ja ziemlich heftig zu, aber als er bei mir um 8.30 Uhr morgens ankam, war mir sofort klar: Der ist echt in Ordnung! Superbescheiden ist er, hat sich immer wieder bedankt, daß er mit mir auf diesem tollen Fernseher Fußball gucken darf. Leider hatte er noch nicht gefrühstückt, was diesem Vormittag eine ungeahnte Wende gab. Denn in meinem Strafraum standen auch zwei Kühlschränke, einer gefüllt mit Energy-Drinks, der andere gefüllt mit Bier und »Agent Apple«, einem Bier-Apfelsaft-Gemisch! Ich erinnere mich noch genau an Hennings verhängnisvollen Satz: »Nee, Bier kann ich am frühen Morgen nicht trinken, da bin ich sofort breit, aber dieses ›Agent Apple‹ würd' ich gern mal kosten.« Er kostete insgesamt vier Flaschen. In seinem Magen befanden sich daneben höchstens 50 Gramm Chips, dazu hatte er wenig geschlafen. Bei den ersten beiden Flaschen wußte er noch, wie das Getränk heißt, danach nannte er es abwechselnd »Agent Orange«, »Apple Orange« oder »Äbbelwoi«. Auch seinen eigentlichen Job bei mir, die Spiele für die Hörer zu kommentieren, konnte er nicht mehr hundertprozentig erfüllen. Das Spiel, das er kommentierte, war zwischen Dänemark und Senegal: »Und eben haben wir 'ne schöne Chance für die Kameruner gesehen.« Darauf ich: »Äh, Henning, das ist Senegal!« »Eine schöne Chance für die ›Senegaler‹, ohnehin sind die Kameruner deutlich besser als die Schweden!« Dänemark gegen Senegal ging am Ende übrigens 1:1 aus. Und Henning hat nicht gekotzt!

Schön war auch der Besuch von Sasha, der ja mit seiner WM-Hymne »This Is My Time« zu der Zeit gerade in den Charts war. Er ist großer Borussia Dortmund-Fan und man könnte ja meinen, so ein Promi kennt die Großen dieser Welt und läßt sich durch nichts beeindrucken. Aber er war gerade vorher in Japan und Südkorea gewesen, so fragte ich ihn, ob er denn auch mit Rudi Völler gesprochen hat. »Nein, mit Rudi nicht, aber mit den Dortmunder Nationalspielern Jens Lehmann und Sebastian Kehl!« Und dabei glänzten seine Augen wie die eines kleinen Jungen. Aber ein Autogramm hat er sich nicht geholt.

Extra aus Düsseldorf war Campino von den Toten Hosen angereist, und zwar für das, wie er selber betonte, »Hammerspiel« zwischen Rußland und Tunesien. Es wurde eines der langweiligsten Spiele der WM, aber Campino war als Sportreporter wirklich groß. Brisant wurde die Situation erst, als er meinen Tip für das später anstehende Spiel zwischen Argentinien und England sah. Campino ist Halb-Engländer und der wohl weltgrößte Fan des englischen Teams. Ich hatte nun dummerweise 4:1 für die Südamerikaner getippt. Als er das sah, sprang er vom Sofa und brüllte: »Sag mal, was bist du denn für einer? Ich dachte, du kennst dich wenigstens ein bißchen aus! Aber du bist ja komplett ahnungslos! Wenn ich das gewußt hätte, wäre ich erst gar nicht gekommen.« Er holte kurz Luft und redete aufgeregt weiter: »Komm, wir wetten! Alles, was ich besitze, gegen alles, was du besitzt!« Tatsächlich überlegte ich kurz, weil sein Einsatz ja deutlich höher gewesen wäre als meiner, aber so sicher war ich mir dann doch nicht. Er legte noch nach: »Du kannst von mir haben, was du willst, wenn das 1:4 ausgeht. Hier, du kannst meinen linken Arm haben!« Am Ende hat England 1:0 gewonnen. Was soll ich auch mit Campinos linkem Arm?

---

**Marco Seiffert** *ist bei Fritz Reporter und Moderator (»Radiofritzen am Morgen«, »Blue Moon«). In seiner Jugend hat er hinter der Bar gejobbt und Zeitschriften wie »Neue Revue« und »Praline« ausgetragen. Nach dem Abi an der FU Berlin Politologie studiert, Volontariat beim »Nord-Berliner« und das Studium abgebrochen. Aufgrund einer Kette von Fritz-internen Fehlentscheidungen ist aus seinem Praktikum bei Fritz ein längerer Job geworden.*

# Powerschalter der Anlage auf »ON«?

## Heinz – das König unter die Radiospiele

*Von Günther Rau*

10. Juni 1997. Robert Skuppin und ich standen auf der Bühne einer kleinen Halle auf dem Kölner Messegelände und empfingen für unser Radiospiel »Heinz« den »Go-Radio-Journalistenpreis für Radioaktionen«, vergeben von der Bundeszentrale für politische Bildung. Unten im Auditorium saß das Fachpublikum und applaudierte. Das hätten wir uns nicht träumen lassen, damals, 1996, an den Schreibtischen der Fritz-Redaktion.

Fast wären wir mit der Arbeit fertig gewesen an diesem Mittwoch Nachmittag im September. Schon seit Montag hatten Robert und ich uns Gedanken gemacht über das Programm der nächsten Woche. Wir hatten Themen ausgesucht, recherchiert, Gäste eingeladen, Telefoninterviews vereinbart, mit den Moderatoren der nächsten Woche gesprochen, kurz, all das getan, was ein anständiger Planungsredakteur zum Gelingen des Fritz-Programms beizutragen hat. Gerade lehnten wir uns in unseren Stühlen zurück, als Frank Menzel aus der Musikredaktion vor unseren Schreibtischen auftauchte und stolz die vor wenigen Sekunden aus dem Preßwerk eingetroffene Fritz-CD »Quote 97«* präsentierte. »Jungs, die muß unbedingt in der kommenden Woche im Programm beworben werden! Denkt euch was aus!« Sprach's, verschanzte sich wieder hinter CD-Stapeln in seiner Musikredaktion und ließ uns mit dem Problem allein.

Schnell waren Robert und ich uns einig, daß ein Radiospiel genau das Richtige wäre, um die CD vorzustellen. Nur – welches? Es folgte die Phase des Rumspinnens. Allerlei Spiele haben wir skizziert und aus den verschiedensten Gründen wieder verworfen. Am Ende der Diskussion war das Spiel entstanden, das später einmal als »das König unter die Radiospiele« in die Fritz-Annalen eingehen sollte und dessen Spielregeln für ein Radiospiel gar nicht so einfach zu vermitteln waren:

*Der Fritz-Moderator nennt alle auf dem Fritz-Sampler »Quote 97« vorhandenen Titel und ruft dazu auf, sich telefonisch am folgenden Spiel zu beteiligen: Zwei Hörer müssen sich mit dem Telefonhörer neben ihrer HiFi-Anlage befinden, wo sie bereits einen Titel ihrer Wahl von »Quote 97« eingestellt, aber noch nicht gestartet haben. Auf ein Kommando des Moderators müssen beide Kandidaten zeitgleich die »Play«-Taste des CD-Spielers drücken, der Lautstärkeregler der Anlage muß dabei aber zunächst auf »0« gestellt sein. Erst auf ein weiteres Kommando des Moderators müssen beide Spieler gleichzeitig den Telefonhörer an die Lautsprecher halten und den Lautstärkeregler ihrer Anlage aufdrehen. Wer Stereo empfängt, hört dann aus dem linken Lautsprecher den Titel des einen Kandidaten, aus dem rechten Lautsprecher den des anderen. Mono-Hörer hören einen »Soundbrei« aus beiden Stücken. Haben die Spieler zufällig den gleichen Titel eingelegt, gewinnen sie den Fritz-Sampler »Quote 97«.*

Jetzt standen wir vor dem vorletzten Problem: Wie sollte unser neues Spiel heißen? Weil wir mittlerweile völlig abgedreht waren und selbst die abwegigsten Sachen vorschlugen, um uns dann darüber totzulachen, schlug ich vor, das Spiel »Heinz« zu nennen. Das sei doch ein schöner Name für ein Spiel bei einem Sender, der Fritz heißt. Robert war einverstanden. »Heinz?

**Ken spielt Heinz**

Super, so machen wir das, unter diesem Namen stellen wir unser Spiel auf der Wichtigsitzung vor«.

Das letzte Problem, eine wirkliche Hürde, war zu nehmen: »Heinz« mußte die wichtige Wichtigsitzung passieren. Die Wichtigsitzung war die tägliche Sitzung des Fritz-Programm-Managements mit der Chefredaktion. Was auf dieser Sitzung abgenickt wurde, kam ins Programm; was nicht die Mehrheit der Sitzungsteilnehmer fand, wurde eben nicht realisiert. Um es gleich vorweg zu nehmen: Leicht hatten Robert und ich es nicht, als wir am nächsten Tag voller Enthusiasmus unser Spiel vorstellten. Große Heiterkeit und Zustimmung bei den einen Kollegen, Skepsis bei den anderen. Wie die Wanderprediger haben Robert und ich auf die Runde eingeredet und für »Heinz« gekämpft. Viele konnten sich nicht vorstellen, daß ein so kompliziertes Radiospiel von den Hörern angenommen werden würde. Letztlich setzte die Chefredaktion der länglichen Diskussion ein Ende, indem sie entschied, daß »Heinz« das Licht der Öffentlichkeit erblickten sollte. Aber nicht etwa, um die »Quote 97« bekannt zu machen, nein, wenn schon, dann richtig. »Heinz« sollte über mehrere Wochen gespielt werden und statt CDs sollten »richtige« Preise winken. Flugreisen für zwei Personen zum Beispiel, HiFi-Anlagen oder wenigstens tragbare CD-Player.

Nachdem wir die ersten »Heinz«-Runden gespielt hatten, passierten denkwürdige Dinge. Innerhalb kürzester Zeit erfreute sich »Heinz« einer unglaublichen Beliebtheit. »Heinz«-Fans schickten uns »Heinz«-Auto-Nummernschilder (z.B. H–1), »Heinz«-Socken (ich habe heute noch mehrere Paare), »Heinz«-Zeitungen und viele andere »heinzige« Sachen in die Redaktion. Andere stellten sich mit Pappschildern, auf denen zu lesen stand »Ich bin ein Heinz«, in die Fußgängerzone ihrer Stadt. Noch nie hatte ein Radiospiel bei Fritz für so viel Furore gesorgt. Das Spiel funktionierte einwandfrei, und das, obwohl – anders als wir es ursprünglich geplant hatten – die Kandidaten nicht etwa nur einen der 20 »Quote 97«-Titel einstellen mußten, sondern jeder beliebige auf CD verfügbare Titel für das »Heinz«-Spiel zugelassen war. Es stellte sich heraus, daß sich nach einigen Spielrunden »Favoriten-Titel« herauskristallisierten. Wer regelmäßig Fritz hörte und das Glück hatte, ins Studio durchgestellt zu werden, hatte, sofern er einen dieser »Favoriten-Titel« eingelegt hatte, gute Aussichten auf – nun ja – eine Flugreise für zwei Personen, eine HiFi-Anlage oder wenigstens einen tragbaren CD-Player.

»Heinz« haben wir bei Fritz fast ein halbes Jahr lang gespielt: einmal zwischen Anfang Oktober und Ende November 1996, dann noch einmal zwischen Ende Januar und dem 1. März 1997. Der Höhepunkt der »Heinzomania« war erreicht, als wir am 1. März 1997, dem Tag, an dem Fritz vier Jahre alt wurde, »Städte-Heinz« spielten, das Spiel, bei dem Potsdam, Frankfurt, Perleberg, Cottbus und Berlin gegeneinander »Heinz« spielten. »Heinz«-Fans in den fünf genannten Städten waren aufgerufen, mit eigenen CDs zum Fritz-Ü-Wagen in ihrer Stadt zu gehen und mit den anderen Städten »Heinz« zu spielen. Zu gewinnen war eine von Fritz ausgerichtete Party für die Gewinnerstadt mit den Stargästen Bürger Lars Dietrich und Der Wolf. Perleberg hat den »Städte-Heinz« damals gewonnen und eine rauschende Party gefeiert. Zu diesem gigantischen Hype haben – neben den vielen, vielen humorvollen Fritz-Hörerinnen und Hörern – vor allem auch die Fritz-Redakteurinnen und Redakteure mit ihren schrägen Ideen beigetragen. Sie dachten sich im Vorfeld des Städte-Heinz »Heinz-Parades« aus, ließen »Heinz« zum Ehrenbürger von Potsdam machen oder die Hörerinnen und Hörer Heinz-Torten backen. Das Fernsehen drehte Beiträge über unser absurdes Radiospiel und die Lokalzeitungen schrieben insbesondere über den »Städte-Heinz«. Hier ein paar Schlagzeilen von damals:

»Kreisstadt im HEINZ-Fieber«
(MAZ, Perleberg, 18.2.97)
»Heinzer Stadtmusikanten« auf der Glienicker Brücke
(PNN, 19.2.97)
»Fritz sucht Heinz«
(BZ, 24.2.97)
»Mach dich zum Heinz!«
(LR, 1.3.97)
»Was sagt die Jugend zum Ehrenbürger Heinz?«
(MAZ, 1.3.97)

Wir bei Fritz waren vollkommen überrascht von diesem Erfolg und vor allem über das große Medieninteresse an unserer kleinen Aktion. Nach dem »Städte-Heinz« am 1. März 1997 haben wir den guten, alten Heinz aus dem Programm genommen und ihn auf einen Sockel in der Radiospiel-Hall-of-Fame gesetzt. Dort sitzt er bis zum heutigen Tag. Einige Zeit später hat unser Kollege Volker Hartel Robert und mir vorgeschlagen, uns mit »Heinz« um den »Go-Radio-Journalistenpreis für Radioaktionen« der Bundeszentrale für politische Bildung zu bewerben. Alle bei Fritz, besonders aber Robert und ich, waren sehr stolz, als man Heinz tatsächlich einen Preis zuerkannte. Nicht den ersten, wohlgemerkt, aber einen Sonderpreis mit der Begründung, daß diese von Fritz eingereichte Aktion in keine Kategorie passe, aber so abgefahren sei, daß dies schon wieder preiswürdig sei. Da standen wir nun auf der Bühne in Köln, nahmen als »Heinz«-Väter stellvertretend für Fritz den Preis entgegen und genossen den Applaus des Fachpublikums. Sofort nachdem wir die Bühne verlassen hatten, kam ein Vertreter eines großen Privatsenders in NRW auf uns zu und wollte wissen, was er machen müsse, um in seinem Sender auch »Heinz« spielen zu dürfen. Wir haben dem Mann einen Korb gegeben. »Heinz«, das König unter die Radiospiele, gehört untrennbar zum König unter die Radios. Und das heißt ja bekanntlich Fritz.

* *Quote 97: eine CD mit ausschließlich deutschen Bands, mit der Fritz sich auf seine Weise an der nervigen Diskussion um eine Radio-Quote für Musik aus deutschen Landen beteiligte.*

**Alle machten sich zum Heinz**

**»DER HEINZ-CHECK«**

| Moderator: | Die beiden Mitspieler: |
|---|---|
| Powerschalter der Anlage auf ON ? | Roger. |
| CD eingelegt? | Roger. |
| Musiktitel eingestellt? | Roger. |
| Lautstärkeregler auf Null? | Roger. |
| Radio aus? | Roger. |
| Mit dem Telefon neben dem Lautsprecher? | Roger. |
| Dann bitte jetzt »Play« drücken. | Roger. |
| Zum »Take Off« beim Kommando »HEINZ« den Telefonhörer an die Box halten und den Lautstärke-Regler ganz aufdrehen. | Roger. |
| Fünf, Vier, Drei, Zwei, »HEINZ« | |

---

**Günther Rau** *war von März 1993 bis Mai 2002 Programm-Manager bei Fritz und arbeitet seit Juni 2002 beim Westdeutschen Rundfunk in Köln.*

# Von der Hertha-Couch ins Soccer Team

## Sport auf Fritz

*Von Michael C. Lücke*

---

»Sport ist für Fritz als Jugendprogramm besonders wichtig, denn vor allem junge Menschen interessieren sich sehr für Sport und treiben auch am häufigsten aktiv Sport. Sport stellt daher eines der zentralen Themen im Fritz-Programm dar. Ebenso ist Sport häufig Bestandteil von Jugendkultur, wie etwa Basket- und Streetball, wo Sport, Mode und Musik eine für Fritz geradezu ideale Einheit bilden.« So zitierte die »BZ am Sonntag« am 29.12.1996 den damals stellvertretenden und jetzigen Chefredakteur von Fritz, Konrad Kuhnt. Unter dem Motto »Lauschangriff auf den Sport« hatte die Berliner Tageszeitung alle Berlin-Brandenburger Radiosender auf ihre sportliche Kompetenz hin untersucht. Ihr Fazit: »Bei Fritz wissen die Moderatoren, wovon sie reden. Und viel mehr geht wirklich nicht! Der Sport-Radiosender Nr. 1 für Kids im BZ am Sonntag-Hörtest ein bärenstarker 2. Platz in der Gesamtwertung.« Der Grund für die große Kompetenz bei den jugendlichen Hörern liegt in der allgemeinen Philosophie von Fritz begründet. Als selbst definiertes Event-Radio verfolgt und kreiert Fritz Trends; auf den Sport bezogen setzt es auf ereignisorientierte Berichterstattung. Und sportliche Ereignisse, gerade im Freizeitsport, gab und gibt es seit dem 1. März 1993 viele. Das Geburtsjahr von Fritz war gleichzeitig das Geburtsjahr des adidas-Streetball-Challenge (1993–98), den Fritz mit eigenen Hörer-Mannschaften bereicherte, für den Fritz ein Showprogramm entwarf (u.a. Run DMC, Dog Eat Dog), und den Fritz jeweils zwei Tage vor dem Olympiastadion moderierte und im Tagesprogramm begleitete. In den Folgejahren gab es jugendrelevante Sport-Events, wie den DFB-adidas-Cup, den Berlin-Marathon (seit 1997), Beach-Volleyball auf dem Alexanderplatz (1996), »Langnese«-Beach-Soccer (1998), sowie diverse Skate-Events wie die »Blade Nights« in Berlin, Potsdam und Cottbus. Letztere wurden im Fritz-Programm durch spezielle »Skate-Wochen« begleitet, über die in Live-Reportagen berichtet und die ebenfalls mit Fritz-eigenen Hörer-Teams bereichert wurden. Der adidas-Streetball jedoch war für Fritz doppelt wichtig, gab es doch über Basketball eine Verbindung zu Alba Ber-

**M.C. Lücke und Dekembe Mutombo**
**von den Denver Nuggets beim adidas-Streetball 1995**

lin, seit 1994/95 der erste und bislang einziger Medienpartner im professionellen Vereinssport. Der Aufstieg von Fritz und Alba verlief parallel. Am Beispiel Alba Berlin läßt sich aber auch eine zweite Fritz-Philosophie im Hinblick auf die Sportberichterstattung ausmachen: der Trend zur Personalisierung. Sport funktioniert im Jugendradio neben dem Service, also Tips und Nachrichten, und dem Begleiten bzw. Gestalten von sportlichen Trend-Events, vor allem über »Personalitys«, konkret Sportlern, die das Zeug zum »Pop-Star« haben. Aus dem Kader von Alba Berlin wählte Fritz zwei Spieler aus, die beide über ein Praktikum zu Fritz-Mitarbeitern wurden: Stephan Baeck, der während seiner Zeit in Berlin durch Beiträge und Co-Moderation an Sendungen mitwirkte, später aus Saloniki eine ständige Kolumne anläßlich der Europaligaspiele auf Fritz gestalten durfte, und Henning Harnisch, der einst als »Flying Henning« mit Deutschland Europameister wurde. Henning Harnisch, der schon früh mit »Hennings Hausmusik« eine eigene Musiksendung auf Fritz hatte, und somit Sport und Pop-Kultur perfekt vereinte, war auch mitverantwortlich dafür, daß es seit dem 20. Mai 1999 endlich eine feste, dreistündige Sport-Sendung auf Fritz gibt, den »Sport-Blue Moon«. Ziel und Schwerpunkte der Sendung: den Blick über den Tellerrand werfen, unabhängige und kritische Diskussionen mit Studiogästen, vor allem aber mit den Hören führen, quasi ein Stammtisch im Radio, inhaltsreicher als in der Eckkneipe nebenan, aber ebenso kontrovers und in dieser Form einmalig in der deutschen Rundfunklandschaft. Gemeinsam mit Henning Harnisch und unter Mithilfe von Gabi Beck gelang es mir, den »Sport-Blue Moon« zu einer regelmäßigen Einrichtung zu machen. Leider verabschiedete sich Harnisch nach nur vier Sendungen im August von Fritz und somit auch vom »Sport-Blue Moon«. Der letzte am 20.8.99 zum Thema Sport-Reportagen bleibt aber auch durch das Mitwirken der Radio-Legende Rudi Michel unvergessen.

Am 7. Mai 2000 hatte sich mit den SAT 1- Moderatoren Lou Richter und Oliver Welke nach langer Suche adäquater Ersatz gefunden. Der »Sport-Blue Moon« brach auf in neue Abenteuer, persönlicher und inhaltlicher Natur, wie »Unser Mann bei ran«, Olli Welke, zu berichten weiß: »Eigentlich müßte der »Sport-Blue Moon« den sperrigen Untertitel ›Mit MC Lücke und Olli Welke aber immer ohne Lou Richter‹ tragen. Denn tatsächlich war das Sport-Blue Moon-Gründungsmitglied Lou Richter so selten dabei, daß viele Hörer ihn mittlerweile für eine Erfindung oder einen Mythos halten. All jenen sei an dieser Stelle erneut versichert: Es gibt ihn wirklich, er lebt mit Frau und Tochter in Hamburg und erklärt immer mal wieder, ›demnächst‹ bei einer ›Blue Moon‹-Ausgabe mitwirken zu wollen. Kille, kille! Überhaupt zieht sich das Thema ›Gebrochene Versprechungen‹ wie ein roter Faden durch unsere charmante kleine Show. So wurden beispielsweise Hunderttausende mit absurden Versprechungen in den ersten offiziellen ›Horscht Hrubesch-Fanclub‹ gelockt. Die Aktivitäten des Clubs bis heute: Zero, in Zahlen 0! Dabei hatte das Kicker-Sexsymbol der frühen Achtziger, sprich Hotte himself, mehrfach Interesse an einem Treffen mit den Clubmitgliedern signalisiert. Warum es dazu nie kam? Weil die Clubführung aus einem Haufen fauler, nichtsnutziger Säcke besteht. Und da nehme ich mich selber gar nicht aus. Eigentlich wollen wir nur einmal im Monat drei Stunden mit anderen Verhaltensgestörten über das einzige Thema sprechen, das uns ernsthaft interessiert: über Fußball. Und wir wollten das Sendegebiet missionieren. Ich im Dienste des altehrwürdigen Ballsportvereins Borussia Dortmund, Herr Lücke im Auftrag des Satans, auch bekannt unter dem Pseudonym FC Bayern. Noch schöner als die kleinen Scharmützel unter Ansagern sind aber natürlich die Begegnungen mit dem Hörer an sich. Mit unserer Lieblingsfanin aus Cottbus zum Beispiel; mit sogenannten Hertha-Anhängern, die zwar jeden einzelnen Spieler zum Kotzen finden, aber trotzdem glauben, daß Hertha Meister wird. Oder auch mit ernsthaft behandlungsreifen Menschen, die stundenlang nur über den Wrestling-›Sport‹ sprechen wollen. So bleibt die Sendung auch für ihre Macher spannend. Und mal im Ernst: öffentlich über Fußball reden dürfen und das auch noch für Geld, da wären wir ja schön bescheuert, wenn wir damit aufhören würden. Erst recht jetzt, wo Lou

**Oliver Welke, M.C. Lücke und Lou Richter**

Richter doch demnächst wieder einsteigt. Hat er versprochen.« Soweit Olli Welke. Trotz seiner zuletzt immensen Erfolge im TV (Nr. 1 bei SAT 1-ran während und nach der WM 2002; zusätzliches Engagement bei »7 Tage, 7 Köpfe« ab Februar 2003) hat Olli Welke öffentlich dem »Sport-Blue Moon« die Treue geschworen, was uns natürlich sehr glücklich macht. Fritz sieht sich auch im Sport als Vermittler zwischen den Stars und den Fans. Exemplarisch hervorgehoben sei die »Hertha-Couch« (1997/98), bei der ein Hörer einen Platz auf der Presse-Tribüne gewinnen konnte, um dann begleitet von einem Fritz-Reporter (meistens den Fritz-eigenen Hertha-Fans Marion Pinkpank und Marco Seiffert) das Spiel zu analysieren, inklusive einem Treffen und Interview mit einem Spieler. In diesem Zusammenhang sei auch der Fritz-eigene »Alba Fan-Pub« (seit 1997) erwähnt, in dem nach den Alba-Spielen jeweils zwei Albatrosse zwischen 400–1000 Fans Rede und Antwort standen, zumeist moderiert von den Alba-Fans Tom Böttcher, Marco Seiffert und Steffen Simon, musikalisch untermalt von Meikel Schulz, und gerne auch mal in der Max-Schmeling-Halle selbst unter dem passenden Motto »Overtime« veranstaltet. Im Herbst 2002 lebten dann die gemeinsamen Aktivitäten von Fritz und adidas wieder auf. Seit dem Start von Fritz und adidas-Streetball im Jahre 1993 sind beide Medienpartner, und Fritz ist in diesem Zusammenhang schon ein bißchen stolz, daß die Drei-Streifen-Weltfirma aus Herzogenaurach ausgerechnet

Unsere Albatrosse: Jan Weyrauch und Tom Böttcher (re.)

unser Programm als einzigen Radio-Partner auserkoren hat! Mit den »Roof Basketball«- und »Pool Soccer«-Turnieren im September 2002, großartig moderiert von Tom Böttcher, knüpfen Fritz und adidas wieder an inhaltliche Bestrebungen an, jugendlichen Sportfans einen Raum für ihre Leidenschaft in einem jugendgerechten Ambiente zu ermöglichen. Die Idee, sich das Dach eines Hochhauses oder den Pool eines stillgelegten Schwimmbads sportlich zu eigen zu machen, um somit innovativ auf den notorischen Sportplatzmangel der Hauptstadt zu reagieren, könnte fritziger nicht sein und stammt doch, das muß man dem Partner lassen, von adidas.

Tja, und adidas ist auch ein wichtiges Stichwort, wenn es um das mittlerweile legendäre Fritz-Soccer-Team geht. Ermöglicht unser Sponsor uns doch das Verteilen von rot-gelben Trikots in Berlin und Brandenburg an siegreiche Gegner, oder sagen wir es im Sinne der immer überaus freundschaftlichen Begegnungen, Spielpartner, und das schon in der mittlerweile fünften Saison. Schillernde Fritz-Persönlichkeiten wie Mike Lehmann, Trevor Wilson, Marco Seiffert (in den ersten drei Jahren auch Co-Trainer, seit 2002 ist dies Lilli Löffler), Stefan Warbeck, Tom und Martin Böttcher, Henning Wächter, Philip Meinhold, Stephan Michme (im Nebenberuf SCYCS-Sänger), Jan Weyrauch, Des Squire, Martin Petersdorf, sowie der frühere Basketball-Nationalspieler Henning Harnisch haben bereits für die Rot-Gelben ihre Knochen hingehalten. Hauptsächlich aber besteht das Soccer-Team aus Fritz-Hörern bzw. Fans, die sich 1999 in den Städten Berlin, Brandenburg, Cottbus, Frankfurt/Oder und Potsdam bei sogenannten Sichtungslehrgängen qualifizieren mußten. In jedem Jahr gibt es vor der neuen Saison einen Sichtungstag, traditionell auf dem Platz des FSV Babelsberg, bei dem neue Spieler das Team ergänzen. Zwei Jahre lang waren die Fußball-Fritzen mehr oder weniger »Prügelknaben«. Die gegnerischen Sprechchöre »Ihr seid nur ein Trikotlieferant« erschallten nicht zu Unrecht, konnten die Rot-Gelben doch nicht mehr als ein Viertel ihrer Spiele gewinnen. In den letzten beiden Jahren jedoch hat die harte Arbeit des Trainers und der Mannschaft Früchte getragen: jeweils recht knapp wurden mehr der rund 20 Saisonspiele gewonnen als verloren! Was die Mannschaft stolz und froh macht, läuft der eigentlichen Idee des Fritz-Soccer-Teams aber fast schon zuwider. Der Gag, der besondere Kick bei der Sache ist ja, daß sich die Fritzen bei einer Niederlage »nackisch« machen müssen, denn sie müssen sich auf dem Platz, vor teilweise bis zu 500 Zuschauern, ausziehen, und dem Gegner die Trikots schenken. Die Fritz-Trikots sind mittlerweile ähnliche Kultobjekte wie die legendäre Fritz-Wollmütze, zumal es die exklusiv von adidas entworfenen Leibchen nicht zu kaufen gibt. Für die einmalige Chance, die in dieser Saison ganz in Rot gestalteten Trikots zu erkämpfen, müssen die Herausforderer im Vorfeld einiges tun. Man braucht einen Platz, eine Anlage, damit während des Spiels ordentlicher Sound läuft, mindestens einen Grill, sowie einen ewig sprudelnden Zapfhahn. Somit wird der Auftritt des Fritz-Soccer-Teams jedes Mal zu einem Ereignis, und da die Jungs (Altersdurchschnitt: 21 Jahre) nicht nur gut kicken, sondern auch besonders gut aussehen, erstreckt sich der Anforderungskatalog der weiblichen Fans vom Autogrammeschreiben bis zur Erwiderung von Liebesbriefen. Längst wollen auch Mannschaften aus Sachsen, Sachsen-Anhalt und Mecklenburg-Vorpommern gegen die Rot-Gelben antreten, doch bei über 100 Anfragen im letzten Jahr allein aus Brandenburg, gibt es für die Fußball-Fritzen in der Heimat noch viel zu tun! Ob Vereinsmannschaft, Hobby-, Theken-, Schüler-, Studenten- oder Freizeitmannschaften, ob Bunte-Liga, Drogen-Liga, Handballer, Ringer, Ruderer oder Frauenmannschaften, das Feld der Herausforderer kann uns gar nicht bunt genug sein. Auf daß es auch in den kommenden zehn Jahren bei Fritz heißt: Wenn Fritz, dann Sport Frei!

---

**MC Lücke:** *Studium der Amerikanistik, Publizistik und Theaterwissenschaften. Als Autor und Reporter bis 1990 für den »sf-beat« tätig, danach Redakteur im Wort- und Musikbereich, später Moderator für Radio 4U. Seit dem 1. März 1993 als Moderator bei Fritz beschäftigt: »Soundgarden« und »Blue Moon«.*

**Trikotlieferanten**

# WEITA WEITA

Schmeiß mal den Mandelbrenner an
Wollta wieda Begrüßungsjeld
Äh, wo iss'n hier der Bass
Sagen se mal das Lied geht doch

Weita Weita
Weita Weita

Robert Lemke, Bärbel Hontz,
Professor Flimmrich, Täve Schur,
Pionierchor Omnibus, Tadeusz Punkt,
Barta Illic, Hauf & Henkler, Heinz Quermann,
Klaus Feldmann, Regina Thoß, Frank Kutzynski
Und wie geht's?

Weita Weita

Dixie Dörner, Hansi Kreische, Mork
Vom Ork, Babajaga, Rolf und Rüffel,
Sigmund Jähn, Adolf Hennecke,
Buratino, Rex Gildo, Herr Fuchs und
Frau Elster, Spejbel und Hurvinèk
Und wie geht's?

Weita Weita

Jetzt iss aber zu Ende.

MIKE LEHMANN / UWE WASSERMANN

# »Wir hatten gedacht, daß Kuttner kommt.«

## Das Kreuz mit den fritzigen MA-Aktionen

*Von Frauke Niemeyer*

---

Es war schon immer ungerecht. Was die moderne Technik den Fernsehkollegen jeden Morgen schon zum Frühstück serviert, wird dem Radio bis heute verweigert: die Einschaltquoten. Ein Radioprogramm sendet 24 Stunden ins Blaue hinein und die Redaktion kann die meiste Zeit nur erahnen, wieviele Menschen auf der anderen Seite ihr Empfangsgerät eingeschaltet haben. Eingeschaltet haben reicht, richtig zuhören tut ja eh keiner. Manno. Nein, halt, das ist jetzt wieder nur der Radio-Frust, den alle schieben, denen oft genug von Bekannten erzählt wurde: »Ich hab neulich was von dir im Radio gehört.« »Ach wie nett, was war es denn?« »Ääähh. Also das war ..., das ging um ... Ich war gerade beim Abwasch, da mußte ich mich so konzentrieren.«

Obacht! Nicht in die Frust-Falle tappen, schließlich hören Dauerhörer Birne und Marianne zu. Aber reicht das, um der ARD jedes Jahr Millionen für unser Jugendprogramm aus der Tasche zu ziehen? Nein, das reicht nicht. Die ARD will Gewißheit, die Werbekunden wollen Gewißheit und die Radiofritzen wollen beweisen, daß man eine stattliche Hörerschar versammeln kann, ohne Phil Collins zu spielen. Um Gewißheit über die Zahl der Hörer in der werberelevanten Zeit von 8 bis 18 Uhr zu erlangen, hat man die Medien-Analyse, kurz MA, erfunden. Im Frühjahr und Herbst rufen Interviewer in Berlin und Brandenburg mehrere tausend Leute an und stellen u.a. die entscheidende Frage: »Welchen Sender haben Sie gestern gehört?«

Um zu erreichen, daß eine Mehrheit der Befragten hier das eigene Programm nennt, machen Radiosender in den Wochen vor und während der Umfrage durch immer neue originelle Aktionen auf sich aufmerksam. Zum Beispiel verlosen sie einmal pro Stunde 100 Euro. Oder einmal pro Tag 1000 Euro. Oder einmal pro Woche 10.000 Euro. Auch Fritz legt sich ins Zeug. Der Unterschied zwischen der Fritz-Aktion und den Aktionen der Privatfunker ist der, daß unsere nichts kosten soll. Schließlich finanziert sich Fritz als öffentlich-rechtliches Programm aus Gebühren. Die Radiohörer würden, vor die Wahl gestellt, sicherlich entscheiden, daß mit ihren Gebühren Radio gemacht werden soll und nicht Werbung. Außerdem sind fritzig-kreative Chaos-Aktionen natürlich sympathischer, als in der Morningshow um 7 Uhr 05 einfach ein Auto an denjenigen rauszuhauen, der als erster anruft und »Super Oldies und das beste von heute!« brüllt. Während andere, vorwiegend private Sender die Hauptstadt während der MA-Phase mit Plakatwänden zupflastern, leistete sich Fritz zum Beispiel 1998 ein einziges Plakat. Damit es alle mal sehen konnten, wurde es von den Reportern übers Land gekarrt. Außerdem konnte es Musik machen.

Den Visagen der Privatfunker, die einen in Berlin von tausend Bushaltestellen angrienen, ein einziges Plakat entgegensetzen – das war natürlich eine klasse Idee, unkonventionell, kreativ und also fritzig. Genau wie die Radiofritzen als Kneipenwirte in der »UnverwechselBAR Fritz« (1997), »Heinz – das König unter die Radiospiele« (1997) oder die »Toastparole« (1999), mit eigens entwickelten Vollchromtoastern, die ein Fritz-F in die Toastscheibe brennen konnten. »Kreativität war noch nie unser Problem«, sagte unser Chef letzten Sommer bester Laune (die MA-Zahlen waren super gewesen ...). Das stimmt einerseits. Andererseits wurde die Kreativität der Redaktion zuweilen ein massives Problem für die Reporter, die jene brillanten Kopfgeburten dann on air umsetzen mußten. So sieht es nämlich aus: Was die ARD in zehn Jahren an Geld sparte, weil bei Fritz statt eines Autos Dinge wie Wollmützen oder Holzhühner verlost wurden, das haben die Reporter mit den Nerven bezahlt. Dementsprechend war und ist die Reaktion auf Rundmails wie die folgende meist verhalten: »Am Mittwoch ist um 14 Uhr Vollversammlung im Konferenzraum. Bitte kommt zahlreich, denn es geht unter anderem um die neue MA-Aktion.« In den verbleibenden Tagen bis zum Mittwoch sieht man Fritz-Reporter mit sorgenvoller Miene durch die Flure schleichen. Schlimme Erinnerungen, die man längst ins Unterbewußtsein abgeschoben hatte, brechen sich Bahn, und vor dem geistigen Auge erscheinen Orte wie eine Zehlendorfer Oberschule und Menschen wie die Klasse 8 b. Das bereits erwähnte klingende Fritz-Plakat haben die Reporter 1998 nämlich wochenlang morgens auf Schulhöfe gezogen, wo es einzelne Klassen mit Schaumgummi-Bällen bewerfen durften. Wer bestimmte Kontaktpunkte traf, und das Plakat so zum Klingen brachte, gewann für die gesamte Klasse ... ja ... also ..., gewann irgendwas. Es war leider in der gesamten Redaktion nicht möglich, irgend jemanden aufzutreiben, der sich erinnern könnte, was die gesamten Klassen bei der MA-Aktion im Winter 1998 genau gewannen. Wir haben es alle vergessen. Aber es war bestimmt was ganz Tolles, Gratis-Zwieback oder so. Auch ich war bei dieser Aktion zum Reporterdienst eingeteilt und an jenem Tag morgens um 8 Uhr in Zehlendorf mit der Klasse 8 b verabredet. Die Zeit bis zur Ü-Wagen-Einblendung um 8 Uhr 20 wollte ich nutzen, um die Schüler auf ihren Radioauftritt vorzubereiten. Für eine Fritz-MA-Aktion-Live-Einblendung gelten zwei Maximen: Der Hörer muß mitkriegen, daß Super-Stimmung ist, und es darf nicht länger als drei Minuten dauern. Das ist simpel, birgt aber Gefahren. Denn der Reporter muß in diesem Fall ansprechend und kurz über ein Ereignis berichten UND ist auch noch für das Ereignis selbst verantwortlich. Will er also gute Stimmung reportieren, muß er zuvor dafür sorgen, daß gute Stimmung herrscht (oder es sich zumindest so anhört, als herrsche sie).

Nehmen wir die Situation der 8 b. 30 Schüler stehen um 8 Uhr auf dem Schulhof. Es ist Februar, sie sind müde, sie haben noch sechs Stunden Langeweile vor sich. Nicht die klassische Situation für gute Stimmung. Als MA-Aktionen-Reporterin kann ich nun versuchen, die Schüler dazu zu bringen, daß auch sie ein vitales Interesse am Erfolg der Einblendung entwickeln, sozusagen »auf meiner Seite« stehen. Eine gern angewandte Methode von Radiofritzen, Schüler auf die eigene Seite zu ziehen, ist das Vermitteln des Eindrucks, man stehe auf *ihrer* Seite. Hierzu gibt man unter Aufbietung größtmöglicher Phantasie und Nennung von allerlei Kraftausdrücken zwei, drei frei erfundene Schülerstreiche aus seiner Jugend zum Besten und korrigiert den eigenen Abitursschnitt gegebenenfalls um zwei Noten nach unten. (Ich selbst kann auch mit meiner Originalnote den Eindruck unterstreichen, ich hätte in der Schule nie was getan.) Nun kann man das Hauptproblem in Angriff nehmen: die hörbar gute Stimmung der 8 b.

Ich stehe draußen am Plakat mit der Klasse. »Paßt auf, Leute«, sage ich in lockerem Tonfall und überlege, ob es statt »Leute« nicht noch einen jugendlicheren Ausdruck gegeben hätte. Die Mädchen schauen mich müde an, die Jungs reden über Fußball. Zu spät, denke ich und fahre fort. »Die Moderatoren sprechen mich gleich über Kopfhörer an, und dann sage ich ins Mikro, daß ich bei euch bin, und ihr seid die 8 b und heute super ausgeschlafen. Hier der Beweis! Dann halte ich euch das Mikrofon hin, und ihr ruft total laut GUUUUTEN MOOOORGEN. Aber echt alle und total laut, dann klingt das im Radio super! Wir proben das einmal, okay? Also ich simuliere jetzt mal.« Man beginnt, völlig aufgekratzt und drei Tonlagen höher als normal wie ein Idiot in das ausgeschaltete Mikrofon und damit die unendliche Leere zu quatschen: »Hallo Tom und Jan, jaaa, ich stehe hier auf einem Schulhof in Zehlendorf, umringt von 30 Schülern der 8 b, die heute auf unser Plakat werfen wollen, und ich kann euch versichern, die 8 b ist schon super ausgeschlafen! Hier der Beweis!« Ich halte das Mikrofon hin. Der Klassenstreber und drei Mädchen stoßen ein »Gu ...« hervor, kommen jedoch nicht durch, weil sich der größte Teil der Klasse inzwischen über GZSZ unterhält. Ein kleinerer Teil stellt Vermutungen darüber an, ob wegen der Aktion wohl die zweite Stunde auch noch ausfällt. Die Klassenlehrerin fragt, ob ich Aufkleber dabei habe. Ihre Tochter sei Fritz-Fan. Ich wende mich nochmals der Klasse zu und versuche, ein Gemisch aus Lockerheit und Nachdruck in die Stimme zu legen: »Okay, das muß gleich noch viel peppiger kommen, ja? In fünf Minuten geht es los.« Die Lehrerin berichtet, gestern seien alle begeistert von der Aussicht gewesen, bei der Fritz-Aktion mitzumachen. »Wir hatten gedacht, daß Kuttner kommt«, mischt sich ein vorlauter Basecap-Banause ein. Und sie hätten auch gedacht, daß sie im Radio ihren Schul-Rap vorrappen können. Mit Schaumgummibällen schmeißen sei voll uncool. Was für ein dummes Großmaul, denke ich – und dann: Dummes Großmaul? Das ist mein Mann! Das ist mit Sicherheit der Chef in der 8 b, und wenn ich den auf meiner Seite habe, sind alle 29 dabei. »Was ist denn das für ein Rap?« frage ich. Im Kopfhörer kündigen die Radiofritzen gerade an, daß sie nach der nächsten Musik live zu Frauke nach Zehlendorf schalten werden. Es folgt »Män-

Frauke Niemeyer mit der Zehlendorfer 8 b

ner sind Schweine« von den Ärzten. Also noch vier Minuten und 28 Sekunden. »Na, voll cool, Mann. Über unsere Schule«, sagt der Junge. »Den haben wir für das Schulfest gemacht.« »Und den wollt ihr vor 100.000 Leuten im Radio rappen?« Ich muß ihn jetzt ganz heiß machen. »Klar, ist doch cool, Mann.« »Wie lang ist denn der?« »Nicht lang.« Ich denke an die drei Minuten Einblendungszeit, in der auch noch der Plakatwurf vorkommen muß. »Wie lang?« »50 Zeilen.« »Okay, ihr könnt davon zehn Zeilen machen.« Darauf er: »So ein Quatsch Mann, wir brauchen mindestens 40.« – »Na gut. zwölf.« – »36.« – »18«. Wir einigen uns auf 20, und ich erinnere nochmals daran, daß gleich alle ganz laut ... Ach ja, die 8 b. 20 Sekunden später ging es damals los, das Großmaul und sein Gefolge töteten emphatisch »GUUUUTEN MOOOORGEN« ins Mikro, rappte hernach sehr niedlich und schmiß mit Schaumgummibällen, daß ich sie alle ins Herz schloß. Daß die MA-Einblendung dennoch scheiterte, lag an dem Wackelkontakt zwischen Lautsprecher und Plakat. Das gab bis zum Schluß keinen Ton von sich.

Während die eben beschriebene MA-Reportage dadurch schwierig wurde, daß die Zahl der weiteren Beteiligten mit 30 recht unüberschaubar und schwer zu händeln war, drohte dem Radiofritzen bei anderen Aktionen schlicht die Vereinsamung. Zum Beispiel um 6 Uhr 20 hinter einem Busch

**Das klingende Fritz-Plakat**

an einer Straßenkreuzung am Rand von Frankfurt/Oder. Darauf wartend, daß irgendein Hörer vorbeikommt, und auf der Fritz-Plakatwand die Gewinntelefonnummer für die Reise nach New York freirubbelt. (Ja, es gab nicht nur Wollmützen zu gewinnen. Aber oft. So!) Die Dreiviertelstunde, die damals verging, ehe der Gewinner vorbeikam, habe ich mir immerhin beigebracht, wie man Handytasten drückt, ohne dafür die Fausthandschuhe auszuziehen. Wer weiß, wo einem das später noch mal nutzen kann.

Oder im Herbst 2000, als sich Kollegin Kerstin Topp bei der MA-Aktion »Ein F verschwindet« neun Stunden in einem Cottbusser Park versteckt hielt und darauf warten mußte, von einem Hörer entdeckt zu werden. Als in der achten Stunde Hörerin Luise die gesamte Rechercheleistung der Hörerschaft durch eine extrem dämliche Frage wieder um Längen zurückwarf, hatte Kerstin laut eigenem Bericht bereits Phantasien von Lynchmord und Selbstjustiz. Der Gewinner, der sie dann um 16 Uhr 20 der Raserei nah fand, fand wiederum seinen Gewinn, eine fünftägige Reise nach Portugal, zu kurz und darum popelig. Das erklärte er 30 Sekunden vor der Einblendung, so daß nach neun Stunden Warterei innerhalb von 20 Sekunden ein neuer Gewinner gefunden werden mußte. Der Redakteur vom Dienst kommentierte die Einblendung hinterher recht trocken mit »Klang etwas wirr.« So wird von den Fritz-MA-Reportern immer wieder höchste Konzentration auf das Wesentliche bei ständiger Umorientierung auf die sekündlich wechselnden Gegebenheiten gefordert. Fazit: Fritz-MA-Aktionen machen die Hörer nicht reich, aber dafür die Reporter schlank und halten geistig fit. Am Ende zählt sowieso nur: hörbar gute Stimmung und unter drei Minuten.

---

**Frauke Niemeyer:** *1990–1993 diverse Aushilfsjobs, unter anderem Briefträgerin im Berliner Wohnbezirk von Roland Kaiser. 1993–1999 Redakteurin und Reporterin für Fritz und für andere ARD-Anstalten. Seit 1999 Moderatorin bei Fritz. 2000–2002 Volontärin an der Evangelischen Journalistenschule in Berlin.*

# www.fritz.de

## Der Sprung ins Netz ohne doppelten Boden

*Von Lutz Schramm*

---

Wenn man so will, hat das Fritz-Internet im Herbst 1993 begonnen. Damals jedenfalls wurde die Idee, es wirklich zu tun, das erste Mal gedacht. Aber natürlich bedeutete »Internet« zu der Zeit etwas anderes als heute. Inzwischen meint jeder, der Internet sagt, Webseiten. Tolle Webseiten. Wobei die Ansichten, was toll ist und was nicht, weit auseinandergehen. Im Herbst 1993 jedenfalls fiel mir in einer Buchhandlung in Atlanta ein schmales Paperback von Tracy LaQuey in die Hände. LaQuey war damals Manager bei Cisco Systems und hatte es geschafft, ein Vorwort von Al Gore zu bekommen, dessen Idee vom »Information Superhighway« Anfang der 90er die Runde machte. Das Buch »The Internet Companion, A Beginner's Guide of Global Networking« machte mich irgendwie an, mit seinen schlichten Erklärungen über Mail, Usenet, Telnet und all den Kram. Ich mußte (!) das ausprobieren. Ich hatte ein knappes Jahr vorher meinen ersten Computer gekauft (368er Vobis, 4MB RAM, DOS 5, Windows 3.0). Jetzt meldete ich mich also bei Compuserve an. Ich kaufte weitere Bücher und stellte fest, daß das Einrichten einer Mailbox kein großes Problem sein dürfte. Anfang 1994 machten wir in den frisch bezogenen Fritz-Gefilden in Babelsberg Ernst. Für die Installation der Mailbox wurde ein Telefonanschluß mißbraucht, der in meinem Büro in der ersten Fritz-Etage frei war. Nach dem Motto »erst machen, dann fragen« (was mir schon beim DDR-Radio in den meisten Fällen weitergeholfen hatte), wurde die Mailbox installiert und an den Anschluß 731 3941 gekoppelt. Mitte '94 gab es in der Box Diskussions-Bretter zu einzelnen Sendungen, auf denen die User Musikwünsche loswerden und Manuskripte, Playlisten (Stahlwerk und Puttin' on the Fritz) oder Charts runterladen konnten. Der heute noch als »Fritz die Woche« bekannte Newsletter wurde in der Mailbox das erste Mal verteilt. Später gab's dann auch Bilder und Audios »zum Saugen«. Die Mailbox war natürlich was ganz anderes als das Web heute, es konnte sich immer nur ein User »gleichzeitig« einloggen. Es gab auch keine Möglichkeit, Infos mit anderen Boxen auszutauschen.

Im Laufe des Jahres hatte sich die Box einigermaßen herumgesprochen. Sie machte inzwischen so viel Arbeit, daß Trevor Wilson und ich uns die

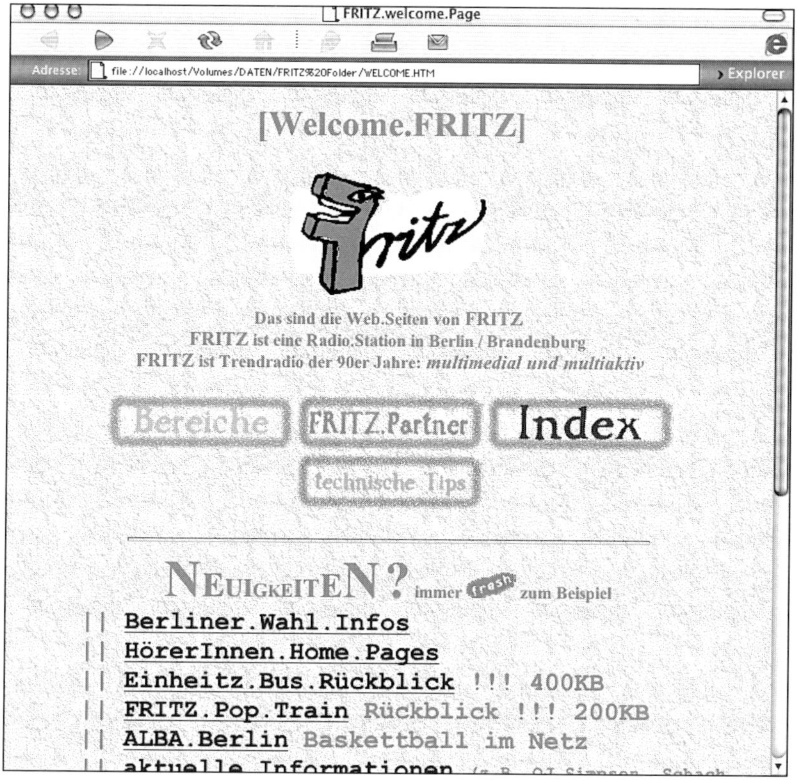


**Screenshot von 1995**

Betreuung mit anderen Usern teilten. Dieses Prinzip ist heute noch bei den Fritz-Chats sinnvolle Praxis. Ich erinnere mich, daß die meisten technischen Probleme später von einem interessierten Hörer mit dem Spitznamen Sinus gelöst wurden. Parallel zur Mailbox entwickelte sich ein anderer Strang in Richtung Internet. Johnny Haeusler und Bernd Albrecht waren damals bereits intensive Nutzer des Online-Dienstes Compuserve. Über die beiden kam es zum Kontakt mit einem Betreuer des deutschsprachigen Forums GerWin bei Compuserve. Gemeinsam mit ihm entstand die Idee, auch dort Material für interessierte Fritz-Hörer abzulegen. Durch die Hilfe der Berliner Operatoren existierte vom Sommer 1994 bis Ende 1996 eine entsprechende Sektion in diesem Forum. Unter dem Titel »Fritzware« gab es Audios und Bilder und im Bereich »ORBit« konnte man mit und über Fritz diskutieren. So hatten wir schon eine ganz andere Erreichbarkeit als in der Mailbox. Es konnten beliebig viele Nutzer gleichzeitig an die Daten und es konnten sich auch mal solche zu uns verirren, die bisher noch nichts von Fritz gehört hatten. Aber Internet im heutigen Sinne war das natürlich auch noch nicht.

Im Herbst 1994 stellte Fritz-Chef Helmut Lehnert den Kontakt zu der Berliner Firma Art+Com her. Art+Com plante für den November eine Ausstellung, auf der die zukunftweisenden Erfindungen der Firma präsentiert werden sollten. Fritz wurde als Medienpartner eingeladen. Bei der Ausstellung »Fenster im Netz« hat Fritz erstmals eine Stunde pro Tag komplett digital aus einem externen Studio gesendet. Per ATM-Leitung war ein Sendepult in den Räumen von Art+Com in der Budapester Straße in Berlin mit dem ORB-Netz in Babelsberg verbunden. Es entstanden diverse Ideen, wie Fritz mit Art+Com zusammenarbeiten könnte. Das wichtigste Ergebnis dieses Brainstormings war das sogenannte »Labyrinth«, ein interaktives Telefonsystem, in dem man sich gemeinsam mit anderen Besuchern »bewegen« kann. Als quasi Abfallprodukt dieser Entwicklung konnte das System auch als Telefonvoting eingesetzt werden. Mit dem Labyrinth, das etwa anderthalb Jahre später erstmals produktiv eingesetzt wurde, hat Fritz verschiedene Sendeideen realisiert. Ein Highlight war die Sendung »Forbidden Fritz« mit Patricia Pantel und verschiedenen Gästen von »Verbotene Liebe«. Das Telefonvoting ist noch heute im Einsatz, auch wenn die darin eingesetzte Hard- und Software inzwischen schon zwei Generationen hinter dem aktuellen Stand liegt. Der Kontakt mit Art+Com führte dazu, daß im Herbst 1994 die ersten Webseiten von Fritz ins Netz gestellt wurden.

Ich selbst hatte damals nicht die geringste Ahnung von HTML. Aber ich verrate sicher kein Geheimnis, wenn ich hier sage, daß diese »Sprache« sehr leicht zu verstehen ist, wenn man sich traut. Und ich traute mich. Mit Copy&Paste und ein paar hilfreichen Tips der Hacker von Art+Com gelang es mir, eine Startseite und ein paar informierende Folgeseiten zu basteln. Das Material war ja bereits für die Mailbox und Compuserve zubereitet. Leider ist aus dieser Zeit kein Screenshot überliefert. Soweit ich es in Erinnerung habe, waren es vor allem weiße Seiten mit viel Text. Von strikter Corporate Identity des Webauftrittes konnte damals sicher nicht die Rede sein. Die Seiten selbst lagen auf dem Server von Art+Com. Die Adresse war dementsprechend www.artcom.de/ fritz. Damit war Fritz mit der Deutschen Welle, die ihren Internetauftritt im Oktober 1994 startete, eine der beiden ersten deutschen Radiostationen mit Infos im Web.

Auch wenn 1995 noch nicht wirklich viele Menschen das Internet genutzt haben – irgendwie wurde es doch anerkannt, daß sich ein paar Fritz-Mitarbeiter um den Auftritt kümmerten. Es kam ein Kontakt zu Pixelpark zustande, damals gehörte Pixelpark zu den ersten, die sich professionell um Webauftritte von Firmen kümmerten. Mit ihrem Projekt »Wildpark« hatte die junge Multimedia-Company ein Web-Magazin im Angebot. Im Sommer 1995 zogen die Webseiten von Fritz auf einen Pixelpark-Server um. Von diesem Zeitpunkt an existierte auch die korrekte Adresse: www.fritz.de. Bereits im ersten Jahr war der Webauftritt das ideale Medium, um optisches Material von der Love-Parade zu liefern. Es gab unterstützende Infos zur Chaos Computer Club-Aktion gegen französische Atomtests und jede Menge Zusatzmaterial zu den Fritz-Aktionen des Jahres. Die ersten Audios stammten von einem Interview mit den Rolling Stones und in Zusammenarbeit mit Pixelpark gab es eine erste Konzertübertragung per Realaudio von einem Auftritt von The Orb in der Berliner Waldbühne. Anfang 1996 kam mit den neuen Seiten zu »Puttin' on the Fritz« ein erster »Sub-Bereich« mit eigenem Profil zum Angebot. Trevor Wilson hatte gemeinsam mit dem Comic-Zeichner Naatz die Figuren World Wide Wally und Inter Annette erfunden, die den User durch diverse Ebenen groben englischen Humors treiben sollten. Genauso wie Fritz am Anfang seiner Webaktivitäten auf die Hilfe anderer angewiesen war, hat Fritz zu dieser Zeit anderen geholfen. So wurden die ersten Webseiten des Potsdamer Clubs »Lindenpark« und die vom Basketball-Verein Alba Berlin bei Fritz gemacht.

In den ersten beiden Jahren hat Fritz außerdem einen Bereich gepflegt, in dem die Webseiten von Hörern und Hörerinnen verlinkt waren. Echte Interaktionen waren zu dieser Zeit allerdings noch rar. In der ersten Fassung des Fritz-Webauftrittes gab es weder Chat noch Boards. Reaktionen von Hörern kamen immer nur per Mail und wurden gelegentlich ins Netz gestellt. In Sachen Interaktion tat sich erst 1996 wirklich etwas, es sollte das erste Sendeexperiment geben, bei dem Radio, Netz und Realwelt zusammenkamen.

Im September 1996 fand in Hannover die erste CeBit-Home statt. Die neue Messe bot dem jungdynamischen Radiosender günstige Konditionen für einen eigenen Stand. Das war die Gelegenheit, die bis dahin vage existierenden Ideen für eine »interaktive« Radioshow auszuprobieren. So wurde der CeBit-Home-»Blue Moon« zu einem aufregenden Science-Fiction-Adventure. Tommy Wosch wurde auf die C-Base »entführt« und mußte dort mit Hilfe der Hörer verschiedene Probleme lösen. Die Hörer standen mit der Redaktion in Hannover per Chat und Telefon in Kontakt, während Tommy in der C-Base ein Live-Hörspiel produzierte. Im Web konnte man anhand von (teilweise vorproduzierten) Bildern die Geschichte mitverfolgen. Irgendwie waren am Ende alle überrascht, daß das Konzept aufgegangen ist und eine Mordsgaudi war's auch. Dieses Experiment war der Nukleus diverser anderer mehr oder weniger ähnlich gelagerter Sendungen. Bereits ein halbes Jahr später war Fritz die Zentrale der »Web Crash Party«, eines Webevents, bei dem verschiedene Stationen rund um den Globus (Okinawa, San Francisco, Wien, Paris) zusammengeschaltet waren, um nach einem verschollenen virtuellen Radiomoderator zu suchen. Bei dieser Gelegenheit hat Fritz erstmals mit Livebildern im Netz gearbeitet. Dank Johnnys Haeuslers CeeUCeeMe-Reflector konnte man Bilder von Hörern, aus der C-Base und aus dem Fritz-Studio sehen. Die Webkünstler Beusch/Cassani hatten die Idee für das ein Jahr lang dauernde Event, dessen Endpunkt die Jubiläums-Party bei Fritz war. Fritz hat bei dieser Sendung nicht nur mit der Kombination Internet und Radio experimentiert, sondern auch eine experimentelle Form der Radio-Produktion ausprobiert.

Während nach und nach andere Radiostationen begannen, das Web für sich zu entdecken, war programmbegleitendes Internet für Fritz bereits Routine. 1997 nutzte der interaktive Radio-Krimi am Sonntag, »Der Ohrenzeuge«, das Netz, um Indizien für die zu lösenden Fälle anzubieten. Bei »Puttin' on the Fritz« gab es einen ersten Fritz-Chat und es wurden das erste Mal zwei Boards eingerichtet, in denen die Nutzer direkt Infos und Meinungen austauschen konnten. Im Sommer 1997 trennte sich Fritz von Pixelpark und wechselte zum Berliner Internet-Provider Interactive Networkx. Dafür kaufte der ORB erstmals einen eigenen Rechner für den In-

**Love-Scout Holger Klein auf der Liebesparade 1999**

ternetbereich, eine Sparc von Sun. Fritz stand ein cleverer Systemadministrator zur Verfügung, Frank »Sambi« Holzkamp, seinerzeit bei Fritz für die Betreuung der damals leider nicht wirklich funktionierenden digitalen Sendesysteme zuständig. Mitte 1997 wurde der erste Realaudioserver aufgesetzt, über den Fritz immerhin schon mal das »LoveRadio« übertrug. Zu den ersten regelmäßig per Realaudio gestreamten Sendungen gehörte dann natürlich das »Chaosradio«, seit Ende 1995 monatliches Gastspiel des Chaos Computer Clubs auf den Wellen von Fritz. Die Philosophie des Fritz-Auftritts orientierte sich an der Idee »Content is King«. Das entsprach zum einen den zu dieser Zeit bestehenden Möglichkeiten im Bereich Webdesign, zum anderen aber auch der personellen Zusammensetzung der kleinen Webredaktion. Den Benutzern der Fritz-Website schien das recht zu sein. Die meisten Stammbesucher lobten die schnellen Seiten, die ohne Plugins funktionierten.

Lutz Schramm holt einen Preis ab

Der ORB war und ist an verschiedenen Projekten beteiligt, die im Bereich der Medientechnik und der Telematik angesiedelt sind. Das erste dieser Projekte hieß »Mirage«. Die Partner, unter anderem Art+Com und die englische Fernsehproduktionsfirma Planet 24, hatten sich die Aufgabe gestellt, den Rahmen für »trimediale« Produktionen zu entwickeln. Trimedial meint hier, daß Fernsehen, Radio und Internet in einem Format gleichberechtigt miteinander funktionieren sollten. Es war nicht einfach. Interessanterweise konnte der Teil, der die Kombination von Radio und Internet betraf, am schnellsten umgesetzt werden. Weil die Herstellung von Radioprogrammen wesentlich unkomplizierter und flexibler ist als die von Fernsehen. Entsprechend schwer war dann das Zusammenbringen von Fernsehen und Radio. Eigentlich gab es diese Kombination erst 2000 bei den »Waldländern«. Aber der Reihe nach. Im Januar 1999 ging »Tommy rennt« an den Start. Eigentlich auch wieder »nur« eine Radio/Internet-Produktion, die aber mit Fernsehmitteln dokumentiert wurde. Wieder stand Tommy Wosch im Mittelpunkt des Experiments. Diesmal wurde seine Assistentin Konstantina »entführt«. Tommy hatte die Aufgabe, mit Hilfe der Hörer und Webuser herauszufinden, was mit ihr geschehen war. Bei dieser Sendung standen Fritz deutlich mehr Möglichkeiten zur Verfügung.

Mit Hilfe einer Art+Com-Software war es möglich, in dem Webauftritt zur Sendung jedem Ereignis ausführliche Hörerreaktionen und Bild- bzw. Tondokumente zuzuordnen. Parallel dazu konnte in einem komfortablen Chat kommuniziert werden. An der Produktion der Lifesendung »Tommy rennt« waren zwölf Redakteure beteiligt. Nach diesem Experiment hatten alle Beteiligten viel über die Kombination von Radio und Internet gelernt. Das eigentliche Ziel, alle drei Medien erfolgreich zu kombinieren, war aber nicht erreicht worden.

Nach »Mirage« gab es ein weiteres EU-Projekt, dem Fritz Ideen geliefert hat und dessen Ergebnisse Fritz nutzen konnte. Im Rahmen von »Trimedia« entwickelte Art+Com das so genannte Urban-Jungle-Pack. Diese mobile Internet-Reporter-Ausrüstung trug Holger Klein bei der Love Parade 2000 als »Love-Scout«. Ein Jahr später reporterten die »Love-Sistas« Julia Vismann und Kerstin Koch ebenfalls mit dem UJP auf der Love Parade. Mit der Sendung »Waldländer« im Herbst 2000 gelang es, das erste Mal wirklich auch das Fernsehen in das Konzept zu integrieren. »Waldländer« war als Alternativ-Konzept zu den damals boomenden Reality-Soaps vom Schlage »Big Brother« gedacht. Nicht der Kampf der Kandidaten gegeneinander, sondern das »Überleben« der Akteure miteinander und unter Mithilfe der Zuschauer und Hörer war die Botschaft. Im Netz wurden die einzelnen Etappen dieses dreitägigen Abenteuers dokumentiert und mit Informationen der Hörer und der Redaktion zur Unterstützung der »Waldländer« angereichert. Im Nachtprogramm des ORB-TV konnte man die am Tage aufgezeichneten Bilder aus dem Camp der Waldländer sehen und gleichzeitig per Telefon mit den Protagonisten die verschiedenen Aspekte diskutieren. Damit übernahm das Fernsehen die Rolle des Dokumentaristen, quasi als Bildlieferant für das Radioprogramm. Bei der Love Parade 2002 hat Fritz diese Variante der TV-Begleitung zum Radio/Internet-Programm ein zweites Mal eingesetzt. Diesmal konnte man Bilder, die mit einer hochwertigen Webcam aufgenommen wurden, parallel zum laufenden »LoveRadio«-Programm sehen.

Zentraler Bestandteil des Radioprogramms Fritz ist Musik. Gerade im musikjournalistischen Bereich hatte Fritz von Anfang an hohe Kompetenz. Fritz wäre dumm gewesen, dieses Knowhow nicht auch ins Web zu transportieren. So entstand unter der Anleitung von Trevor Wilson im Sommer 1995 die Keimzelle des Musikbereiches im Fritz-Webangebot – eine umfangreiche Datenbank mit Interviews. Vor der Inbetriebnahme des Realaudioservers wurden die Audiodaten als mp2-Files angeboten. Es gab Interviews von Musikjournalisten, die sich interessierte Hörer downloaden konnten. Dazu fanden die User weitere Infos über die Künstler und natürlich die (damals gar nicht so selbstverständlichen) Links zu den Homepages der Musiker. Das Besondere an dieser Interview-Sammlung war, daß O-Töne mit englischsprachigen Künstlern nicht übersetzt wurden – man hatte also die kompletten Original-Aussagen. Ein Service, der damals im deutschen Internet einmalig und inzwischen (soweit ich weiß) leider kaum irgendwo angeboten wird. Neben den Interviews gab es irgendwann auch noch CD-Besprechungen und diverse andere Musikinfos im Fritz-Web. Als 2000 zum ersten Mal der »MTV-Online-Music-Award« vergeben wurde, erhielt Fritz den Preis für »The best media-page« – ausdrücklich für seine »Pionierleistung im Bereich Internet«. Eine sehr schöne Belohnung für die geleistete Arbeit.

Anfang 2000 ging der komplett überarbeitete Musikbereich auf www.fritz.de ins Netz. Damit sollte die Möglichkeit geboten werden, alle verfügbaren Musikinformationen aus dem Fritz-Programm online zu recherchieren. Auch wenn dieses Ziel nicht hundertprozentig erreicht wurde, bietet Fritz mit seinen Musikseiten einen umfangreichen, lebendigen Informations-Pool. Interviews liegen inzwischen allerdings nicht mehr im Original, sondern in der gesendeten Komplett-Fassung vor. Dank Ronny Galenza, Adi Sharma und anderen Redakteuren ist der Musikbereich in seiner jetzigen Form weiterhin preiswürdig.

Ab 1997 konnte man im Fritz-Web auch chatten und in Boards seine Meinung kundtun. Schließlich sind diese Tools entscheidende Erweiterungen, die Radio mit Internetauftritt vom (guten) alten Dampfradio unterscheiden. Im neugeschaffenen Bereich »Speakers Corner« wurden gleich von Anfang an mehrere themenbezogene Boards eingerichtet. Ein richtiges, stabil funktionierendes Chat-System gab es bei Fritz erst ab 1998. Damals wurde der VChat eingeführt, der noch immer in Betrieb ist. Seit 2001 setzt Fritz den MainChat ein, hier können auch technisch nicht allzu versierte Nutzer chatten. In den Boards und den Chats haben sich relativ schnell Stammbenutzer eingefunden, die der Redaktion bei der Betreuung der Systeme helfen. Im VChat gibt es User, die parallel im IRC einen Fritz-Channel betreiben. Die Leute um Realwolf, Waldfee und Krrush haben im Chat, der rund um die Uhr online ist, dafür gesorgt, daß man sich als einfacher User relativ unbelästigt bewegen kann. Auch im HTML-basierten FreestyleChat gibt es einen kleinen Stamm von Administratoren, die für einen halbwegs friedlichen Kommunikationfluß sorgen. Bei gelegentlichen »Channel-Partys« treffen sich diese Admins auch im realen Leben. Die Themen, über die in den Chats und Boards bei Fritz gesprochen wird, sind dieselben Themen, über die man sich auf Schulhöfen, in Kneipen oder auf Partys unterhält. Von aktueller Politik, über das Programm von Fritz, Probleme mit Computern bis zum guten alten Sex geht es um alles ... und nichts. Viele der Diskussionen flammen auf und verebben wieder, ohne daß sich ein Fritz-Redakteur einmischen muß. Auf viele andere Fragen oder Auseinandersetzungen reagiert die Redaktion direkt im Board oder in entsprechenden Sendungen. Es kommt auch vor, daß Fritz aus den Threads in den Boards redaktionelle Anregungen nimmt. Wo sonst kann man als Radio-Redaktion so einfach und so direkt Meinungen seiner Hörer erfahren?

1999 hat sich beim ORB einiges getan in Sachen Internet. Der Sender hat, nachdem Fritz fünf Jahre lang das einzige Programm mit eigenem Internetauftritt war, beschlossen, auch den anderen Radiowellen und dem Gesamtunternehmen Präsenz im Netz zu verschaffen. Im Zuge dieser Veränderungen wurde ein Web-Redaktionssystem eingeführt. Für Fritz hat sich dadurch ein komplett anderes Arbeiten für den Webauftritt ergeben. Damit ist es möglich, die Inhalte direkt von dem Redaktionsbereich, in dem sie entstehen und auch fürs Radio bearbeitet werden, in den Webauftritt einzuspeisen. Mit Hilfe des neuen Systems können auch die zahlreichen Abonnenten der Newsletter verwaltet werden, die vorher mittels sperriger Adreßlisten organisiert waren. Selbst der Anschluß eines SMS-Versandes und die vollautomatische Errechnung der wöchentlichen Hörercharts sind seitdem kein Problem mehr. Im Rahmen der Vorbereitung der Webauftritte der anderen ORB-Bereiche sollte es auch bei Fritz einen Relaunch geben. Erstmals sollten die Seiten ein einheitliches, etwas aufwendigeres Layout bekommen. So kam Kerstin Warnow an Bord. Die freie Grafikerin und Webdesignerin hat das neue »Gesicht« der Fritz-Webseiten erfunden. Ihre erste Arbeit für Fritz war das Layout von »Tommy rennt«. Die Fritz-Webseiten sollten so sein wie der Sender: unangepaßt, unaufgeräumt und trotzdem funktional. Ein Spagat, der im Web genauso schwer ist wie im Radio. Viele Stammnutzer der Fritz-Seiten waren verstört bis verärgert. Wie das so ist, wenn man umbaut – Vertrautes findet sich nicht am alten Platz oder sieht eben nicht mehr vertraut aus. Auf der anderen Seite gab es viel Lob. Es stellte sich der gewünschte Aha-Effekt ein: So sah nun wirklich keine vergleichbare Website aus. Nach den drei Jahren, die das »mußte klicken«-Layout jetzt im Netz ist, steht wieder einmal eine umfassende Veränderung an. Das liegt zum einen daran, daß sich die Ansprüche, die Fritz an seinen Webauftritt hat, etwas geändert haben (der Normalbetrieb wird nun auch an Klickraten und Zuverlässigkeit gemessen), zum anderen daran, daß das Team, das den Webauftritt managt, fast komplett anders besetzt ist als vor vier Jahren. Aus der Keimzelle eines neuen Begleitmediums ist ein regulärer Redaktionsbestandteil geworden. Zumal diejenigen, die www.fritz.de in seinem zehnten Jahr betreuen, auch die Nase im Wind haben. Ideen für neue Fernseh-Kooperationen und ausgefallene Mobil-Optionen kommen derzeit aus dem Online-Pool der Redaktion um Max Knop und Sven Elstermann. Eins ist jedenfalls sicher: Das junge Medium Internet wird noch viele Veränderungen für das alte Medium Radio bringen – bis eines Tages die Frage, ob es Radio, Fernsehen, Internet oder Telefon ist, nicht mehr gestellt werden muß – bis dahin ist aber noch ein Weilchen Zeit. Und es wird noch viele Geschichten zu erzählen geben, an deren Anfang irgendein Typ denkt, daß er es »jetzt einfach mal tun« sollte ...

---

**Lutz Schramm** *(bekennender Leipziger, ab 1966 Rucksack-Berliner), gelernter Studiotechniker, bis 1984 beim DDR-Rundfunk als Tontechniker beschäftigt. 1984–86 bei Stimme der DDR, danach bis Ende 1991 bei DT 64 Musikredakteur und Moderator. Eigene Sendungen: »Beat-Kiste«, »Parocktikum« und »Vibrationen«. 1992 bis 2001 beim ORB (Rockradio B und Fritz) Musikredakteur. Ab 1994 als Internet-Verantwortlicher für www.fritz.de zuständig. Seit Anfang 2002 Producer bei ORB-Multimedia.*

# 6.
# Papa Don’t Preach

# »Radio aus und dranbleiben!«

## Die Hörer-Hotline 0331-7097110

*Von Kerstin Topp*

A: »Hallo, hier ist Fritz!«
B: »Hallo, bin ich da jetzt bei Radio Fritz?«

Was läßt sich über diesen Dialog sagen? Zum einen ist der Satz von A ein Aussagesatz. Zum anderen ist der Satz von B ein Fragesatz. Und es bedarf keines sprachwissenschaftlichen Studiums, um darüber hinaus festzustellen: A und B reden aneinander vorbei. Jetzt aber kommt die wirklich bittere Wahrheit: Dies ist der klassische Auftakt eines Telefongesprächs zwischen einem Fritz-Redakteur (A) und einem Fritz-Hörer (B), der die Hotline mit der bekannten Nummer »0331 für Potsdam, 70 97 110« gewählt hat. Und noch bitterer: Zirka 50 Prozent aller Telefongespräche zwischen Fritz und seinen Hörern beginnen mit diesem kommunikativen Desaster. Ehrlicherweise muß an dieser Stelle hinzugefügt werden, daß es sich um gefühlte 50 Prozent handelt. Die Zahlen wurden anhand einer komplizierten, nicht-repräsentativen Umfrage unter Fritz-Mitarbeitern erstellt, erfüllen also keinesfalls die gestrengen Methoden der Empirie. Unter dem Strich bleibt aber festzuhalten: Der Fritz-Hörer versteht uns nicht. Zumindest nicht auf Anhieb.

Über die Gründe mag man nur spekulieren. Dies tut der gewissenhafte Redakteur oft noch des Nachts, wenn er sich, von Selbstzweifeln gemartert, im Bett hin- und herwälzt und sich fragt: Hätte der ORB bei der Anschaffung der Headsets, die wir tragen, wenn wir mit den Hörern telefonieren, doch noch einen Euro drauflegen sollen? Hätte ich die Zahnspange zur Korrektur meines deformierten Oberkiefers, zwecks saubererer Aussprache, in der Jugend doch noch länger tragen sollen? Drehen die Hörer, die anrufen, das Radio vielleicht zu laut auf, während sie mit uns reden, und zwar um uns in den Wahnsinn zu treiben? Oder ist es die Telekom mit ihren schlechten Leitungen? Man weiß es nicht! (In Folge dieses Textes hatten noch mehrere Fritz-Mitarbeiter ihr »Coming-out als Unverstandene«. Derzeit ist man dabei, eine Selbsthilfe-Gruppe aufzubauen.)

Es gibt nun verschiedene Möglichkeiten, die Hindernisse beim Kontakt mit den Anrufern aus dem Weg zu räumen und doch noch ein halbwegs vernünftiges Gespräch in Gang zu kriegen. Je nach Tagesform, Charakterprägung und akutem Zeitdruck antwortet der gemeine Fritz-Redakteur auf die nervige Rückversicherungsfrage »Hallo, bin ich da bei Radio Fritz?« wahlweise mit »Ja, du bist hier bei Fritz!«, »Jaa, ich sage es jetzt zum zweiten Mal« oder einem einfachen »Jaaaaaaaa!«. Danach wird es richtig spannend, was man manchmal regelrecht am Knistern in der Leitung hört. Denn nun gilt es herauszufinden: Warum hat der Hörer zum Hörer gegriffen? Will er etwas gewinnen oder mitspielen, um zu gewinnen? Oder will er seine Meinung sagen, ohne zu gewinnen? Zunächst mal: Ein Großteil der Anrufe ist das Resultat massivster Einforderung durch den Moderator: »Ruft uns jetzt an, spielt jetzt mit, gewinnt jetzt!« Die Gewinner unter den Anrufern sind in der Regel recht pflegeleicht. Ruckzuck sind sie in der Leitung, schwupps haben sie umstandslos Namen und Adresse rausgerückt und sind ganz schnell wieder von dannen gezogen. Wahre Glücksritter der modernen Telekommunikation! Schwieriger dagegen der Umgang mit jenen Anrufern, die wir hier zur besseren Unterscheidung von den Gewinnern Mitspieler nennen wollen, und die ihren Gewinn, also die CD, das Buch oder die schicke Daunenjacke durch Erbringen einer Gegenleistung

**Die Hörer-Hotline**

erworben haben. Sie präsentieren des Rätsels Lösung meist on air und müssen vom Moderator danach zurück zum Redakteur gestellt werden. Aber ach! Kaum hat sie der Moderator verabschiedet, legen sie aufgrund erhöhter Adrenalinausschüttung sofort auf, ohne vollen Namen und Anschrift hinterlassen zu haben. Die Folge: Der Fritz-Redakteur am Telefon hört nur noch ein »tut, tut, tut«, und die Hörer die nächsten zehn Minuten im Programm hektische Suchmeldungen: »Jan, bitte noch mal anrufen!« Tja, und wenn Jan, noch immer vom Erfolg beseelt, diese Suchmeldung nicht hört, wird er die gerade gewonnene CD wahrscheinlich nie erhalten. Dramen, die das Radio-Leben schreibt!

Da Fritz ein ausgewiesenes Kommunikationsradio ist, werden die Hörer aber nicht nur aufgefordert, sich an Gewinnspielen zu beteiligen. Nein. Sie sollen rund um die Uhr ihre Meinung kundtun. Zur Lebensbeichte von Dieter Bohlen; zur Abschaffung der Wehrpflicht; zum Sinn und Unsinn bedruckter T-Shirts und was es sonst noch alles an diskussionswürdigen Themen gibt. Die Hörer nehmen dieses Angebot sehr gerne wahr und rufen meist in Scharen an. Erfolgt ihr Anruf am Tage, so sind sie oft mit einem von tagesaktueller Hektik gestreßten Redakteur konfrontiert. Dem ist es in der Regel nicht vergönnt, sich über ein gebelltes »Wie heißt du? Was willst du sagen? Dann Radio aus und dranbleiben!« hinaus als interessierter Gesprächspartner zu profilieren. Es bleibt damit den Kollegen der Spätschicht vorbehalten, diese Scharte wieder auszuwetzen. Als ideales Umfeld für diese Wiedergutmachung hat sich in den vergangenen zehn Jahren der Blue Moon erwiesen. Im sogenannten Vorgespräch (also all dem, was off air dazu dient, Informationen über den Anrufer und dessen Diskussionsbeitrag zusammenzutragen) werden zwischen Redakteur und Anrufer oft wahre Romane ausgetauscht (»Also, ich wollte erzählen, daß ich auch mal in der Situation war, wo ...«, worauf dann meist ein »Du bist noch gar nicht in der Sendung, aber damit ich dem Moderator ein paar genauere Infos zu dir auf den Screener schreiben kann, erzähle doch mal, wie ...«) folgt. Während der Moderator im Studio schon hilfesuchend mit den Armen rudert, weil ihm die Anrufer ausgehen, wird entspannt weitergeplaudert. Und schwupps ist des Anrufers Akku leer und kann leider auch nicht mehr aufgeladen werden. Sein Redebeitrag entfällt und dem Moderator bleibt nicht übrig, als notgedrungen eine Musik zu spielen.

Mit den Anrufern im Blue Moon ist aber auch nicht immer alles eitel Sonnenschein. Oder anders herum formuliert: Diskussionsangebot der Redaktion und Nachfrage der Anrufer passen inhaltlich und dramaturgisch nicht immer zueinander. Beispiel: Anrufer, die im »Luci-Blue Moon« zu ungewollter Schwangerschaft eigentlich nur ihren Kumpel grüßen wollen und es total unspontan finden, daß das gerade nicht so ins Sendungskonzept paßt. Anrufer, die mit 40 Grad Fieber zu Bett liegen und just am nächsten Morgen zu einem Segel-Törn in die Karibik starten wollten. Auch sie finden es meist total unspontan, wenn man sich nicht in der Lage sieht, um kurz vor Mitternacht on air ihren Reiseplatz zu verkaufen. Es gibt auch Anrufer, deren Diskussionsbeiträge durchaus sinnvoll wären, die man aber

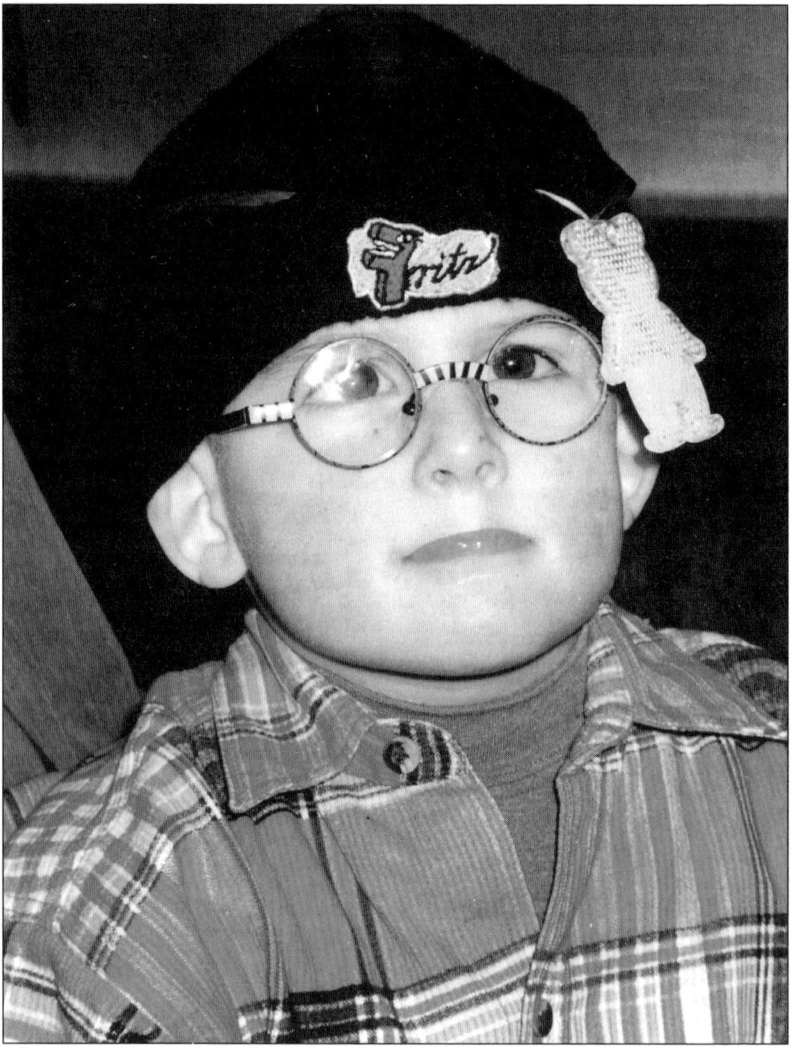


**Ein Fan**

nicht in die Sendung stellen kann. Heftige Kicheranfälle, laute Party-Geräusche mit Johlen Dritter im Hintergrund oder unerträglicher Autobahnlärm sind oft der Grund. Darüber hinaus sieht man sich manchmal gezwungen, zum Mittel der sogenannten »telekommunikativen Schutzhaft« zu greifen. Sie wird angewandt, wenn alkoholisierte Anrufer sich on air um volltrunkenen Kopf und Kragen reden würden und also dran gehindert werden müssen. Das werden böse Zungen jetzt sicher als Zensur bezeichnen. Ich nenne es Fürsorgepflicht gegenüber Anrufern und Hörern.

Von den Fritz-Kollegen regelrecht gefürchtet werden die penetranten Frager. Sie rufen oft dann an, wenn es gerade gar nicht paßt und behelligen einen mit profansten Dingen. Wie zum Beispiel mit der umständlich und langatmig vorgetragenen Frage nach der Fritz-Wollmützen-Hotline, während der Redakteur gerade hektisch versucht, den ARD-Korrespondenten in Washington zu erreichen, nur noch anderthalb Minuten Zeit bis zum Ende der laufenden Musik sind und die Nummer in Washington leider immer besetzt ist. Ebenfalls fies sind Fragen wie die folgende: »Welchen Titel habt ihr vor anderthalb Wochen zwischen zehn Uhr und elf Uhr gespielt, eine Frau hat moderiert und das war ein R'n'B-Stück und ging etwa so ...« ( und dann werden die ersten drei Takte angesungen). Auch hier wurde der falsche Zeitpunkt gewählt, denn diese Frage kommt definitiv anderthalb Wochen zu spät. Die einzige Möglichkeit, den gesuchten Titel noch herauszukriegen, wäre, die vom Anrufer vorgetragene Melodie zu erraten. Das setzt ein gutes Gehör voraus. Da es sich aber grundsätzlich verbietet, im Zusammenhang mit Fritz-Mitarbeitern von gutem Gehör zu sprechen, da jahrelanges Telefonieren, Rückkoppelungen im Programm und Mordslärm in der Redaktion dieses zerstört haben, wird der Anrufer statt einer Antwort eine Ermahnung zu hören kriegen: »Nächstes Mal sofort anrufen, wenn dir ein Stück gefällt.« Auf ganz andere Art und Weise tückisch: Die oft zur fortgeschrittenen Abendstunde von Tankstellen oder Raststätten per Handy gestellte Frage: »Wo ist denn heute abend was los?« Schnell kann sich der Fritz-Kollege hier als unhipper und uninformierter Ignorant und Blödian bloßstellen. Nach umständlichen Heranschleppen des ein oder anderen Stadtmagazins kann diese Frage aber im Gegensatz zu oben erwähnter meist halbwegs befriedigend beantwortet werden. Wenig befriedigend beantworten konnte ich erst kürzlich die Frage eines Anrufers kurz nach Mitternacht. Das obligatorische »Bin ich da jetzt bei Radio Fritz?« zum Auftakt hatte sich dieser Anrufer gespart. Statt dessen fragte er hastig: »Bin ich etwa schon drin?« Woraufhin mir nur die aufgeregte Gegenfrage einfiel: »Boris, bist du es?«

# »Es kann passieren, daß da Worte fallen von untenrum und hintenrum!«

## Blue Moon mit Tommy Wosch

---

**Achtung, Achtung.** Diese Sendung ist nicht jugendfrei. Anrufe erfolgen auf eigene Gefahr.« So warnt jeden Donnerstag kurz nach 22 Uhr ein Show-Opener im Blue Moon mit Tommy Wosch. Offizieller Titel der Sendung: »Frauen fragen Wosch«. Dies ist aber nur eine ungefähre Beschreibung dessen, was in der Sendung tatsächlich passiert. Es geht bei Tommy oft um Sex; die Musik stammt immer von Erich Mielke, und wahlweise tyrannisiert Tommy seinen Co-Moderator Michi Balzer oder österreichische Hotelrezeptionen. Auch zu seinen Anrufern ist er nicht immer nett, aber dennoch: Tommy Woschs Blue Moon ist schon lange eine Institution auf Fritz. Hier ein Ausschnitt aus Woschs Schaffen:

»Blue Moon« vom 4.7.1997: »Die Nacht ist jung, der Mond ist schwul«

Tommy: »Hallo Matthias.«
Hörer: »Jupp, hallo.«
Tommy: » Du willst dich zum Thema äußern? Die Nacht ist jung, der Mond ist schwul. Du hast dir ja sicherlich was vorgenommen für dieses Gespräch? Ich will dich da jetzt nicht behindern, ich lasse dir freien Lauf, tobe dich verbal aus, sage alles, was du auf der Leber hast.«
Hörer: »Na ja, Problem also, ist kein Problem, ich bin selber schwul und da hat vorhin ein gewisser Lars angerufen, der auch meinte, daß Kinder schwuler Eltern den beiden nicht ähnlich sehen.«
Tommy: »Momentchen, laß uns das mal richtigstellen. Die These war, daß die Kinder schwuler Väter den Vätern nicht ähnlich sehen.«
Hörer: »Ich find schon, daß die denen ähnlich sehen.«
Tommy: »Bist du ein schwuler Vater? Oder bist du der Sohn eines schwulen Vaters oder bist du der schwule Sohn eines schwulen Vaters oder bist du der schwule Sohn eines Vaters?«
Hörer: »Ich bin nur der schwule Sohn eines Vaters, würde aber trotzdem mal gerne Kinder haben, da ist bloß das Problem, daß dazu eine Frau beitragen muß, damit es eine Ähnlichkeit hat.«

Tommy: »Ja, das habe ich mir auch schon mal sagen lassen. Frauen sollen da eine ganz elementare Rolle spielen beim Kinderkriegen.«

Hörer: »Ja, und das ist halt schwierig. Für mich wäre das ja noch einfach, weil mir das Kind ähnlich sehen würde, meinem Freund aber nicht.«

Tommy: »Ja, und vielleicht einfach mal mit einer Frau poppen, zum Kinderkriegen?«

Hörer: »Mehr oder weniger ja. So vor 2 Jahren ungefähr, da habe ich noch eine scheinbare Lust daran gefunden, mit Frauen ins Bett zu gehen.«

Tommy: »Eine scheinbare Lust?«

Hörer: »Ja, damals dachte ich noch, es wäre eine Lust.«

Tommy: »Konntest das Gefühl einfach nicht einordnen?«

Hörer: »Ja, und irgendwann, wenn man dann beim Sportunterricht duscht, ist schon komisch, wenn man dann Gefühle bekommt, weil man 'nen nackten Jungen vor sich sieht.«

Tommy: »Das findest du komisch? Also ich finde zum Beispiel komisch, wenn einem die Seife runterfällt und man sich dann bückt und die flutscht einem dann noch mal so zwischen den Händen weg, glitscht einem anderen unter den Fuß, der tritt drauf, rutscht aus und fliegt volle Lotte mit seinem Gesicht in den nächsten Ventilator. Das find ich lustig unter der Dusche!«

**Alte Barden: Puhdys »Maschine« Birr, Tommy Wosch, der dicke Micha und Mike Lehmann (v.l.n.r.)**

# Dein Freund das Radio

## Oder: Über die Tücken und Vorteile des Uncoolseins

*Von Luci van Org*

In den siebziger Jahren des letzten Jahrhunderts lebte in Berlin ein sehr schüchternes, sehr pummeliges und sehr kurzsichtiges Mädchen, das sehr seltsame Eltern hatte. Unbekümmert trotzten sie dem Zeitgeist, hörten zwischen knarzenden Biedermeiermöbeln Bach und Mozart auf leiernden Mono-Plattenspielern und lasen ihren Kindern die Buddenbrooks vor, während sich die anderen Erziehungsberechtigten in Grabenkämpfen à la Ton Steine Scherben gegen Costa Cordalis, Sitzsäcke gegen Eichenholzschrankwände, Hausbesetzer gegen Hausbesitzer oder auch nur VHS gegen Beta-Videos aufrieben. »Mann, seid ihr unmodern«, kommentierten die Klassenkameraden abfällig alle nicht vorhandenen Farbfernseher, Videorecorder, Stereoanlagen und Abba-Alben, wenn sie das Mädchen besuchten, und hinter ihren dicken Brillengläsern wurde sie rot vor Scham. »Wir sind eben anders«, trösteten die seltsamen Eltern ihre Tochter und schenkten ihr ein Bild von Mozart, in den sie heimlich verliebt war. Aber auch Amadeus' Konterfei machte das Anderssein irgendwann nicht mehr erträglich und darum beschloß das Mädchen, endlich modern zu werden. Aber wie, ohne Farb-TV, HiFi und Telespiel? Da war nur das winzige Kofferradio, das ihr vor einiger Zeit eine mitleidige Nachbarin geschenkt hatte. Sie könnte wenigstens heimlich einen anderen Sender einstellen. Nicht, daß ihre Eltern das verboten hätten, aber wie sollte sie ihnen erklären, daß sie ihre Zeit mit schnöder »Allerweltsmusik« statt mit dem Klassiksender verbringen wollte? Am folgenden Nachmittag saß das Mädchen aufgeregt unter einem schalldämpfenden Berg aus Bettdecken, das Radio, aus dem kaum hörbar der »Messias« tröpfelte, in ihren zitternden Händen. Ganz vorsichtig drehte sie den Sendersuchknopf weg von Händel zu »Rivers of Babylon« und preßte ihr Ohr gegen den Lautsprecher. Daß das, was da ihren Gehörgang kitzelte, Boney M. hieß, wußte sie noch nicht, aber sie erkannte, daß sich soeben das Tor in eine andere Welt geöffnet hatte.

Schon bald verschwand der schützende Deckenkokon, SF-Beat und Rias 2 rüttelten zum Leidwesen der Eltern an den Schrauben des kleinen Kofferradios und das Mädchen lernte schnell, Abba von Smokey und der Goombay Dance Band zu unterscheiden. Und wenn sie dabei doch mal einen Fehler machte, fürchtete sie das herablassende Grinsen ihrer Klassenkameraden nicht mehr. Andreas Dorfmann, Sabine Korsukewitz, Elmar Hörig, Gregor Rottschalk und all die anderen Stimmen, von denen sie mittlerweile jede Nuance kannte, hatten ihr so viele dumme Sprüche und passende Antworten beigebracht, daß sie fast immer als letzte viel lauter lachte als die anderen. Das Radio war ihr Verbündeter, ihre Geheimwaffe, ein unentbehrlicher, liebgewordener Freund geworden. Daß das Mädchen sich dann schnell entschied, statt Opern- doch lieber Popsängerin zu werden, will ich nur am Rande erwähnen. Wichtig ist, daß es Luci van Org heißt und seit mittlerweile sieben Jahren bei Fritz moderiert.

Radio war und ist für mich seit meiner Kindheit viel mehr als nur ein billiger Musiklieferant. Als Konrad Kuhnt, mein heutiger Chef, mich 1994 einlud, ein Praktikum bei Fritz zu machen, bin ich durch die Wohnung getanzt vor Begeisterung, und meine eigene, wöchentliche Sendung »Luci in the Sky« war ein langgehegter Traum. Schlagfertig, schräg, kurzum obercool wollte ich sein. So wie die anderen Fritz-Moderatoren, die meine Vorbilder waren. Leider mußte ich schnell herausfinden, daß ich mich zum Coolsein absolut nicht eigene, vor allem nicht im Umgang mit Hörern. Jeder Versuch, Anrufer locker und lustig zu veralbern, frech und provokant zu sein, wurde vereitelt durch das Bild vom kleinen, pummeligen Brillenmädchen mit dem Kofferradio in meinen Erinnerungen. Ich wäre am Boden zerstört gewesen, wenn man mich damals im Radio aufgezogen und über mich gelacht hätte (meine mißgünstigen Kicheranfälle, die um so heftiger auftraten, je mehr die Moderatoren andere veralberten, verdrängt mein Unterbewußtsein bis heute). Ich konnte mich nicht dagegen wehren und es noch weniger verbergen: Noch bei der kleinsten Hörergeschichte fühlte ich tatsächlich und ehrlich mit. »Luci in the Sky« war Gott sei Dank von Anfang an als »Kummerkasten«-Sendung konzipiert, und im Laufe von sechs Jahren wurden immer mehr »coole« Elemente wie CD-Verlosungen gegen »emotionalere«, zum Beispiel selbstgeschriebene Hörergedichte, ausgetauscht. Die Themen wurden komplizierter, die Talks mit den Hörern intensiver und der Musikanteil immer spärlicher. »Laberradio« schimpften die einen, »Emotionsmoderation« lobten die anderen. »Teeniesendung« sagten alle, denn die Hörer und Anrufer bei »Luci in the Sky« waren im Fritz-Durchschnitt sehr jung. Etwa zwischen zwölf und siebzehn. Aber, auch wenn das immer wieder behauptet wurde, um typische »Bravo«-Themen ging es so gut wie nie. Statt übers »erste Mal«, Pickelcremes und Popstarschwärmereien wollten die Teenies nämlich viel lieber über allgemeingültigere Themen reden; über Liebeskummer, Freundschaft oder Schul- und Ausbildungsstreß genauso wie über Eßstörungen, Drogen, Religion oder das Jenseits. Und ich merkte schnell, daß sich das Prädikat »Teenietante« zwar ein bißchen peinlich anhört, daß ich so aber das Glück hatte, mich mit unvoreingenommenen, geistig beweglichen Menschen unterhalten zu können. Die Kids der Spaßgeneration, die von wissenschaftlichen Studien immer als interessenlose, stumpfe Egoisten dargestellt werden, haben sich bei »Luci in the Sky« oft derart engagiert, schlau und mitfühlend gezeigt, daß ich mittlerweile an der Glaubwürdigkeit solcher Erhebungen zweifle.

Sicher haben die Hörer und ich in dieser Zeit häufig auch unglaublichen Schwachsinn verzapft, aber, zumindest weiß ich das durch viele Briefe und E-Mails, oft hat die Sendung genau das geschafft, was mein Ziel beim Radiomachen ist: den Hörern ein hilfreicher Verbündeter, ein Freund zu sein. Ein Freund für Basti zum Beispiel, der als einziger linker Jugendlicher in seinem Dorf von Skinheads bedroht und verprügelt wurde. Nachdem er bei »Luci in the Sky« seine Geschichte erzählt hatte, bekam er jede Menge aufmunternde Anrufe, Hörerbriefe und neuen Mut. Genauso wie Anna Maria, die als Vegetarierin ihren Eltern regelmäßig bei der bäuerlichen Hausschlachtung zur Hand gehen mußte. »Hörer helfen Hörern« habe ich dieses Prinzip genannt und in vielen Fällen hat es tatsächlich funktioniert. Aus Kontakten, die über »Luci in the Sky« entstanden, sind oftmals lang-

**Luci van Org mit Robert Smith von The Cure**

jährige Freundschaften geworden und es gibt sogar ein Liebespaar, das sich vor vier Jahren über die Sendung fand und jetzt zusammenziehen will.

Auch der Nighttalk »Blue Moon mit Luci«, den ich (wieder ein langgehegter Traum) seit Anfang 2002 statt »Luci in the Sky« moderieren darf, lebt vom Konzept »Hörer helfen Hörern«. Immer noch sind die Anrufer sehr jung und glücklicherweise scheinen sie auch nachts und zwei Stunden länger Spaß und Interesse daran zu haben, ihre Geschichten und Erfahrungen weiterzugeben. Cooler bin ich auch nach sieben Jahren Moderationsroutine nicht ein bißchen geworden. Ich nehme mir immer noch fast alles zu Herzen, was mir erzählt oder geschrieben wird. Zum Leidwesen meines Mannes, bei dem ich mir nach Ende eines jeden Blue Moons, also nachts um zwei Uhr, alles von der Seele rede, was mich noch belastet (nein, er ist dann nicht mehr wach, sondern todmüde). Aber wenn ich Dankesbriefe bekomme, weil eine Sendung jemandem wirklich Mut gemacht hat, freut er sich mit mir. Obwohl sich den Erfolg ja in Wirklichkeit die Anrufer auf die Fahne schreiben könnten. Aber ich bin dann bis zur nächsten Sendung mit meiner Uncoolness versöhnt und das ist doch auch schon was.

---

**Luci van Org,** *Musikerin und Mehrzweckentertainerin, moderiert seit 1995 bei Fritz, im Moment in den Freitagsnächten den »Blue Moon mit Luci«.*

# Es war Neugier

## Erinnerungen an den »Sex-Blue Moon« auf Fritz

*Von Jürgen Büsselberg*

Was habe ich mir nur dabei gedacht? Wollte ich der Oswald Kolle der Neunziger werden? Der Dr. Sommer von Fritz? Hatte ich irgendeinen pädagogischen Ansatz? Oder war es einfach nur meine verdammte Neugier? Zugegeben, es war bestimmt eher meine Neugierde als irgendein pädagogischer Hintersinn, der mich dazu trieb. Und es war eine Herausforderung, Sex zum Thema einer Talk-Sendung zu machen. Würden die Menschen an den Radioapparaten und den Telefongeräten mir tatsächlich ihre intimsten Geheimnisse verraten? Ich hatte meine Zweifel und war dann doch überrascht, wie offen sie auf meine Themen und Fragen reagierten. Es war, als ob Schleusentore geöffnet wurden. Natürlich gab es auch Anrufer, die nur ganz vorsichtig bereit waren, sich zu äußern, die ihre Zeit brauchten, sich zu öffnen, Vertrauen zu fassen. Aber wer wirklich total verklemmt ist, hat vielleicht gern zugehört, aber eben gar nicht erst angerufen.

Klar, diese Blue Moon-Ausgaben mit den Sex-Themen sollten spannend sein. Aber eines wollte ich nicht: die Anrufer vorführen, sie bloßstellen. Das hätte auch nicht funktioniert. Nicht am Anfang. Da hätte keiner mehr angerufen. Ich wollte ein Vertrauens-Kurzzeitverhältnis mit dem jeweiligen Menschen am Telefon schaffen. Das Gefühl aufbauen: »Du sprichst nur mit mir, keiner sonst hört zu und ich bin dein Freund. Und vielleicht kann ich dir sogar helfen, wenn du ein Problem hast.« Und für viele wurde ich dann ja auch so was wie der Kummerkasten-Jürgen. Grenzbereiche.

Thema: Telefonsex. Wieder blinken alle Leitungen. Also, Anrufer in Massen. Und auf einmal reitet mich der Teufel. Da ist einer dran, der gerade erzählt, daß er gern mit fremden Männern per Telefonleitung zum Orgasmus kommt. Nein, mit Leuten, die er gut kennt, mit Freunden etwa, geht das auf keinen Fall. Aber mich kennt er ja nicht.

»Und wie läuft dann so ein Gespräch ab? Laß' uns das mal durchspielen. Also fang mal an, was sagst oder fragst du?«

»Soll ich das jetzt wirklich mir dir machen?« Er ist etwas verunsichert.

»Ja. Klar. Wir versuchen das mal.«

Er lacht kurz. Fragt noch mal, ob ich das tatsächlich ernst meine. Aber ja doch! Immerhin hat der Typ eine ziemlich erotische Stimme.

»Ja, also ...«, zögert er noch etwas. »Also, ich würde ihn erst mal fragen, was er anhat.«

»Dann frag mich doch.«

»Was hast du gerade an?«

»Ein T-Shirt. Ja, und eine Hose natürlich.«

»Und magst du dir mal mit der Hand unter das T-Shirt fassen und deine Brust streicheln.«

»Ja.«

Jetzt schwindeln oder schauspielern wäre blöd. Also streichle ich meine Brust. Was ist schon dabei?

»Fühlt sich das gut an?«

»Klar, – ja, das fühlt sich gut an.«

»Dann spiele doch mal mit deinen Brustwarzen.«

**Jürgen Büsselberg**

»Spielen?«

»Ja, streichele sie, kreise mit dem Finger um sie herum. Berühre die Nippel.

Werden Sie ein bißchen hart dabei?«

»Mmh – ja, die werden hart dabei. Was machst du denn eigentlich gerade?«

»Das gleiche wie du. Ich streichle jetzt auch meine Brust und gehe jetzt etwas tiefer, zu den Haaren rund um meinen Bauchnabel. Mach' du das doch auch.«

»Okay.«

»Gefällt dir das?«

»Ja, schon ...«

»Dann öffne doch jetzt mal den Reißverschluß deiner Hose.«

Mittlerweile macht es ihm, dem Mann da am anderen Ende, richtig Spaß. Ich spüre das. Aber mehr spüre ich auch nicht – immerhin sitze ich in einem voll beleuchteten Studio, draußen vor den großen Fenstern huschen Kollegen vorbei oder blicken manchmal überrascht oder leicht feixend zur mir rein. Gleich steht auch noch das nächste Fritz-Info an. Und doch rutscht meine Hand kurz zum Hosenbund. Aber ich muß dem ein Ende machen. »Stop! Das genügt dann auch. So läuft das also. Aber weitermachen können wir jetzt natürlich nicht.«

»Ach, echt. Warum?«

Na, warum wohl? Wir sind hier im Radio. Im öffentlich-rechtlichen sogar. Später, nach der Sendung, in meiner Stammkneipe, sage ich: »Schade, daß ich mir die Nummer von dem Typen nicht aufgeschrieben habe.«

Wann wurde in diesen Sendungen eigentlich klar, daß ich schwul bin? Auch das hatte ich mir ja vorgenommen: keinen Hehl daraus machen. Überhaupt war mir klar, daß meine Gefühle, meine Geschichten, mein Leben nicht tabu sein durften. Nur so konnte ich erwarten, daß mir die Hörer von sich erzählen. Mein Liebeskummer, meine gerade gescheiterte Beziehung, diese merkwürdige Dreier-Kiste, in die ich verwickelt war – alles beste Themenvorlagen. Danke, liebe Blue Moon-Hörer, daß ich mir bei euch meinen Kummer von der Seele fragen durfte. Einen Jingle aber: »Unser heutiger Moderator ist homosexuell«, habe ich mir nicht produzieren lassen. Da war die Devise, einfach locker damit umgehen.

Etwa so? Thema des Abends: »Was tun, wenn man geil ist, aber da ist niemand, mit dem man Sex haben könnte?!« Frauen riefen kaum an. Ein Männer-Thema also. Drei, vier hatten schon erzählt, daß sie auch schon mal für Sex zahlen würden. Dann war da dieser 18jährige, der sich empörte: »Manchmal will meine Freundin einfach nicht mit mir schlafen. Aber das ist doch nicht okay – ich meine, sie ist doch meine Freundin!«

Der Kerl gehört natürlich erst mal zurechtgewiesen. »Wenn sie nicht will, dann will sie eben nicht. Sie muß doch nicht Lust drauf haben, nur weil du gerade geil bist.«

»Doch! Was soll ich denn sonst machen? Mir selbst einen runterholen, das finde ich langweilig. Und zahlen will ich nicht für Sex. Dafür bin ich noch zu jung.«

Und da rutscht es mir raus: »Ach ja, ihr Heteros seid da ja arg eingeschränkt.«

»Eingeschränkt? Wir Heteros? Was meinste denn damit?«

»Na ja, die Homos (und ich habe bestimmt »die« Homos gesagt, und nicht »wir« – ich Feigling!), die Homos haben da mehr Möglichkeiten.«

»Wieso mehr Möglichkeiten?«

»Na ja, die (soll ich es wirklich sagen?) ... die können zum Beispiel in die Sauna gehen.«

»In die Sauna? Und da haben die dann Sex?«

»Ja, das kommt schon vor.« Ach Junge, kannst du jetzt nicht einfach aufhören, weiter zu fragen? Kann er natürlich nicht.

»Wie? In aller Öffentlichkeit? Im Schwitzraum oder wie?«

»Nein, aber da gibt es so kleine Räume, Kabinen. Da kann man sich zurückziehen.« Ich hätte wetten können, daß der jetzt dicke Backen kriegt und sich empört. Aber denkste.

»Das klingt ja spannend. Kannst du mich da mal mitnehmen?« DONG! Prickelnde Idee. Einen 18jährigen Heten mitnehmen in die Homo-Sauna. Mal eben so live im Radio ausgedealt. Wie komme ich jetzt elegant wieder raus aus dieser Nummer? Zeit zum Überlegen bleibt nicht. »Zahlst du eigentlich Rundfunkgebühren?« frage ich.

»Was hat das jetzt damit zu tun?«

»Na, sag' doch mal.«

»Nee, muß ich ja nicht. Macht doch meine Mutter.«

»Aber du hast ein eigenes Radio?«

»Klar, in meiner Anlage. Das von meiner Mutter steht in der Küche.«

»Und du hast aber ein eigenes Einkommen?« Er hatte dummerweise schon am Anfang unseres Gesprächs verraten, daß er Auszubildender ist.

»Ja.« Langsam klingt er etwas genervt.

»Sorry. Dann mußt du auch Rundfunkgebühren zahlen. Und da du das nicht tust, muß ich leider sagen: Service nicht eingeschlossen. Du wirst schon allein in die Schwulen-Sauna gehen müssen.« Ganz locker alles. Aber als mich dann einmal ein Hörer ganz direkt mitten in der Sendung, zum

Abschluß unseres Gesprächs fragte: »Bist du eigentlich schwul?«, da habe ich kurz gezögert. Ich habe »Ja« gesagt, klar, aber kurz habe ich befürchtet, dieses »Ja« schadet meiner Autorität, nimmt mir etwas von meiner Glaubwürdigkeit. Es war diese blöde Angst: »Jetzt nehmen dich die Hetero-Männer doch nicht mehr ernst.« Locker bleiben?

Das ging natürlich nicht immer. Thema: »Ferienerlebnisse«. Ein Mädchen erzählt ganz begeistert, daß sie mit ganz vielen Männern rumgemacht habe.

»Vier, nee sogar fünf. Im Zelt und auch am Strand. Ich war total begehrt bei den Jungs.«

»Und du hast natürlich immer die Kerls darauf hingewiesen, sich nicht zu spät ein Kondom drüberzuziehen.«

»Nee, ach ... das stört doch.« Sagt sie ganz unbekümmert. »Ich nehme doch die Pille.«

Mit dieser Sorglosigkeit habe ich nicht gerechnet. Da bricht dann doch meine pädagogische Ader durch. (Ja, ich gebe zu, in frühester Jugend wollte ich mal Lehrer werden.) In Zeiten von AIDS mußte an dieser Stelle eine Art von Belehrung einfach erlaubt sein.

Je länger Fritz auf Sendung war, je mehr Blue Moon-Sendungen es gab, um so jünger wurden die Anrufer. In den ersten Jahren war es üblich, mit Menschen zwischen 20 und 30 über Orgasmusschwierigkeiten, Sex zu dritt oder Selbstbefriedigung zu reden. In meinen drei letzten Jahren bei Fritz war ich aber eher mit 14- bis 18jährigen verbunden. Wie ernsthaft und durchdacht die manchmal über Pubertätsprobleme, ihre ersten Liebeserlebnisse oder erotischen Verwirrungen reden konnten, hat mich manchmal einfach umgehauen. Da mußte irgendwas mit der Jugend passiert sein. Ich hätte mit 16 nie und nimmer bei einem Radiosender angerufen und dem Onkel im Studio intime Dinge aus meinem Leben erzählt, geschweige denn, wäre ich in der Lage gewesen, gleich noch eine Einschätzung meines Handelns und Fühlens mitzuliefern. Ein neues Selbstbewußtsein der Brandenburger und Berliner Jugend war da zu spüren. Ergebnis von 100 Blue Moon-Sendungen zum Thema Sex bei Fritz? Na, das anzunehmen, ist wohl doch zu vermessen. Aber egal, ob jünger oder älter, die Frauen und die Mädchen waren immer etwas ehrlicher und offener. Nicht grundsätzlich, das gilt nicht für alle, klar, aber männliche Wesen, ob Mitte 20 oder mal gerade geschlechtsreif, sahen sich leider oft gezwungen zu schwindeln, egal ob es um die Zahl ihrer bisherigen Freundinnen, die bisherigen Sex-Erlebnisse oder der Länge ihres besten Teils geht. Also ruhig mal nachfragen.

Thema: »Sex an ungewöhnlichen Orten.« Ein Typ erzählt ganz begeistert von einem Erlebnis im Treppenhaus. Diese Spannung, daß vielleicht gleich jemand kommt, das Licht angeht und man ihn und seine Freundin ertappt hätte. Ein irrer Kick sei das gewesen. Super prickelnd. Ein toller Quickie.

»Klingt schon aufregend. Und deiner Freundin hat es auch gefallen?«

»Ja, total.«

Irgendwie höre ich jemanden rumklappern. Der Mann ist nicht alleine in der Wohnung. »Ist deine Freundin gerade da? Kann ich sie mal sprechen?« Sie kommt tatsächlich ans Telefon.

»Doch das stimmt, mit dem Sex im Treppenhaus«, sagt sie, und ich spüre, daß es ihr nicht so richtig angenehm ist, darüber zu reden.

»Und du fandest das auch prickelnd, so mit dieser Spannung, eventuell erwischt zu werden?«

»Ach, nee, das ging ja auch alles sehr schnell ...«

Wieder war bei einem jungen Mann eine Illusion zerstört. Ganze Gruppen liebten es ja, sich mit dem »Sex-Blue Moon« einen Spaß zu machen. Der vermeintliche Priester-Schüler, der beim Thema Porno energisch die Meinung vertrat, das sei doch alles dreckig und widerlich, saß mit seiner Freundin, die dann im falschen Moment dazwischenlachte und schnell zur Nonne erklärt wurde, am Telefon. Andere erfanden heiße Liebesgeschichten mit der Mutter des besten Freundes, schilderten heißen Sex in Theaterkulissen – die Mutter sollte Souffleuse gewesen sein – oder mit der attraktiven, aber natürlich verheirateten Englischlehrerin beim Klassenausflug. Doch manchmal ist der schlaue Moderator ihnen draufgekommen, hat Widersprüche entdeckt. Aber oft haben mich erst Freunde nach der Sendung aufmerksam gemacht: »Du, die Geschichte mit dem Typen, der von seiner Tante verführt worden ist, die war toll, aber erlogen. Hast du das nicht gemerkt?« Eben nicht. Vielleicht habe ich meine Anrufer in einigen Fällen auch zu ernstgenommen.

Mädchen waren nicht nur ehrlicher, auch anhänglicher. Der Posteingang nahm zu. Der Kummerkasten-Jürgen. In fast acht Jahren Blue Moon habe ich nur mit einem einzigen Jungen Briefwechsel gehabt – und der war schwul. Aber immerhin hat der sich nach all den Briefen von mir getraut, sein Coming-out anzugehen. Mit einigen der Briefeschreiberinnen stehe ich noch heute in postalischem Kontakt. Dank an Anja aus Kolkwitz, Mirjam aus Dresden und Ulrike aus Berlin. Stellvertretend.

Fazit? Es gibt keins. Nur eine letzte Anekdote. Thema: »Was tun, damit der Sex nicht langweilig wird?!« Kurz vor Schluß der Sendung ist ein Pärchen dran.

»Wir liegen hier im Bett und wollen uns bedanken für die tolle Sendung.«

»Weil ihr so viele gute Tips bekommen habt, oder warum?«

»Ja, nee, also, wir haben erst nur so zugehört und dann hat uns das alles so animiert, da haben wir angefangen, uns zu streicheln und, na ja, das ging dann immer so weiter.«

»Ihr habt miteinander geschlafen, während wir hier versucht haben, ernsthaft dieses Thema zu besprechen?« Ich versuche, leicht empört zu klingen. Beide lachen. »Ja, und es war ganz toll. Danke schön.« Gern geschehen.

---

**Jürgen Büsselberg** *durfte schon beim Start von Fritz 1993 dabeisein, moderierte von den »Radiofritzen am Morgen« über »Soundgarden«, den Nightflight bis hin zum »Blue Moon« viele Sendungen, war aber auch Redakteur und Reporter. Heute arbeitet er beim ORB-Programm Antenne Brandenburg. Aber einmal im Jahr spielt er gern immer noch den Weihnachts-Fritz.*

# Knorkator

**Unsere Sendung hörte auf** den Namen »Der Fritz-Kommunikator - Eine Deutschstunde mit Knorkator«. Warum »Deutschstunde«? Es hat sich bei uns als ein allgemein beliebtes Hobby erwiesen, die deutsche Sprache auseinanderzunehmen. Wortspielereien sind auch die Grundlage vieler Knorkator-Songs, sowie vor allem unseres Buches »Des Wurzels Zweig«. Aus unserer Sicht war es ganz schlicht die einzige Thematik, die auf der Hand lag. Wirklichen Unterricht wollten wir natürlich nie machen. Es war nur eine Formfrage. Außerdem fanden wir es witzig, daß ausgerechnet wir Idioten den Oberlehrer spielen.

Eigentlich schien alles ganz simpel: Statt auf der Bühne zu stehen, sitzen wir im Senderaum. Statt selbst unsere eigenen Songs zu spielen, lassen wir fremde Songs abspielen. Statt uns in Plüsch zu kleiden, sehen wir aus wie Hinz und Kunz. Ansonsten sind wir witzig wie immer, nur daß wir erstens vom Spickzettel ablesen können, den niemand sieht, und zweitens uns nicht körperlich verausgaben müssen. Ich meine, was macht denn ein Radiomoderator schon, außer ab und zu auf »play« zu drücken und dazwischen irgendwas zu labern? Das können wir auch!

Mit dieser Einstellung kamen wir dann ins Studio, um mal schnell zu erfahren, wie man die Knöpfe im Sender bedient. Der liebe Jens Quandt empfing uns, und nach kurzer Einweisung probierten wir eine Stunde Moderation. Das wurde mitgeschnitten, und als wir es uns dann anhörten, mußten wir feststellen, daß wir die schlechtesten Moderatoren waren, die es jemals gegeben hat.

Wie konnte das passieren? Das hörte sich an, als hätten wir noch nie im Leben einen vollständigen Satz herausgebracht. Die absoluten Loser! Unbeschreiblich peinlich! Ich wollte aufgeben. Aber Jens erklärte uns, daß Radiomoderation eben etwas ganz spezielles ist, daß man hier ganz bestimmte Kriterien beachten muß, damit ein Gedanke wirklich so rüberkommt, wie er gemeint ist. In Konzerten sind wir es gewohnt, daß von Anfang bis Ende in etwa dieselben Leute im Saal sind. Hier aber mußten wir beachten, daß im Extremfall nach einem Song das gesamte Publikum durch ein anderes ersetzt wurde, ohne daß wir es bemerkt hatten. Und die müßten jetzt alle aufs neue wissen, worum es geht, und warum sie überhaupt dranbleiben sollten. Ein völlig neues Terrain. Die peinlichste Situation:

**Deutschstunde á la Knorkator**

Stumpen hatte sich für das Ende einer Sendung einen vermeintlich idiotensicheren Stichpunktzettel gemacht. Er beinhaltete eine kurze Zusammenfassung der gerade gehörten Unterrichtsstunde, einen Hinweis auf die Themen in der nächsten Woche, die Hausaufgabe und unsere Post- und E-Mail-Adressen. Um ganz sicher zu gehen, hatte er fast alles wortwörtlich aufgeschrieben, also war der Zettel sehr lang. Nach dem ersten Satz verhaspelte er sich, mußte den Gedanken anders zu Ende formulieren, schweifte ab, fand den Einsatzpunkt nicht, faselte zusammenhangloses Zeug, hörte auf mit einem ».........ja« und hatte nichts von dem gesagt, was er wollte. Genauso erging es auch mir ein paar Mal. Unser größtes Problem war, daß wir bis zum Schluß unterschiedliche Strategien verfolgten. Stumpen hatte erkannt, daß unsere Spontanität wenig nutzt, wenn es keine Grundlage gibt.

Wir benötigten ein klares Thema für jede Sendung, einfach zu formulieren und für jeden schnell erfaßbar. Es mußte als ein roter Faden durch die Stunde führen. Für den Fall, daß nach einer Frage ans Publikum niemand anruft, mußte ein Ersatzbeitrag bereitstehen. Das alles sollte möglichst auf die Minute genau geplant und aufgeschrieben sein. Und dann wollten wir das so rüberbringen, als erzählten wir einfach drauflos. Ich dagegen war der Meinung, daß unsere Stärke im Gespräch besteht. Zwar konnten wir unsere Gedanken gut und dicht formuliert aufschreiben und ablesen, und dann verstand uns auch jeder. Unterhaltsam wurde es aber erst, wenn wir mit den Hörern darüber plauschten. Zu ausführliche Ablaufzettel nahmen mir eher den Überblick. Wenn natürlich keiner anrief, stand ich mit meinem Konzept auf dem trockenen. Man kann nicht sagen, wer der bessere Moderator war. Beide hatten wir lichte Momente, wo alles wie von selbst lief, so wie auch Katastrophen.

Von den ersten zehn Sendungen lief keine, ohne daß Jens dabei war, um das Schlimmste zu verhindern. Danke noch mal! Erst ab der Hälfte wurden wir dann locker, die zahlreichen Anrufe, Briefe und Mails gaben uns Mut. Wir kannten unsere Stärken und Schwächen und handelten danach. Das zeigte uns auch die Hörerpost. Viele Leute waren extrem begeistert, und es zeigte sich, daß wir mit unseren schrulligen Wortanalysen so manchem einsamen Philosophen aus dem Herzen sprachen. Für mich ist die größte Errungenschaft aus dieser Zeit die Entdeckung des Hörspiels als Medium. Ich habe noch einen Haufen davon in meinem Computer, die leider nicht mehr untergebracht werden konnten. Still und heimlich hoffe ich, irgendwann noch mal die Zeit für eine Radiosendung zu haben. Alles in allem war es eine unglaublich wertvolle Erfahrung, außerdem hatten wir Gelegenheit, viele Gedanken weiterzugeben, die sich für eine musikalische Umsetzung nicht eignen. Es war aber auch eine Menge Arbeit, und wenn der eine oder andere sich wunderte, warum so lange kein neues Knorkator-Album erschien: Fritz ist schuld!

Alf Artor

# »Ick bin der Star der Sache«

**Fritz' bekanntester Hörer heißt Birne. Er ist seit zehn Jahren dabei.**

*Von Nicole Markwald*

---

Hi, hier is Birne« – ganz genau ist nicht mehr zu ermitteln, wie oft er sich bislang mit exakt diesen Worten bei Fritz gemeldet hat. Eines ist jedenfalls sicher: oft. Sehr oft. So oft, daß Birne mittlerweile zu Fritz gehört wie Mike Lehmann oder die Wollmütze. Birne ist Hörer der ersten Stunde – im wahrsten Sinne des Wortes. Den Sendebeginn am 1. März 1993 um 6 Uhr hat er miterlebt und seitdem dem Sender einen festen Platz in seinem Leben eingeräumt. Warum? Es fällt ihm schwer, diese Frage zu beantworten. »Weil ihr die Besten seid. Und weil ick ohne euch och nich

**Und dit is Birne für Fritz**

mehr bin.« Fritz ohne Birne, das ist schwer vorstellbar. Aber Birne ohne Fritz, das scheint schier unmöglich.

Wie ein kleiner König thront Birne Tag für Tag in seinem Ohrensessel. Vor dem Sessel steht ein Regal mit der Stereoanlage. Das wichtigste Utensil ruht auf der rechten Armlehne seines Sessels: das Telefon. Griffbereit, bis der nächste Talk oder das nächste Spiel auf Fritz angekündigt werden. Und schon ist Birne, der Rekord-Fritzanrufer, in seinem Element. Doch bevor er on air geht, drückt Birne die Aufnahmetasten seiner Stereoanlage. Jede Beteiligung am Fritz-Programm hat er seit Jahren archiviert. Mittlerweile stapeln sich 42 Kassetten à 90 Minuten in seinem »Safe«, einem kleinen braunen Hängeschrank von der Größe eines Brotkastens. Auf den archivierten Kassettenhüllen steht in sorgfältiger Schrift, von wann die Aufnahmen stammen.

Mittlerweile ist Birne, der eigentlich Detlef Horst Herbert Alfred Börner heißt, eine kleine Berühmtheit. »Ick bin der Star in dieser Sache«, bekennt er selbstbewußt. Wer Fritz kennt, kommt an Birne nicht vorbei. Seine Stimme ist vielen inzwischen so geläufig, daß Birne sogar schon beim Salamikauf an der Wursttheke erkannt und um ein Autogramm gebeten wurde. Wie so oft steckte ein Fritz-Flyer in seiner Jackentasche und flugs prangte der Gruß »Für den Fan von Birne« auf dem gelb-roten Papier, erzählt Birne sichtlich stolz und grinst. Man sieht, daß er gerne lacht. Ansonsten ist Birne eher unscheinbar: Klein, drahtig und braungebrannt schlurft er in T-Shirt und Jeans durch die Wohnung. Sein kleines Universum besteht aus genau vier Dingen: Job, Fritz, David Bowie und Freundin – Rangliste abhängig von der Tagesform. Die Tagesform entspricht meistens: Fritz, Job, Freundin und David Bowie. Und so hat dieser unauffällige Typ mit viel Fleiß und Beharrlichkeit etwas geschafft, wonach selbst einige Moderatoren noch nach Jahren suchen: Der Hörer Birne hat ein Image, eine sogenannte On-Air-Personality. Und vermutlich, auch damit unterscheidet er sich von professionellen Radiomachern, ist er im Radio genauso wie im wirklichen Leben: ein wenig durcheinander, diskussionsfreudig, interessiert, sehr offen und auch sehr direkt, ohne Scheu. Birne nimmt kein Blatt vor den Mund, ist vorlaut und unruhig. Doch für mindestens drei Stunden am Tag ist er wie festgeklebt. Wenn er gegen 16 Uhr von seiner Arbeit als Totengräber auf einem Spandauer Friedhof heimkommt, sitzt er erst mal bis 19 Uhr in seinem Ohrensessel, entspannt sich, lauscht – und wartet auf seinen Einsatz. Aber die Frage bleibt natürlich: Warum? Was bringt ihn dazu, täglich bei einem Radiosender anzurufen, mitunter sogar mehrmals am Tag? Ist es Einsamkeit? Geltungsbedürfnis? Der Spaß an der Sache oder eine fixe Idee? Vielleicht etwas wie Kunst?

Oder sogar eine Mission? Das Thema spielt jedenfalls keine Rolle, bis auf eine Ausnahme: »Mit Computern kann ick nüscht anfangen, dazu kann ick nüscht sagen.«

Ansonsten ist dem mittlerweile 40jährigen nichts fremd: Ob über Teppichreinigungsmittel, Winter oder Rock'n'Roll gesprochen wird, Birne hat zu allem etwas zu sagen. Manchmal nervt er, aber Fritz-Mitarbeiter bescheinigen ihm ein »gewisses Quentchen Unterhaltungswert«. Und Einfallsreichtum. Freimütig gibt er zu, auch hin und wieder zu flunkern, schließlich könne man nicht immer Selbsterfahrenes beisteuern, wenn man beim Talk dabeisein will. Aber wenn Birne erzählt, dann gibt er sich die allergrößte Mühe: »Ick erzähle dit so, als ob dit wirklich stattjefunden hat ... so daß dit oberglaubwürdig is.« Also kauft man ihm ab, daß beim großen Orkan in Berlin im Juli 2002 ein Schoßhündchen in seiner Straße von einer Windhose erfaßt und durch die Luft getragen wurde – könnte ja wirklich passiert sein. Doch Birne ist nicht nur Rekord-Fritzanrufer, sondern auch Besitzer, Leiter und Wärter seines persönlichen Fritz-Museums in Personalunion. Denn dazu hat er seinen rund vier Quadratmeter großen Flur umfunktioniert: Poster und Autogramme zieren die Wände, der Fritz-Toaster (natürlich unbenutzt) steht wie ein Pokal auf einem selbstgezimmerten Regal, von der Decke hängen sämtliche nützlichen wie sinnlosen Präsente, die er bei Fritz gewonnen hat: T-Shirts, Frisbee-Scheiben, Wollmützen (in allen Designs), eine Schar Holzhühner, Umhängetaschen, Eintritts- und Kinokarten, Tütensuppen, Brausepulver, Plastikautos in Pflaumengröße. Birne bewahrt jeden Fritz-Schnipsel auf und hat zu jedem Gewinn eine Geschichte parat – wenn er erst mal anfängt zu erzählen, ist er kaum zu stoppen.

Und so ist ein Besuch bei Birne wie eine Zeitreise. In seinem privaten Anruf-Archiv befinden sich Aufnahmen von Sendungen, die es nicht mehr gibt, mit Moderatoren, für die Fritz die erste Station in der Radiowelt war. Birne hat Aufnahmen von Trailern, die längst ausgetauscht wurden, mit station voices, die schon lange ausgemustert und durch neue ersetzt worden sind, und er hat Aufnahmen von Diskussionsthemen, die heute schwerlich einen Platz im Fritz-Programm finden würden. Somit hat Birne ein einzigartiges Zeitdokument geschaffen: Tonaufnahmen eines Jugendsenders, der ständig in Bewegung bleiben muß und immer wieder anders klingt. Nur einer hört sich heute noch so an wie vor zehn Jahren: Birne, Grabschaufler aus Berlin-Spandau, die treueste Hörerseele jenseits der Spree.

Kann er sich vorstellen, mal ohne Fritz zu leben? »Also ick kann mir mal vorstellen, beim Blue Moon mitzumachen und da 'nen Schlußpunkt zu setzen. Ick denke mir, zehn Jahre is 'ne lange Zeit«, resümiert Birne. Ein kompletter Abschied von Fritz scheint aber nicht drin zu sein, denn seine Einschränkung folgt sogleich: »daß ick eben nich mehr jede Woche zu hörn bin, sondern vielleicht nur drei Mal im Jahr.« Aber tief in Birne schlummert noch ein Traum. Zögernd trägt er seinen Wunsch vor, einmal drei Stunden lang bei Fritz hinter dem Mikrophon zu sitzen. Nicht als Moderator – das traut er sich nicht zu, sondern nur als Birne. Einen Abend lang sich von Hörern ausquetschen lassen, das wär's: »Dann könn'se mal die Birne zur Matschbirne machen.« Drei Stunden, die unter Garantie mit den Worten enden, mit denen bislang seine unzähligen Anrufe geendet sind: »Und dit war Birne für Fritz.«

---

**Nicole Markwald** *absolvierte die Berliner Journalistenschule und arbeitet seit 1997 als Reporterin, Redakteurin und Moderatorin bei Fritz. Versucht nach eigener Aussage nebenbei, den Rekord im längsten Hochschulstudium der Welt zu brechen. Versuch läuft.*

# 7.
# MfG

# Dietmar Wischmeyers Logbuch:

## Abschied vom Radio

Im Radio wird die mühsam errungene Kulturstufe der Menschheit täglich 24 Stunden lang negiert. Unbemerkt haben sich verbrecherische Kräfte des Hörfunks bemächtigt und die Königin des Äthers in eine Sickergrube verwandelt. Sogenannte Moderatoren spucken elliptische Satzrümpfe in die Mikrophone, deren Ähnlichkeit mit deutscher Sprache auf purem Zufall beruht. Inhaltlich geht es entweder um Gewinnspiele oder um die Penetrierung eines »Claims«. Damit meinen die Schurken in den Formatradios einen Slogan, der fünfzig mal pro Stunde in die Köpfe der Hörer geprügelt werden muß. »Der beste Oldie-Mix und die Superhits der 80er und 90er Jahre mit mehr Abwechslung« ist so ein typischer »Claim«, der allerdings auch durch pausenlose Wiederholung nicht an poetischer Kraft gewinnt. Wenn also das moderne Radio schon nicht mehr zu uns spricht, bleibt ja noch die Musik. Doch auch in der Plattenküche ist Schmalhans Küchenchef. Von mehreren hunderttausend spielbaren Popsongs sucht sich der Formatgestalter die dreihundert langweiligsten aus und nudelt sie durch seine »hot rotation«. Kaum glaubt man eine langweilige Ballade überwunden, quillt dieselbe nölige Lala schon wieder aus dem Lautsprecher. Einzige Bedingung an einen Radiotitel ist dessen über Jahre ausgewiesene Mittelmäßigkeit. Formatradio ist Fastfood fürs Ohr: Es schmeckt nicht richtig ekelig, aber eben auch nicht gut.

Warum tun Menschen so was, warum gehen sie keinem anständigen Gewerbe nach, machen einen Minibagger-Verleih auf oder füllen Kondomautomaten nach? Weil im Werbeumfeldradio natürlich eine Menge Geld verdient wird. Nicht an der Front, wo die armen Würstchen arbeiten, sondern da, wo die Besitzer die Coupons schneiden. Ist ja an sich auch nix gegen zu sagen: Mäuse machen mit Mittelmaß. Die allermeisten Konsumprodukte heute auf dem Markt sind Schund, warum sollten ausgerechnet Radioprogramme besser sein? Weil es auf diesem Markt kein freies Zutrittsrecht gibt. Da darf nicht jeder einfach seinen Mumpitz in den Äther husten und damit Kohle machen. Radiofrequenzen stehen entweder unter öffentlich-rechtlicher Verwaltung oder werden als Lizenzen vergeben. Über die Vergabe und Kontrolle befinden die Landesmedienanstalten. Die Ergebnisse sind erschütternd: So nimmt der länderübergreifende Konzentrationsprozeß unter den Radiosendern zu, bundesweit hört sich alles gleich an, und die Lizenznehmer tanzen den Kontrollorganen auf der Nase herum. Da wird die Frequenz für eine Jazzwelle vergeben, die sich über Nacht in ein 0815-Popformat wandelt und niemand stört sich dran. Da werden Werbung und redaktionelle Beiträge überall frech durchmischt und niemand greift ein. Von all dem weiß der normale Hörer natürlich nichts, nur eines ahnt auch er: Täglich gibt ihm das Radio zu verstehen, daß er bestenfalls ein gescheiterter Hilfsschüler ist, der sich durch primitive Gewinnspiele ködern läßt und keinen Wert auf intelligente Ansprache legt. Die weltweit operierende Formatmafia hat das Radio in ein Junkmedium verwandelt. Und weil die Radioschaffenden tief im Inneren ahnen, welches Geschäft sie da betreiben, tunen sie ihr banales Wirken mit allerlei Gefasel aus der Marktforschung. Und weil im Radio Herr Kaiser seine neuen Kleider trägt, muß der Angelsachse mit trendigem Vokabular aushelfen: Der Wortbeitrag wird zum »event«, der Programmhinweis zum »preseller«, der Schmierzettel zur »linercard« und uralte Witze zwischendurch sichern die »Fun-Kompetenz«. Um nun komplett sicher zu gehen, daß einem garantiert nichts Neues eingefallen ist, wird jeder Musiktitel, jede Moderationsstimme »getestet«, das heißt einer Zufallshorde als 15-Sekünder um die Ohren gehauen. Und wenn man dann alle getesteten Programmelemente beisammen hat, dürfen sie immer noch nicht ausgestrahlt werden. Wie der Teufel das Weihwasser scheut der Formatradiot das »trockene Wort«. Wenn Sprache droht, wird an- und abgejingelt und im Verlauf monotone Scheppermusik druntergequirlt. Wem das alles nicht längst zu den Ohren wieder rausgekommen ist, der gehört zu den 85 Prozent der Bevölkerung, die sich genau dieses Radio täglich anhören. Das ist die andere Seite der Wahrheit. Schade ist es nur um ein wundervolles, einfaches Medium, das unseren Geist mehr beflügeln könnte als das dumme, teure Fernsehen.

---

**Dietmar Wischmeyer** *ist der Erfinder von Comedy-Serien wie »Willy Deutschmann«, »Der Kleine Tierfreund« und »Die Arschkrampen«. Gemeinsam mit seinen Kollegen Sabine Bulthaup, Oliver Welke und Oliver Kalkofe produzierte er die weltbeste Comedy-Sendung im Radio: das »Frühstyxradio«. Zu hören von 1995 bis 2000 jeden Sonntag auf Fritz. Danke!*

# Sind Traudel & Ursel eigentlich lustig?

**Ja, ja auch.** Aber DAS ist es nicht! Lustig bin ich - wenn's sein muß - selber. Zumal Lustigsein und BSE heutzutage Hand in Hand zu gehen scheinen. Nichts ist schlimmer als der überall tobende Lachterror - lieber drei Jahre zur Armee, als immer lachen müssen! Keine Minute vergeht, in der nicht irgendein Idiot einen zum Lachen auffordert. Und das mit Präservativ überm Kopf, überreifer Banane im Hosenschlitz und supi Wortspiel in der gleich - oh jetzt kommt, jetzt kohommts! - heilloses Gelächter erbrechenden Fresse. Wenn Traudel & Ursel nur komisch wären, könnten sie mich mal. Müssen sie aber nicht. Denn die beiden sind was ganz was anderes: Sie sind so was wie ZUHAUSE. Da, wo Traudel & Ursel sind, ist nicht New York oder Love Parade. Da schätzt man Extremsportarten nicht, sondern stellt lieber die Straßenschuhe vor der Wohnungstür im Hausflur ab, um den Korridor-Läufer nicht zu beschmutzen. Da haben Gardinen die Bleikante und Kaffeekannen einen Tropfschutz. Da gibt es sonntags um eins Fleisch zu essen und gebadet wird am Freitag. Bei Traudel & Ursel ist CD noch 'ne Seife. Die beiden sind nicht geil und nicht hip, sondern NETT. Auch wenn ich ihre Sprache nicht spreche: wenn ich mal groß bin, werde ich mich von ihnen adoptieren lassen, selbst wenn ich dann Mandy heißen muß.

Kuttner

# Rammstein

**Ich weiß nicht,** warum mein Vater das getan hat. Jeden Sonntag lief bei uns zu Hause »Von Sieben bis Zehn – Spree-Athen« auf dem Berliner Rundfunk. Das war wirklich sehr bemerkenswerte Musik, die für gute Laune sorgen sollte, was bei meinem Vater auch gelang. Obwohl: ich glaube, er freute sich einfach über den Sonntag. Das sollte bis kurz vor der Wende mein einziger Kontakt zum Ostradio sein. Meine Helden im Radio hießen Burghard Rausch und Olaf Leitner vom RIAS. Irgendwann gab es dann das »Parocktikum« mit Lutz Schramm auf DT 64. Endlich wurde richtige Musik gespielt. Wir waren stolz, wenn Lutz sich auf den Konzerten unserer Bands blicken ließ und gaben ihm unsere selbstaufgenommenen Kassetten mit dem Gefühl, endlich vom Radio ernstgenommen zu werden. Nach der Wende explodierte der Sender förmlich, um später in den Wellen des freien Marktes unterzugehen. Es gab Rockradio B und ein neuer Jugendsender Fritz wurde angekündigt. Wir hatten mit Feeling B eine Mittelalterplatte aufgenommen und wollten übers Radio Reklame für unsere Record-Release-Party machen. So fuhren wir in die Nalepastraße. Die Verantwortlichen bei Radio Fritz weigerten sich, unseren Jingle zu spielen, da sie Feeling B nicht kannten und auch für völlig unwichtig hielten. Wir baten und bettelten, aber keiner kannte uns noch. Einige Zimmer weiter saß Lutz Schramm, der zwar auch bei Fritz arbeitete, aber nur noch mit Computern zu tun hatte. Er zuckte bedauernd die Schultern. Bei MDR-Sputnik wurden wir begeistert empfangen und hörten uns zusammen mit den Musikredakteuren die Aufnahmen an.

Zuerst hörten wir alle hoffnungsvoll diesen Sender Fritz. Aber bald nervten uns die ständigen Jingles mit Eigenwerbung. Dann kamen um die Mittagszeit die vermeintlich lustigen und lockeren Moderatoren. In grober Unkenntnis der deutschen Sprache unterhielten diese sich mit den Hörern über so schwerwiegende Themen, ob Sonnenbrillenträger cool oder nur unsicher sind. Meistens meldete sich bald ein Hörer, der sich »Birne« nennt und das Fritz-Team grüßte. Über das Tagesprogramm gibt es nicht viel Gutes zu berichten. Die Musik unterschied sich nur sehr unwesentlich von den kommerziellen Sendern. Aus einem mir nicht bekannten Grund wird das Programm nicht mehr von ausgebildeten Sprechern, sondern von hippen, nervösen Berufsjugendlichen bestritten, die ihre mangelnde Allgemeinbildung und ihren geringen Sachverstand durch laute Laxheit zu überdecken versuchen. Die Musikauswahl folgt dem Geschmack der breiten Masse, was nicht schlimm wäre, würde sich der Sender nicht das Mäntelchen des etwas anderen, Jugendlichen und Innovativen umhängen. Den Telefongesprächen mit den Hörern zu lauschen, ist kein Vergnügen. Wie sehr muß man sich langweilen, um an einer Selbstdarstellung durch Meinungsabgabe zu einem Thema, von dem man meistens nichts versteht, Spaß zu haben. Nachrichten mit Tanzmusik zu unterlegen, ist etwas Zynisches, man wippt angeregt mit, während von zahlreichen Toten oder Kriegsgefahr gesprochen wird. Der Wetterbericht beschränkte sich schon mal auf ein »Scheißwetter!«. Ein Voting für zu spielende Titel über eine halbe Stunde hinzuziehen, ist keine gute Idee. Es ist wirklich nicht nachvollziehbar, wer mitfiebern soll, wenn alle Minuten die Prozente des TEDS bekanntgegeben werden. In der abendlichen Wunschsendung »Open Box« wünschen sich die Hörer komischerweise meist genau die Titel, die schon den ganzen Tag liefen. Die ganz Verrückten wünschen sich dann etwa »Lieb ficken« von Sofaplanet.

**Flake**

Ich finde wirklich, daß man zwischen dem Tages- und Abendprogramm einen Unterschied machen müßte. Ich glaube, daß viele der Angestellten auch unter dem Niveau der Tagessendungen leiden. Diese suchen sich ihre Nischen in den Abendsendungen und Specials. So kann man abends und nachts wirklich Fritz hören, wenn man von der Sendung mit Kuttner absieht, da die Idee, einen radiofernen Moderator einzusetzen, ihren Tod schon im Leib trägt, wenn sie sich regelmäßig wiederholt. Man sagt, Fritz waren die ersten, die Rammstein gespielt und unterstützt haben. Das mag sein, aber welcher Berliner Sender sollte sonst Rammstein vorstellen? Ich habe es leider nicht gehört. Paul und Schneider wurden zur Metallsendung Stahlwerk eingeladen, um sich unter anderem zu dubiösen Nazivorwürfen zu äußern. Die Reichweite und Hörerquote von Fritz war so gering, daß nur ein Bruchteil unserer Fans etwas davon mitbekam. Ich würde vorschlagen, den Sender so zu teilen wie Kika, der Kinderkanal, und Arte es tun. Ein Sender wie Fritz trägt leider dazu bei, mir die Lust am Radiohören zu nehmen.

Flake

# Blick in die Glaskugel: 100 Jahre Fritz

*Von Frank Schlegel*

---

### 2003 - 10 Jahre Fritz

In Berlin und Brandenburg gibt es 30 Radiosender. Es gibt Sender für Klassikfreunde, Sender für Jazzfreunde, Sender für Rockfreunde, Talksender für Leute, die das gesprochene Wort mögen, Musiksender für Leute, die das gesprochene Wort nicht mögen – und es gibt Fritz. Und das schon seit zehn Jahren. Dort arbeitet Mike Lehmann wie immer auf der Baustelle Woltersdorf Schleuse-Ost. Tommy Wosch und Kuttner moderieren wie immer jede Woche den »Blue Moon«. Fritz ist wie immer einmal im Jahr auf der Love Parade zu hören. Im Radio laufen manchmal Techno-Coverversionen von Hits aus den achtziger Jahren. Und ab und zu beschwert sich ein 25jähriger Hörer über das kommerzielle Musikprogramm und daß früher sowieso alles viel besser war und so. Seit einem Jahr sendet Fritz voll digital und hochtechnisiert. Im ersten Stock des neuen Radiohauses gibt es sogar einen Cola-Automaten. Bei dem funktioniert nur die Kühlung nicht. Aber niemand ist perfekt. Wird es immer so bleiben?

### 2013 - 20 Jahre Fritz

Auf der Baustelle Woltersdorf Schleuse-Ost hat sich etwas bewegt: Mike Lehmann ist vom Baugerüst gefallen. Mittlerweile gibt es 63 Sender in Berlin und Brandenburg: Es gibt Radiosender für Zwölftonmusik, für Gregorianische Gesänge und für Musik mit Maultrommeln. Kuttner moderiert seinen 1026ten »Blue Moon«. Fritz überträgt live die Abschlußrede von der 25ten Love Parade. Die mittlerweile 22te Techno-Version des Alphaville-Songs »Forever Young« kommt in die Charts. Ein 35jähriger Hörer beschwert sich über das kommerzielle Musikprogramm und daß früher sowieso alles besser war. Die Kühlung des Cola-Automaten im ersten Stock geht immer noch nicht. Aber der Wartungsdienst sagt, er kommt nächste Woche mal vorbei.

### 2023 - 30 Jahre Fritz

Mike Lehmann ist beruflich aufgestiegen: Er steht jetzt wieder oben auf dem Baugerüst. Es gibt inzwischen 91 Radiosender in Berlin und Brandenburg: Darunter sind Programme für Karaoke-Freunde, wo man keinen Gesang hört, für A-cappella-Freunde, wo man keine Instrumente hört und für Aquariumfreunde, wo man überhaupt nichts hört. Auf Fritz läuft die 234te Dance-Coverversion von Alphavilles »Forever Young«. Tommy Wosch moderiert seinen 1483ten »Blue Moon« zu dem gesellschaftlich relevanten Thema: Hosenfussel im oberen Bereich der Pofalte – pathologisch oder Allerweltsphänomen? Ein 45jähriger Hörer beschwert sich, daß die Musik auf der Love Parade immer kommerzieller wird und daß früher sowieso alles ... Der Wartungsdienst war inzwischen da und hat sich den Cola-Automaten angesehen. Die Kühlung funktioniert trotzdem noch nicht.

### 2033 - 40 Jahre Fritz

Mike Lehmann will sich umschulen lassen. Er will einen Job, der zeitgemäßer ist und bei dem er mehr zu sagen hat. Er beschließt, Zeitansager zu werden. Inzwischen gibt es 999 Radiosender in Berlin und Brandenburg. Es gibt Sender für Kochrezepte, für Modelleisenbahner und für Zeitansagen. Ein 55jähriger Hörer beschwert sich, daß es keinen Radiosender gibt für Leute, die sich beschweren wollen und daß die Love Parade früher nicht so kommerziell war. Kuttner spielt in seinem 2052ten »Blue Moon« die 442te Coverversion von Alphavilles »Forever Young«. Aus dem Cola-Automaten kommen mittlerweile Heißgetränke.

### 2043 - 50 Jahre Fritz

Auf der Baustelle Woltersdorf Schleuse-Ost macht Mike Lehmann einen Vorschlag. Dabei bricht ihm der Hammer ab. Zu den 9999 Radiosendern haben sich neuerdings auch Wellen für Haustiere, Schwerhörige und alleinerziehende Linkshänder gesellt. Ein 65jähriger Hörer beschwert sich, daß Tommy Wosch in seinem »Blue Moo« immer nur das eine versaute Thema hat. Daraufhin widmet sich Tommy Wosch dem Doppelthema: Rosettenkranzgefäßentzündungen und Hämorrhoidalleiden als Folge der Love Parade. Um die Cola aus dem Automaten trinken zu können, muß man sie mit siedendem Wasser herunterkühlen.

### 2053 - 60 Jahre Fritz

Mike Lehmann entwendet einen Betonmischer von der Baustelle Woltersdorf Schleuse-Ost und nimmt damit an der 65ten Love Parade teil. Die Zahl der Radiosender in Berlin und Brandenburg ist auf 99.999 gestiegen: Es gibt jetzt auch Sender für Fußnagelkosmetiker, Frettchen und Verkehrsampeln. Ein 75jähriger Hörer beschwert sich, daß aus dem Radio nur noch

Die alte Frau: Teil einer Jugendbewegung

heißer Dampf kommt und daß früher alles besser war. Kuttner macht seinen 3103ten »Blue Moon« zum Thema: kommerzorientierte Neuinterpretationen bekannter Titel der Populärmusik am Beispiel des Musikstücks »Forever Young« der Tanzkapelle Alphaville. Aus dem Cola-Automaten kommt heißer Dampf.

### 2063 - 70 Jahre Fritz

Die 75te Love Parade findet auf der Baustelle Woltersdorf Schleuse-Ost statt, weil es da so schön unbebaut ist. Tommy Wosch beschwert sich in seinem »Blue Moon« öffentlich, daß es 999.999 Radiosender gibt, aber keinen für Leute mit Rosettenkranzgefäßentzündungen und Hämorrhoidalleiden. Ein 85jähriger nimmt eine deutschsprachige Version des Alphaville-Titels »Forever Young« auf, mit dem deutschen Titel: »Früher war alles besser«. Aus dem Cola-Automaten kommt Radioprogramm.

### 2073 - 80 Jahre Fritz

Kuttner moderiert live die Abschlußkundgebung der 85ten Love Parade. Die 874te Coverversion von »Forever Young« ist die offizielle Love-Parade-Hymne. Mike Lehmann entdeckt einen 95jährigen Hörer, der gut aufgelegt ist. Er hebt ab und ruft beim »Blue Moon« an. Es gibt 9 Millionen Radiosender, 823 davon für Cola-Automaten.

### 2083 - 90 Jahre Fritz

Alphaville covern die Hymne der Love Parade. Es gibt allein 199 Radiosender für Bauarbeiter, die Mike Lehmann heißen. Mike Lehmann beschwert sich, daß Tommy Wosch nicht mal Kuttner covert. Ein Hörer beschwert sich, daß die Cola-Automaten immer kommerzieller werden. Der Cola-Automat beschwert sich, daß früher alles besser war.

## 2093 - 100 Jahre Fritz

1,5 Millionen Love-Parade-Fans moderieren den »Blue Moon« zum Thema: Mike Lehmann. Tommy Wosch macht einen eigenen Radiosender für Rosettenkranzgefäßentzündungen und Hämorrhoidalleiden auf, Kuttner covert »Forever Young« von Alphaville. Ein Hörer beschwert sich, daß der Cola-Automat immer nur versaute Sachen sagt. Der Wartungsdienst sagt, er kommt nächste Woche mal vorbei.

---

**Frank Schlegel:** *1995–2001 freier Journalist bei der Berliner Morgenpost, 1996–2001 Reporter und Moderator bei uniRadio 87,9. 1998 einmonatiges Radiopraktikum bei der »Voice of America« (Washington D.C./USA), 1999 Radiopraktika als Gag-Autor beim Berliner Rundfunk 91,4 und 104.6 RTL Berlin. Seit 2001 freier Reporter und Comedy-Autor. Nebenbei Darsteller und Autor des Berliner Comedy-Ensembles »Kabarett Lampenfieber«.*

# Glossar

*Von Henning Wächter*

---

**Alte Frau, die:** auch Ludmilla Lotzke-Leimer genannt. Feminine Person älteren Datums, die über Jahre immer dienstags auf Fritz auftauchte. Bekam häufig türklopfenderweise Besuch (»Momeeeeeent!«), bürstete diesen aber in der Regel ab, um wieder zu Strickzeug und Nierentee zurückzukehren. Wurde entgegen aller Vermutungen nicht von einer 90jährigen Wilmersdorfer Witwe, sondern einem Kollegen in den Vierzigern gesprochen. Dessen Stimmbänder haben sich bis heute nicht davon erholt.

**Aquarium, das:** Nicht die frühere Nachtschleife des ORB-Fernsehens, wie mancher vermutet, sondern interne Bezeichnung des kleinen Konferenzraums im alten Fritz-Gebäude. Fürs Ausheulen gestreßter Redakteure oder den Quickie zwischendurch kaum geeignet, da im Würgegriff von mindestens 20 Meetings täglich (siehe Sitzung, die). Wenigstens nachts hie und da von Phoenix-Moderatoren zum De-luxe-Schlaf auf der eigenen Isomatte genutzt.

**Birne, die:** Skurriler Spandauer, der seit zehn Jahren nichts besseres zu tun hat, als Fritz zu hören. Ruft zu jeder erdenklichen Tages- und Nachtzeit an, um Redebeiträge zweifelhafter Qualität abzusondern, anstatt sich um seinen Friedhofsjob zu kümmern. Schafft es aber trotzdem immer noch häufig, vom Redakteur ins Studio gestellt zu werden. Mögliche Gründe: zu weiches Herz oder sonst keine Anrufer.

**Blue Moon, der:** Laber-Zeit zwischen 22 Uhr und 1 Uhr (Ausnahme: Samstag – da wird gedanct, aber trotzdem under the Blue Moon). Forum für einsame Herzen und reflektierende Kunden, die dieses auch weidlich nutzen. Themenspektrum von »Wovor habt ihr Angst?« über »Christentum« bis zu »Bundestagswahl«. Teilweise mit besonderen Vertretern (siehe Kuttner, Jürgen, Dr. bzw. Wosch, Tommy) besetzt. Nachteil für Hörer: drei Stunden lang keine Musik. Vorteil für Hörer: drei Stunden lang keine Musik.

**Bollmann-Büro-Team, das:** Möglichkeit für Kleinstfirmen oder sonstige Organisationen, sich und ihre tollen Produkte respektive Dienstleistungen zu präsentieren. Bewegte sich irgendwo zwischen Physiotherapiepraxis

Quitzow, Maler-Michel und Spandauer Kegel-Klub »Alle Neune«. Mußten Aufgabe erfüllen, meistens singen, dichten, rappen – »was Akustisches eben«, wie Fritz-Vorgesetzte (siehe Programm-Manager, der) altklug angaben. Gerappte Gedichte gingen auch.

**COLUMBIAFritz, das:** genialer Schachzug, weitab der Potsdamer Diaspora ein Standbein in Berlin zu etablieren. Mitten im Szenebezirk Tempelhof. Ehemaliges Kino der US-Soldaten mit sehr schönem Freischwinger-Vordach. Heute Location der »Fritz-Disco«, die damit wirbt, man könne dort rocken, poppen oder einfach nur tanzen. Gestrenge Security achtet darauf, daß es vorwiegend bei letzterem bleibt. Oft aber auch mit Konzerten von Bands belegt, die die benachbarte Columbiahalle nicht füllen. Besonders lustig: wenn andere Radiosender diese Konzerte präsentieren und dann rumschwurbeln, um den Namen nicht nennen zu müssen. Endet bei »Kleine Columbiahalle« oder ähnlichem. Peinlich.

**Dr. Pop, der:** Beantwortet popmusikalische Wehwehchen, etwa: »Bringen ›Die paranoiden Panoptiker‹ bald mal wieder ein Album raus?« Oder: »Von wem stammt das Lied ›I can't get no satisfaction‹?« Oder auch: »Aua, Schwester, mein Darm drückt!« Nein, Unsinn.

**Empor Hohenschönhausen, die Jungs von:** ehemals miesestes Fußballteam von ganz Berlin. Punkte 2:48, Tore 13:293. Wurden deshalb von Fritz eine Saison lang mit Trikots und Chaosreporter (siehe Jebsen, Ken) unterstützt. Gaben daraufhin schlagartig die Rote Laterne ab (Sport-Fachjargon). Leider, hätte uns anders besser gefallen. Im übrigen aber nicht zu verwechseln mit Fritz-Soccer-Team, dem – einer talentierten Truppe unter Trainer Lücke, MC, die es mit fiesen Blutgrätschen-Teams der Marke »Fritz-Schlitzer« zu tun hat. Der Coach hofft auf ähnliche Erfolge wie die seines Lieblingsvereins – vergeblich. Aber wie krank muß man auch sein, um Bayern-Fan zu werden?

**fritzig:** most hated word. Beschreibt den eigenen, mutmaßlich witzigen (!) Zugang von Fritz zu einem Thema. Verschliß ganze Generationen von Nachwuchs-Redakteuren, da Lieblings-Wortwendung, um Themenvorschläge im Keim zu ersticken: »Das ist mir nicht fritzig genug«. Konsequenz: siehe oben.

**Frühstyxradio, das:** Anarcho-Comedy aus der norddeutschen Tiefebene. Gebar Figuren wie »Der Kleine Tierfreund« und »Willi Deutschmann« oder

Plots wie »Isernhagen Law« und »Zwei kleine Italiener«. War derart brüllend komisch, daß jede satirische Beschreibung an dieser Stelle ärmlich wäre. Startete mal in Niedersachsen bei »ffn«, fand über lange Jahre bei Fritz eine Heimat und kommt bestimmt bald irgendwo wieder, ganz sicher. Also, wenn Wischmeyer und Konsorten noch Lust haben.

**Gewinne, die:** A & O für Radiosender. Vor allem wichtig, wenn Hörerzahlen ermittelt werden (siehe Quote, die). Dann pflastern private Konkurrenten Stadt und Land mit Plakaten zu, auf denen sie wahlweise »jede Stunde 1.000 Euro«, »100.000 Euro für Britney Spears« oder »Alles Geld der Welt + 1 Euro, wenn ihr bitte bitte auf Anfrage sagt, daß Ihr uns hört« brüllen. Kohle für Fritz nicht erlaubt und von Fritz nicht gewollt, deshalb: Reisen in den Himalaya, MP3-Player, limitierte T-Shirts. Oder ganz krudes Zeug (siehe Mankmill, das).

**Heinz:** legendäres Spiel bei Fritz zur Zeit der Media-Analyse (siehe Gewinne, die). Ziel: Zwei Hörer starten am Telefon auf Kommando gleichzeitig den gleichen CD-Titel. Genial einfach und einfach genial. Warum das Spiel so hieß? Keine Ahnung. Klang halt dämlich genug.

**Hotline, die:** Nulldreidreieinssiebzigsiebenundneunzigeinseinsnull.

**Internet, das:** Schon lange vor dem New-Economy-Boom unter www.fritz.de etabliert. Noch lange nach dem großen Dotcom-Sterben unter www.fritz.de durchgehalten. Offeriert Inhalte des Programms ebenso wie CD-Tips und eine Webcam, die etwa alle drei Stunden ein neues Bild des Fritz-Studios zeigt (überwiegend ohne Moderator, der gerade eine Zigarettenpause macht). Besonders beliebt ist aber das sogenannte »Fritz-Board«, auf dem progressive Hörer gerne kundtun, daß früher sowieso alles besser war.

**Jebsen, Ken:** Freak. Spricht etwa doppelt so schnell wie Heck, Dieter Thomas und Hildebrandt, Regine (also früher) zusammen. Bringt als Reporter des Wahnsinns Politiker in Bedrängnis oder ahnungslose Passanten dazu, »vorwärts immer, rückwärts nimmer« zu skandieren. Hat sonntags mit »KenFM« die wohl schrägste Radioshow Deutschlands. Tip: Nie dazwischenreden – bringt nichts.

**Jingles, die:** Radio-Fachjargon für Kleinst-Beiträge, in denen Sender normalerweise verraten, daß sie a) die größten Hits der 30er, 40er und 50er und das Beste von vorgestern bieten, b) das Konzert der Boyband »The Unimportants« präsentieren oder c) überhaupt den längsten haben. Egal, ob a), b), c) oder alles drei zusammen – was nie fehlt, ist die Frequenz. Weil der Hörer ja so doof ist, daß er sich 97,5 oder 105,8 nicht merken kann. Bei Fritz zu Mini-Hörspielen mutiert. Inhalt entweder kryptisch-abstrakt oder banal-genial. Beispiel: »Räumst du jetzt dein Zimmer auf? – Neihein! – Und im Radio Fritz.«

**Kuttner, Jürgen, Dr.**: Sprechfunker. Pflegt einen hiesigen Dialekt und Gedankengänge, die ein aufmerksames Zuhören bedingen. Neigt dazu, Hörer solange zuzutexten, bis diese von selbst aufgeben. Provoziert damit Zweiteilung in »genial« und »fürchterlich« wie sonst nur ganz wenige Moderatoren (siehe Wosch, Tommy). Technik-Nerd (halbautomatischer Anrufbeantworter). Freizeitbeschäftigungen: Vorträge mit seltsamen Fernsehausschnitten (Codewort Videoschnipsel) und Hochhalten der Ost-Fahne.

**Lachende Dritte, der**: Fakt 1: Der Hörer an sich gewinnt gerne (siehe Gewinne, die). Fakt 2: Dafür soll er aber bitteschön auch etwas leisten. Fakt 3: Aber auch nicht zu viel – sonst Frust wegen eigener Blödheit. Fakt 4 und am allerwichtigsten: lustig muß es sein. Optimaler Zugang: Lachender Dritter. Funktioniert so, daß zwei Kandidaten auf Zeit jeweils eine Pipi-Frage beantworten müssen und sich dabei auch noch gegenseitig helfen dürfen. Klappt trotzdem oft nicht – bestimmt wegen der Aufregung ... Daraufhin Begrüßung von Hörer drei: »Hallo, wer ist denn da?« Antwort: »Peter«. Und wieder nicht gerafft, verdammt. Seit Jahren erklären wir das täglich! Mann! Lach-en-der Dritter!

**Lehmann, Mike**: Feingeistiger Intellektueller des Senders. Herausgeber zahlreicher Lyrik-Zyklen. Liebhaber der schönen Künste und der Nouvelle Cuisine. Opfert jede Minute seiner Freizeit für das Erstreiten der geschlechtlichen Gleichberechtigung. Neigt allerdings sprachlich zum Abheben und wird deshalb vom Rest der Welt gerne mißverstanden. Mein Gott, einen aufgeblasenen Fatzke leisten wir uns eben. Prolls gibt es sonst schon überall.

**LoveRadio, das**: Hörfunk in den Zeiten der Liebe. Wenn Millionen junger Menschen mit Buffalo-Plateau-Turnschuhen (seit fünf Jahren out) und Bauarbeiterwesten (noch nie in) auf der Straße des 17. Juni zusammenkommen, um sich gegenseitig ihrer zärtlichen Gefühle zu versichern, sendet Fritz zwei Tage durchgehend Minnegesang der neueren Schule. Stündlich wechselnde Plattenaufleger, die nur einmal – in der Regel kurz und inhaltsschwanger – von einer Rede des Liebes-Ober-Doktors unterbrochen werden. Trotzdem: coole Party, also, das Loveradio.

**Mankmill, das:** Schutzpatron aller Radiohörer. Acht Zentimeter hohes Holzhuhn, das vor langer Zeit aus riesigen Baumstämmen freigeleckt wurde. Feierte Ende der Neunziger ein umjubeltes und unerwartetes Comeback. Der Hörer liebt es. Weiß der Geier, warum, komplett sinnlos.

**Mini, der:** kleinster Übertragungswagen der Welt, eben Satelliten-Mini. Brachte in seiner ersten Ausprägung sämtliche Fritz-Reporter zum Verzweifeln. Man baut auf, ruft testweise im Sender an, alles gut, in drei Minuten geht es los. Drei Minuten später: Nichts! – Die Sch...-Satelliten-Antenne bekommt keinen Sender. Ü-Wagen-Einblendung mal wieder abgerauscht. Wachsender Unmut der Reporter (»Oh, mit dem Mini? Da fällt mir ein, daß ich noch zum Zahnarzt muß!«) und steigendes Alter der Kiste führten zum Verschachern an die Fritz-Hörer. Jetzt neues Mini-Modell. Schick. Alles wird gut.

**Niere, die:** auch Wurst, die genannt. Redaktionelle Kommandobrücke im alten Radiohaus. Name ergibt sich aus Form und Farbe des Tisches. Auf der Niere: drei Computer für aktuelle Redakteure plus sich vorbereitende Moderatoren, zwei Drucker, Essensreste aus den vergangenen zwei Wochen, Zeitungen aus den vergangenen drei Wochen, redaktionelle Anweisungen aus den vergangenen zehn Wochen – insgesamt also sehr übersichtlich. Positive Begründung: Genie liebt Chaos. Negative Herführung: Schweineladen.

**Nightflight, der:** weitestgehend hörerfreie Nachtsendung zwischen 1 und 4 Uhr, am Wochenende sogar bis 6 Uhr. »Protest«, schallt es durch den Raum, »gerade den Nightflight höre ich immer. Da kommt so interessante Musik!« Okay, auf Gäste wartende Taxifahrer und ein paar humane Nachtschattengewächse ziehen sich das rein. Aber doch auch zurecht! Auf jeden Fall die musikalisch anspruchvollste Strecke. Was es da an toller, ungewöhnlicher, innovativer Mucke zu hören gibt! Genial, die Sendung wird total unterschätzt! (Anmerkung: der Autor gehört zur Spezies der Nightflight-Moderatoren)

**Olaf, das:** Computerstimme, die eine Zeitlang bei Fritz auftauchte. EDV-Abteilung und Chef begeistert, weil Innovations-Potential. Moderatoren auch begeistert, weil lustiges Spielzeug, überwiegend off air (also, wenn die Mikros aus sind). Bevorzugte Texteingabe: »Schwulululululll«. Die Kollegen, so schlicht.

**Ohrenzeuge, der:** Radio-Krimi zum Mitraten. Immer sonntags zwischen 10 und 12 Uhr. Begeistert aufgenommen von Leuten, die auch gerne »Die drei ???« oder ähnliches hören – also von U14 oder Leuten mit Hang zum Rückfall ins Infantile. Wonach man die Uhr stellen kann: Um 11.52 Uhr enttarnt Kommissarin Cleo Fischer mit einem Hörer den Schuft der Woche. Der versucht zu fliehen, ist aber zu lahm und gesteht alles ruckzuck. In den 112 Minuten davor sind der Phantasie der betreuenden Redakteure keine Grenzen gesetzt.

**Open Box, die:** »Hallo, hier ist Mandy aus Oranienburg. Ich habe in genau fünf Monaten und 23 Tagen Geburtstag und wünsche mir deshalb heute »Like Ice In The Sunshine« von den No Angels. Ich grüße Sven, Dagmar, die 7b des Henry-Maske-Gymnasiums und natürlich das ganze Fritz-Team.« Wurde früher vom Moderator der Open Box (werktags, 19–20 Uhr) zehnmal in marginaler Variation vorgelesen, heute darf der Hörer selbst auf einen AB stammeln. Grüße an uns steigern übrigens nicht die Chancen dranzukommen. Macht sowieso jeder. Besser, um aufzufallen: »Grüße an alle, bis auf die Wurstnasen von Fritz natürlich. Kenne ich sowieso nicht.«

**Programm-Manager, der:** Natürlicher Feind aller Redakteure und Moderatoren. Entscheidet bis zu einem gewissen Grad (also, bis der Boß kommt) über sämtliche Interviews, Spiele, Talks, Reportagen, Aktionen und sonstigen verbalen Inhalte bei Fritz. Schmettert 99 Prozent aller Ideen ab. Begründung wahlweise »Wo ist der aktuelle Aufhänger?«, »Haben wir vor sieben Jahren schon mal gemacht« oder »Fehlt die eigene Umsetzung« (siehe fritzig). Dieses aber auch nur, wenn man ihn in den zehn Minuten erwischt, die er pro Tag an seinem Platz verbringt. Restzeit: in Meetings (siehe Sitzung, die). Neigt zum Wichtigtun.

**Quote, die:** Gradmesser für Erfolg oder Mißerfolg bei Radiosendern. Wird in der sogenannten Media-Analyse durch telefonische Umfragen erhoben. Ziel: möglichst hoch bei möglichst jungem Durchschnittsalter (siehe Zielgruppe, die). Zur Zeit (Herbst 2002) mit durchschnittlich 140.000 Hörern so gut wie noch nie, demnächst Marktführer.

**Rave Satellite, der:** Schnellste Radiosendung in Berlin und Brandenburg – durchschnittlich 140 bpm. Am Gaspedal: Marusha, und das schon länger, als es Fritz gibt. Inhalt: Bumm-Bumm-Bumm-Tschak oder Bumm-Tschak-Bumm-Bumm. Manchmal auch Tschak-Bumm-Tschak-Bumm.

**Sitzung, die:** zeitverschlingende Lieblingsbeschäftigung des Ober- und Mittelbaus. Birgt vielfältige Vorteile für den Rest. Erstens: Prozeßstillstand wegen fehlender Entscheidungen. Zweitens: Freude über dort entstehende »Ansagen«. Drittens: Stärkung der Einteilung in »Ihr« und »Wir«. Nachteile demgegenüber: viel Zeit für Kaffee aus dem Automaten, Zigaretten und Lästern über die Vorgesetzten (siehe Programm-Manager, der).

**Stahlwerk, das:** Gitarrengewitter am Sonntagabend zur Soundgarden-Zeit (20-22 Uhr). Jahrelang das Baby von Sharma, Adi. Bis immer mehr Leuten auffiel, daß dieser sanfte, kultivierte und zurückhaltende Zwei-Meter-Schlaks indischer Abstammung zu einer Metal-Sendung so gut paßt wie Uli Wickert zu MTV. Nein, stimmt gar nicht – Adi hat das mehr Jekyll-&-Hyde-artig durchgezogen und wollte fürderhin lieber hinter den Kulissen arbeiten. Jetzt am Start: Kranz, Jakob. Stiefel, Motorrad, Um-den-Mund-Bart und Tattoos. Geht doch.

**Susanne, die:** Turnelse. Summte und schnaufte sich durch Fitneßübungen jenseits von BBP, Steppen und Tai-Bo. Benötigte dafür Dinge wie »Drei Zapfstupsen, ein viertel Prozent Hubraum und ein vegetarisches Gericht ohne Fleisch kein Preisch«. Verabschiedete sich immer mit: »Bis Morgen sagt Susanne: Bis Morgen.« Erforderte hundertprozentige Aufmerksamkeit, weil einem sonst 80 Prozent der Wortspiele von Wassermann, Uwe wegturnten.

**Tomatenwecker, der:** Wieviel Prozent der Deutschen können alle Bundespräsidenten aufsagen? Welches Volumen hat ein Elefantenmagen? Und wieviele Ufos sind in diesem Jahr weltweit angeblich schon gesichtet worden? Alles Fragen von außerordentlicher Relevanz für den Alltag. Werden deshalb im oben genannten Schätzspiel gegen 12.20 Uhr gestellt. Wer näher dran ist, gewinnt einen Mörderpreis – eine Kiste Chips etwa oder einen Fritz-Bleistift. Ach so, die Antworten: 5 – 70 Liter – 654. Würde vermutlich nicht für den ersten Platz reichen. Recherchiert es selbst.

**Uncle Fritz, das:** Eventplaner (gräßliches Wort!) im Hosentaschenformat. Inhalt: Konzerte, Fritz-Aktionen, Sport-Tips (»Uncle Sport«), Fritz-Aktionen, Party-Hinweise, Fritz-Aktionen, Club- und andere Adressen. Und Fritz-Aktionen. Auf die Rockpostille »Uncle Sallys« draufgepappt. Und damit gratis. Schade, aber toll.

**Volli & Robi, der & der:** Moderatorendoppel mit schon in jüngsten Jahren lichten Momenten, z.B. Haar. Extrem-Vegetarier (Wieprecht), Spekulant (Skuppin), BMW-Fahrer (Skuppin), Hobby-Astrologe (Wieprecht). Besonderes Kennzeichen: Lachen viel und gern über sich selbst. Machen jetzt nur noch Radio für Erwachsene. Werden mit ihrer Firma vermutlich Kirch übernehmen.

**Wollmütze, die:** Image. Ur-Accessoire. Gibt es aber – mit oder ohne Bommel – immer noch. Angesichts der ständigen Erderwärmung zum 50. Geburtstag von Fritz in 40 Jahren noch mal überdenken. Oder mit Fritz nach Alaska umziehen. Fritz-Hörer (siehe Zielgruppe, die) offensichtlich mit juckresistenter Kopfhaut ausgestattet. Frisur ist ihnen anscheinend egal.

**Woltersdorf Schleuse-Ost, die:** Galerie im Berliner Speckgürtel. Treffpunkt preußischer Bohemians (siehe Lehmann, Mike).

**Wosch, Tommy:** Jurist. Hatte schwere Kindheit – dauert deshalb bis heute an. Deutlichstes Anzeichen: ausgeprägtes Interesse an Themen der Körpermitte. Ruft gerne Leute an und bringt sie dazu, hanebüchenen Unsinn zu machen. Testet bevorzugt Grenzen aus. Stand deshalb schon oft vor dem Abgrund. Fiel aber noch nie runter (Jurist!). Seine Crew: Michi und die ehemals dicke Tina. Was er nicht mag: »Du bist so polarisierend«, Gutmenschen, Nazis. Was er mag: FC Bayern, Tennis, Bild-Zeitung.

**Zielgruppe, die:** Subjekt der Begierde – also Ihr. Zumindest, wenn Ihr zwischen 14 und 29 seid. Hatten aber bei den letzten Hörerzahlen (siehe Quote, die) auch Zuwächse im Bereich 70+. Durchschnittliches Höreralter: um die 30. Ziel verfehlt? Nein, selbst der Kinderkanal im Fernsehen liegt über 20. Zahl der Teenager nimmt eben ständig ab. Möglichkeit: Schwesterprogramm für Rentner – mit Medikamententests, Förster-Hörspielen und Adels-News. Name: Der Alte Fritz.

# f.a.q.

---

### ? Warum heißt Fritz eigentlich Fritz?

! Vielleicht, weil der Name schön dämlich ist. Und von daher paßt. Ausgedacht hat sich diesen Namen jedenfalls der Intendant des ORB, Hansjürgen Rosenbauer – und darüber schreibt er auch im Vorwort dieses Buches.

### ? Wieviele Menschen arbeiten bei Fritz?

! Alles in allem arbeiten etwa hundert Menschen bei Fritz – Techniker, Redakteure, Reporter, Moderatoren. Ganz genau läßt sich das nicht sagen. Die wenigsten von uns sind fest angestellt, immer wieder kommen neue Kollegen dazu, andere gehen.

### ? Wie wird man Praktikant bei Fritz?

! Indem man sich bewirbt, und zwar bei: Frau Olizeg, ORB Aus- und Fortbildung, Marlene-Dietrich-Allee 20, 14482 Potsdam.

### ? Wo finde ich Fritz im Radio?

! In Berlin und Brandenburg kannst du Fritz über jedes UKW-Radio empfangen: Casekow: 100,1 MHz / Belzig: 91,9 MHz / Berlin: 102,6 MHz / Cottbus: 103,2 MHz / Frankfurt/Oder: 101,5 MHz / Perleberg: 103,1 MHz

### ? Kann ich Fritz auch hören, wenn ich nicht in Berlin oder Brandenburg wohne?

! Ja. Fritz ist digital per Satellit zu empfangen: Astra 1B, Transponder 30, Unterträgerfrequenz 6,48 MHz; sowie mit D-Box oder einem anderen Digital-Reciever. Und natürlich übers Internet: www.fritz.de

### ? Sind die Freikarten schon weg?

! Leider ja, probier's doch in einer Stunde noch mal.

### ? Darf ich mir einen Song wünschen?

! Ja, in der Open Box, wochentags von 19 bis 20 Uhr. Telefonisch unter: 0331 / 70 97 130, per Mail unter: openbox@fritz.de

### ? Warum spielt Fritz die Böhsen Onkelz nicht?

! Das Thema Böhse Onkelz begleitet Fritz schon sehr lange. Für die Grundsatzentscheidung, daß wir die Band nicht spielen, gibt es verschiedene Gründe. Das liegt zum einen daran, daß wir ihre Musik einfach nicht besonders gut finden, sondern eher uninteressant. Zum anderen besitzen die Böhsen Onkelz in rechten Kreisen weiterhin einen Stellenwert bzw. Kultnamen, jenseits ihrer eigenen Beteuerungen. Das Spielen von Bands mit einem solchen Image halten wir für problematisch. Wir haben uns mit diesem Thema dafür ausführlich im »Blue Moon« beschäftigt – unter Beteiligung von Rechtsextremismus-Experten und Stephan Weidner, dem Sänger der »Onkelz«.

? Wie wird man eigentlich Moderator?

! Zum Beispiel wie Tom Böttcher: Der hat eine Ausbildung zum Industriekaufmann absolviert, anschließend in der Buchhaltung einer Firma als Reiseabrechnungsprüfer gearbeitet, bis er sich schließlich bei der Deutschen Journalistenschule in München bewarb. Nach der Ausbildung zum Journalisten fing Tom als Reporter und Redakteur bei dem Fritz-Vorläufer Radio 4U an. Seit 1994 moderiert er die »Radiofritzen am Morgen«. Oder wie Caroline Korneli: Caro hat, als sie 18 war, bei Fritz ein Praktikum gemacht und wurde anschließend zu einem Moderations-Casting eingeladen. Dabei kam sie so gut an, daß sie gleich ihre eigene Sendung bekam: *Caro As*. Heute moderiert sie samstags den »Caroma Club«. Oder wie Tommy Wosch: Tommy hat ein Volontariat bei »Radio Kö« in Augsburg gemacht, anschließend Jura studiert (und abgeschlossen), nebenbei weiter bei »Radio Kö« moderiert – bis er zu Fritz kam, wo er anfangs Beiträge machte und Nachrichten schrieb.

? Ich habe vor drei Tagen, nachts gegen halb zwei Uhr, einen coolen Song auf Fritz gehört. Wie hieß der?

! Keine Ahnung!

? Mir gefallen einige Werbesports bei Fritz nicht. Warum muß ich diese Werbung ertragen?

! Die Werbung auf Fritz wird über eine externe Firma gebucht. Und wer Werbezeit kauft, hat natürlich das Recht, daß sein Spot auch gesendet wird, selbst wenn er grausam schlecht ist. Da hat Fritz leider keinen Einfluß drauf.

? Wo bekomme ich eine Wollmütze her?

! Fritz-Kram gibt's telefonisch unter 0331 / 731 46 46 oder per Mail unter fritzkram@fritz.de.

? Darf ich noch jemand grüßen?

! Nein!

# Die Fritz-Chronik

## 1993

**1.3.1993** - Im Studio K 9 in der Berliner Nalepastraße gehen um 6 Uhr früh die »Radiofritzen am Morgen« mit Jürgen Büsselberg und Ania Bothe auf Sendung. Beim Sendestart von Fritz vor Ort dabei: Brandenburgs Ministerpräsident Manfred Stolpe und Berlins Jugendsenator Thomas Krüger.

**29.3.1993** - Aus dem Berliner »Huxley's« überträgt Fritz live ein Konzert von Element of Crime.

**4.4.1993** - Fritz organisiert in Potsdam eine exklusive Vorführung von »Der Papagei«. Im Anschluß an den Film, der sich gegen Rechtsradikalismus wendet, können Fritz-Hörer vor Ort mit Brandenburgs Ministerin für Arbeit, Soziales, Gesundheit und Frauen, Regine Hildebrandt (SPD), und dem ehemaligen Berliner Innensenator Heinrich Lummer (CDU) über Rechtsradikalismus diskutieren.

**Sommer 1993** - Kooperation mit MTV. Übernahme diverser »MTV-Unplugged«-Shows (u.a. Nirvana, Cranberries, Rod Steward).

**7.-12.6.1993** - Fritz sendet an sechs aufeinanderfolgenden Abenden »Zooradio«, das multimediale Radioprojekt von U 2.

**8.8.1993** - Wenn Fritz am Sonntagmorgen, dann ab jetzt mit dem »Ohrenzeugen«. Die erste Folge des interaktiven Krimis mit Hörer-Beteiligung heißt »Einstein Junior«.

**20.8.1993** - Wirbel um den Dinoknochen: Als Antwort auf den durch Spielbergs Film »Jurassic Park« ausgelösten Dinosaurier-Hype vergräbt Fritz einen Dinosaurier-Knochen aus Pappmaché in einer Berliner Baugrube und »entdeckt« ihn dort unter großem medialen Getöse.

**14.8.-15.8.1993** - Fritz präsentiert und beteiligt sich erstmals am ADIDAS-Streetball-Challenge auf dem Olympischen Platz in Berlin.

**25.9.1993** - In Zusammenarbeit mit dem Potsdamer »Lindenpark« eröffnet Fritz die Fritz-Kneipe in der Stahnsdorfer Straße in Potsdam-Babelsberg.

**22.10.1993** - »12-Stunden-Rettungsaktion«: Mit Hilfe von Fritz-Hörern wird ein Brandenburger Jugendclub innerhalb von 12 Stunden renoviert und komplett neu eingerichtet.

**20.12.1993** - Umzug der Fritz-Redaktion von den Studios in der Berliner Nalepastraße nach Potsdam-Babelsberg in die neuen Sendestudios des ORB.

## 1994

**28.3.1994** - Der »Radlosigkeit« wird ein Ende gemacht: Fritz bringt das Fritz-Rad auf den Markt. Das Trekking-Bike mit Shimano-Gangschaltung und Fritz-Klingelton wird in Kooperation mit dem Chemnitzer Fahrradhersteller »Diamant« entwickelt.

30.4.1994 - Zum allerletzten Mal gibt es am Samstag den »CD Chartbreak mit Ron Williams«.

1.5.1994 - »Alles Banane« vom »Frühstyxradio« geht sonntags zwischen 12 und 14 Uhr das erste Mal auf Sendung.

7.5.1994 - »Bollmann« gibt es ab jetzt auch samstags: die »Fritz-Bollmann-Börse« startet.

21.5.1994 - Fritz überträgt in Kooperation mit dem WDR und dem MDR live aus Japan »The Great Music Experience«, ein Musikfestival mit INXS, Joni Mitchell, Bob Dylan etc. Als reportierende und moderierende Fritzen vor Ort u.a. dabei: Matthias Hanselmann, Helmut Heimann, Fritz-Chef Helmut Lehnert und E. C. Zander.

6.6.1994 - Weil sich in diesem Sommer sowieso alles um den Ball dreht, ruft Fritz den »Sommer des Balls« aus. Während der Fußball-WM in den USA ist MC Lücke als Live-Reporter vor Ort dabei; Fritz präsentiert derweil in Potsdam und Berlin Fußballspiel-Live-Übertragungen. Und weil die Welt nicht nur aus Fußbällen besteht, ist Fritz auch beim Streetball, American Football und Basketball präsent. Letzteres durch die Medienpartnerschaft mit ALBA Berlin, die ebenfalls im Jahre 1994 beginnt.

11.6.1994 - In Zusammenarbeit mit dem ORB-Fernsehen, Antenne Brandenburg und Radio Brandenburg beteiligt sich Fritz an der Spendenaktion für Ruanda. Einen Tag lang können Fritz-Hörer Raritäten ersteigern, die Stars, Sternchen, Plattenfirmen und Fritz-Mitarbeiter gestiftet haben. 500.000 DM erbringt die Spendenaktion des ORB insgesamt.

8.9.1994 - Nach langer Krankheit stirbt Fritz-Moderator Barry Graves.

17.9.1994 - Mit dem »ADIDAS Streetball Challenge« auf dem Olympischen Platz in Berlin geht der »Sommer des Balls« auf Fritz zu Ende.

21.10.1994 - Hoher Besuch aus England: MTV-Star Ray Cokes ist zu Gast im »Blue Moon«.

24.11.1994 - Die Verleihung der »MTV Music Awards« findet erstmalig in Berlin statt. Fritz begleitet das Ereignis exklusiv mit einer zwölfstündigen Sondersendung vom Brandenburger Tor in Berlin.

25.11.-3.12.1994 - Auf Fritz wird eine Woche lang rund um die Uhr in die Zukunft geschaltet. Bei der Fritz-Zukunftswoche wird die Wirtschaft, Technik und Gesellschaft der Zukunft erforscht. Höhepunkt: die Simulation eines Radio-Tages im Jahre 2044.

6.12.1994 - In Zusammenarbeit mit der BBC erzählt Fritz ab jetzt die Geschichte der Rock- und Popmusik: »The Story of Pop« läuft jeden Sonntag zwischen 18 und 19 Uhr.

23.12.1994 - Mike Lehmanns erste Single »Weita, weita« erscheint in einer limitierten Auflage von 2.000 Stück.

## 1995

29.1.1995 - Die Fritz-»Roadshow« feiert 100. Sendung vor 1.500 Fans im Potsdamer Lindenpark. Mit dabei: Herbert Grönemeyer, Selig und Fettes Brot.

30.4.1995 - Die Toten Hosen starten ihre wöchentliche Sendung »Tausend Takte Tanzmusik«.

3.6.1995 - Die Rolling Stones gehen auf Europa-Tournee. Fritz überträgt das Auftakt-Konzert aus Stockholm.

8.7.1995 - Die 7. Love Parade findet auf dem Berliner Kudamm statt. Fritz ist mit eigenem Wagen dabei, als Fritz-Reporter im Einsatz sind u.a. die Toten Hosen. Darüber hinaus sendet Fritz auf seinen Frequenzen 16 Stunden lang das »Fritz-LoveRadio«.

18.7.1995 - Die Zeitschrift »Audio« wählt Fritz auf Platz 2 der besten deutschsprachigen Radiostationen.

23./24.8.1995 - In Zusammenarbeit mit ADIDAS präsentiert Fritz den »Streetball-Challenge« auf dem Olympischen Platz in Berlin.

16.-23.8.1995 - Im Rahmen der »Internationalen Funkausstellung« in Berlin bringt Fritz die interaktive Fritz-CD-ROM auf den Markt.

21.9.1995 - Amerika-Tag auf Fritz: Via komplizierter Satelliten-Schaltung gelingt es der Redaktion, den US-Präsidenten Bill Clinton zu interviewen. Abgerundet wird der Amerika-Tag u.a. durch Live-Reportagen von Fritzen, die sich der Zufall will es so gerade in den USA befinden.

26.-30.9.1995 - Die Bahnwoche: Mit Unterstützung der Deutschen Bahn AG wird eine Woche lang von verschiedenen Bahnhöfen in Berlin und Brandenburg aus Radio gemacht. Höhepunkt der Aktion: zwei zeitgleiche Raves, die auf den Hauptbahnhöfen in Berlin und Frankfurt/Oder stattfinden.

3.10.1995 - Fünf Jahre deutsche Einheit: Volker Wieprecht (Ex-West) und Jürgen Kuttner (Ex-Ost) sind mit Hörern im »Einheitsbus« in Gesamt-Berlin unterwegs.

21.10.1995 - Auf der »Interaktiva«, dem internationalen Festival für interaktive Medien, gewinnt die Fritz-CD-ROM den ersten Preis in der Kategorie »Infotainment«.

29.10.1995 - Trevor Wilson geht das erste Mal mit »Puttin' on the Fritz« auf Sendung.

4.11.1995 - Luci van Org startet mit »Luci in the sky« ihre erste Fritz-Radioshow.

6.11.1995 - Mike Lehmann, die alte Frau und weitere Fritz-Comedystars gibt es nun auf CD: ihr Titel »Best of Fritz-Humor«.

25.11.1995 - 1000 Tage Fritz: Gefeiert wird das in der Berliner Arena bei einer Party mit Selig, Fettes Brot, The Bates und vielen tausend Hörern.

27.11.1995 - Die neue Mike-Lehmann-CD »Umwälzpumpe« kommt in die Plattenläden.

## 1996

15.2.1996 - Berlin und Brandenburg rubbelt! Allerdings keine Lose, sondern Fritz-Plakate. Wer das Richtige erwischt, gewinnt eine Wollmütze. Im Finale, am Fritz-Geburtstag, können allerdings auch Flüge nach New York errubbelt werden.

1.3.1996 - Fritz wird drei Jahre alt und sendet von nun an auch via Satellit.

7.3.1996 - »Tausend Takte Tanzmusik« gewinnt im Wettbewerb um das »Goldene Kabel« das »Bronzene Kabel«. Vergeben wird der Preis von der Zeitschrift »Gong« und der Deutschen Telekom.

28.4.1996 - Die Toten Hosen moderieren zum letzten Mal ihre »Tausend Takte Tanzmusik«.

29.4.1996 - Mike Lehmanns Debütalbum »Kannste abhaken« erscheint.

12.5.1996 - Fettes Brot starten ihre sonntägliche Radioshow mit dem Titel »Forellentee«.

13.7.1996 - Anläßlich der 8. Love Parade sendet Fritz auf der Sonderfrequenz 94,8 MHz Techno, Techno und nochmals Techno. Als DJs an den Decks zugange: Paul van Dyk, Marcos Lopez, Jay Ray u.v.m.

28.7.1996 - Ansa Seidenstücker begrüßt in der »Roadshow« eine neue Co-Moderatorin: Blümchen aka Jasmin Wagner wird ihn von nun an regelmäßig unterstützen.

23.9.1996 - Die nächsten Wochen beschäftigt sich Fritz mit der »Crazy World of Music«: Musik aller Richtungen, egal ob HipHop, Techno, Rock oder Britpop, wird analysiert, interpretiert und natürlich auch gespielt. Dazu gibt es Live-Übertragungen von Konzerten, Club-Gigs und DJ-Sets.

14.10.1996 - In der deutschen Musikszene entbrennt einmal mehr der Streit um eine Quote für deutsche Musik im Radio. Fritz beteilligt sich an der Debatte und bringt die CD »Quote '97 – niemals einer Meinung« in die Läden.

14.10.1996 - »Heinz« das König unter die Radiospiele« wird bei den »Radiofritzen am Morgen« zum ersten Mal gespielt.

2.11.1996 - In Kooperation mit VIVA startet die Sendung »VIVA Fritz«. In dieser interaktiven Radioshow können sich die Hörer per Telefon durch ein virtuelles Labyrinth bewegen und dort VIVA-Stars treffen.

## 1997

4.2.1997 - In Zusammenarbeit mit dem Ars Electronica Center, dem Pariser Technikmuseum, dem ORF und der BBC inszeniert Fritz im Radio den »Web Crash«. Das Live-Hörspiel endet mit der »Web-Crash«-Party, die fünf Stunden lang im Radio, im Internet und in der Berliner »C-Base« gefeiert wird.

28.2.1997 - Wechsel in der Chef-Etage von Fritz: Der bisherige Chefredakteur Helmut Lehnert wird neuer Chef von Radio Brandenburg und bereitet den für August geplanten Sendestart von Radio Eins vor. Neuer Fritz-Chefredakteur wird Konrad Kuhnt, zuvor stellvertretender Chefredakteur.

1.3.1997 - Der 4. Fritz-Geburtstag. An diesem Tag wird gefeiert und gespielt: Fünf Städte kämpfen beim »Städte-Heinz« um den Hauptpreis, einen Gig von Der Wolf und Bürger Lars Dietrich.

23.3.1997 - Henning Harnisch, Basketball-Star bei ALBA Berlin und leidenschaftlicher Musikfan, startet mit »Hennings Hausmusik« seine eigene Radioshow. Sie läuft sonntags im wöchentlichen Wechsel mit »Puttin' on the Fritz«.

5.5.-18.6.1997 - Fritz geht auf Schultour: Insgesamt 27 Schulen in Brandenburg und Berlin werden vom Fritz-Truck besucht. Mit an Bord: komplette Sendetechnik, Redakteure und Moderatoren, die den Schülern zeigen, wie man Radio macht.

21.5.1997 - Vor dem KISS-Konzert in der Berliner Waldbühne stellt Fritz-Reporter Jan Weyrauch einen Kuß-Rekord auf. In drei Minuten schafft er es, 80 Frauen zu küssen und landet damit im »Guinessbuch der Rekorde«.

10.6.1997 - Die »Bundeszentrale für politische Bildung« zeichnet das Radiospiel »Heinz« mit dem »Go Radio«-Sonderpreis aus.

12.7.1997 - Zur Love Parade in Berlin sendet Fritz diesmal aus Berlins Mitte: In der Infobox am Potsdamer Platz legen 48 Stunden lang nonstop DJs auf. Gesendet wird auf der Sonderfrequenz 104,1 MHz.

27.8.1997 - Fritz bekommt einen großen Bruder und der ORB-Hörfunk ein neues Radioprogramm: Radio Eins geht auf Sendung und damit wechseln einige Fritz-Kollegen die Frequenz: Auf 95,8 MHz zu hören sind nun: Volker Wieprecht, Robert Skuppin, Sabine Korsukewitz, Matthias Hanselmann, Helmut Heimann, später auch Erik Heinrich sowie Jürgen König und Dorothee Hackenberg.

10.9.1997 - Vier Wochen lang bewerkstelligen die Fritzen nicht nur ihren eigenen Radiobetrieb, sondern bewirtschaften auch noch eine Kneipe: In Berlin-Wilmersdorf wird die »Unverwechselbar« eröffnet. Hier wird gesendet, aber vor allem natürlich gekocht, getrunken, gefeiert und bei alledem der Kontakt zum Hörer gepflegt.

28.9.1997 - »Forellentee« ist alle! Fettes Brot moderieren ihre letzte Sendung auf Fritz.

5.10.1997 - Der sonntägliche »Starclub« geht auf Sendung. Und zwar mit wechselnden Promis, die ihre eigenen Lieblingsplatten spielen dürfen und über ihr Leben plaudern.

10.11.1997 - Der Fritz-Satelliten-Mini nimmt seinen Dienst auf. Fast fünf Jahre lang wird der mutmaßlich kleinste Übertragungswagen der Welt von unzähligen Fritz-Reportern über die Straßen Berlins und Brandenburgs gejagt.

25.-30.12.1997 - Das Jahr auf Fritz geht mit einer Konzertreihe zu Ende. Unter dem Titel »Best of '97« laufen im abendlichen »Soundgarden« Konzertmitschnitte u.a. von Oasis, Metallica und Faith No More.

## 1998

2.-20.2.1998 - Der Fritz-Beitrag zur Medien-Analyse im Frühjahr 1998: ein einziges Plakat, das durch Berlin und Brandenburg tourt und Musik macht.

21.2.1998 - Zur »Berlinale« lobt Fritz einen eigenen Filmpreis aus: den »Goldenen Lehmann«. Verliehen wird er an Michael Moores Film »The Big One«.

14.2.1998 - Die Sendung »Forbidden Fritz«, die Radioshow zur Fernseh-Soap »Verbotene Liebe«, startet.

28.2.1998 - Premiere der Fritz-Radioshow in der Berliner »Columbiahalle« anläßlich des 5. Geburtstag von Fritz. Bis zum 8.3. präsentieren Moderatoren, Reporter und Redakteure an zwei aufeinanderfolgenden Wochenenden Radio auf der Bühne. Gezeigt wird die Show in Stadthallen und Clubs in Potsdam, Cottbus, Frankfurt/Oder und Pritzwalk.

10.-12.7.1998 - Zur Love Parade in Berlin geht Fritz wieder mit einer Sonderfrequenz an den Start: Auf der 94,8 MHz gibt es 48 Stunden lang nonstop DJ-Programm. Gesendet wird aus der Info-Box am Potsdamer Platz.

23.7.1998 - »Schreib-an-Schröder«: Unter diesem Motto konnten die Fritz-Hörer dem Kanzlerkandidaten Gerhard Schröder Wünsche, Kommentare und ihre Meinung schreiben. Fritz-Reporter Ken Jebsen übergibt Gerhard Schröder den Kettenbrief daraufhin persönlich im Willy Brandt-Haus Berlin.

25.7.1998 - Der »Blue Moon« am Samstagabend heißt von nun an »Dance under the Blue Moon«. Wechselnde Moderatoren präsentieren den neuesten Club-Sound und die Glorious Sistas düsen derweil von Disco zu Disco.

17.-21.8.1998 - Die Achtziger-Jahre-Woche auf Fritz: Alles dreht sich um Nietengürtel, Pac Man, Neonfarben und Schulterpolster. Dazu läuft die Musik von Kajagoogoo, Nena oder Tears for Fears.

Anstoß für das Achtziger-Jahre-Buch »Irgendwie, irgendwo, irgendwann«.

14.9.1998 - Die »Fritz-Wahl-Mini-Tour« startet: Zwei Wochen lang düsen Philip Meinhold und Patricia Pantel mit dem Satelliten-Mini quer durch die Republik, um die Stimmung im Lande kurz vor der Bundestagswahl einzufangen.

4.10.1998 - Zum 5. Geburtstag des »Ohrenzeugen« gibt es den interaktiven Radiokrimi live im Plänterwald in Berlin.

18.10.1998 - »Die Popagenten« begeben sich von nun an jeden Sonntag auf die Suche nach guter Popmusik aus Brandenburg und Berlin.

29.10.1998 - Anläßlich des 75. Geburtstag des Radios sendet Fritz aus dem Deutschen Technikmuseum in Berlin die »Fritz-Funkstunde«. Mittels modernster Technik gelingt es, eine Sendung zu produzieren, die vom Sound her klingt wie Radio vor 75 Jahren. Mitwirkende: Kuttner als Moderator, die Roten Rosen und die A-capella-Gruppe Total Vocal.

14.11.1998 - Das COLUMBIAFritz wird eröffnet. Das ehemalige Kino der alliierten Streitkräfte wird zur neuen homebase von Fritz in Berlin und in der Zukunft Austragungsort unzähliger Konzerte und Parties.

## 1999

15.1.1999 - Im Internet und im Radio läuft »Tommy rennt«. Der multimediale Krimi wird live auf Berlins Straßen inszeniert und ist eine Pilotsendung des von der EU geförderten Projektes »Mirage«.

18.1.1999 - Mit der Musik der neunziger Jahre beschäftigt sich Fritz von nun an sechs Wochen lang ausführlich. Dies unter dem Motto »Music inna nineties style«.

20.2.1999 - Der »Goldene Lehmann« wird anläßlich der »Berlinale« an den japanischen Regisseur Shinobu Yaguci verliehen. Ausgezeichnet wird er für den Film »Adrenalin Drive«.

28.2.1999 - Große »Pop-Quiz-Show« im COLUMBIAFritz zum Ende der »Music inna nineties style«-Aktion.

1.3.1999 - Fritz feiert 6. Geburtstag. Als Geschenk an die Hörer gibt es die Hörercharts der neunziger Jahre.

März 1999 - Auf dem Fritz-eigenen Label »Fritz – die Schallplatte« erscheint die erste CD: »Mike Lehmann – the greatest best of ihm seine Radioabenteuer«.

31.5.1999 - »Irgendwie, irgendwo, irgendwann«, das Fritz-Buch über die Achtziger erscheint im Ullstein-Verlag.

31.5.1999 - Olaf, der sprechende Computer, kommt zu Fritz und unterstützt von nun an die Moderatoren.

9.-11.7.1999 - Zur Love Parade sendet das »FritzLoveRadio« aus dem »Airosoul« in Berlin-Mitte.

16.-27.8.1999 - Die »Linke Tour« beginnt. Im Vorfeld der Wahl in Brandenburg fahren Fritz-Reporter mit dem Satelliten-Mini durch Brandenburg und zwar entgegengesetzt dem Uhrzeigersinn, also linksherum. Auf der Tour werden Projekte vorgestellt, die sich für mehr Toleranz und gegen Rechtsextremismus in Brandenburg engagieren. In diesem Zusammenhang entsteht das »Hörmal«, eine zweistündige Soundcollage, die die Erfahrungen von Jugendlichen mit Ausländerfeindlichkeit und Rechtsextremismus dokumentiert.

13.9.1999 - Der Web-Auftritt von Fritz präsentiert sich im neuen Outfit. Darüber hinaus wird das Fritz-Programm nun als Real Audio Stream angeboten.

27.9.1999 - Von nun an wird sechs Wochen lang auf Fritz viel Toast gegessen. Für die richtig geratene Toastparole gibt es Fritz-Voll-Format-Toastbrot und Fritz-Vollchrom-Toaster zu gewinnen.

5.11.1999 - Aus einer Wohnung in Berlin-Friedrichshain sendet Tommy Wosch acht Stunden lang und empfängt auch Besuch von Fritz-Hörern. Unterstützung bekommt er dabei von Herbert Feuerstein.

9.11.1999 - Der Fall der Berliner Mauer jährt sich zum 10. Mal. Auf den Frequenzen von Fritz sendet »DT 99« und baut damit für einen Tag die Mauer wieder auf.

16.11.1999 - »Fritz-Hitz Vol. 0,5« erscheint auf dem Label »Fritz – die Schallplatte«.

7.12.1999 - Die Toten Hosen sind von 12 bis 19 Uhr zu Gast bei Fritz und lassen selige »TausendTakteTanzmusik«-Zeiten wieder auferstehen.

## 2000

7.1.2000 - Paul van Dyk moderiert seinen ersten »Soundgarden« am Mittwochabend.

31.1-24.3.2000 - Die Codes der Fritz-Knack-Hits werden gesucht. Wer sie knacken kann, gewinnt Flüge in den sonnigen Süden.

5.2.2000 - Aus der »Wilden Welt« am Samstag wird die »weite wilde welt«.

5.3.2000 - Die »Roadshow« läuft zum letzten Mal. Statt dessen gibt es jetzt jeden Sonntag die Fritz-Hörer-Charts »20 plus 1« und den »Popfritz«.

11.3.2000 - Und noch eine neue Sendung: Anstelle von »Forbidden Fritz« gibt es jeden Samstag »Caro As«.

27.4.2000 - Fritz gewinnt den »Online Music Award«. Ausgelobt wurde der Preis von MTV und Yahoo.

2.7.2000 - »Alles Banane« verabschiedet sich aus dem Programm. Stattdessen läuft nun am Sonntag die »Jürgen Dose Show«.

12.-14.7.2000 - 60 Stunden nonstop DJ-Programm beim »FritzLoveRadio« aus dem »Casino« in Berlin-Prenzlauer Berg anläßlich der Love Parade.

30.9.-3.10.2000 - Vier Hörer, ein Waldmeister und drei Fritz-Reporter verbringen 72 Stunden in einem Brandenburger Wald. Sie sind die »Waldländer« und wollen beweisen, daß das Big-Brother-Prinzip auch menschenfreundlich funktionieren kann. Zu sehen und zu hören im ORB-Fernsehen, im Netz und auf Fritz.

4.10.2000 - Fritz heißt für einige Wochen Ritz, denn das F verschwindet. Wer es aufspürt, kann täglich einen Trip nach Portugal gewinnen.

7./8.10.2000 - Für das »Hörmal« wird Fritz in Brüssel der CIVIS-Medienpreis verliehen. Der Preis wird vom WDR (in Stellvertretung der ARD), der Freudenbergstiftung und der Beauftragten der Bundesregierung für Ausländerfragen verliehen.

30.11.2000 - Die erste Ausgabe des »Uncle Fritz« erscheint. Es klebt auf dem »Uncle Sally's«-Heft und informiert über Konzerte, Parties und Club-Gigs.

1.12.2000 - Die erste Mankmill-Single »That's What I Call Music« erscheint auf »Fritz – die Schallplatte«.

## 2001

10.1.2001 - Der erste »Berlin macht Schule«-Sampler erscheint

10.1.2001 - »Das Leben ist zu kurz für langweilige Musik« – und deshalb spielt Fritz jetzt »Peter – das Spiel mit dem Langweilometer«. Hörer präsentieren am Telefon langweilige Platten, die Langweiligste gewinnt.

15.1.2001 - Der »Laden gegen langweilige Musik« eröffnet am Alexanderplatz.

10.2.2001 - Unter dem Motto »My house is your house« legen 24 DJs 24 Stunden lang in den Fritz-Studios auf: Die Aktion wendet sich gegen Gewalt und Fremdenhaß.

15.3.2001 - Der deutsche Musikpreis »Echo« wird erstmals in Berlin verliehen. Fritz verleiht zu diesem Anlaß den Fritz-Echo, einen Nachwuchspreis zur Förderung nationaler Musik. Lexy und K-Paul gewinnen den Fritz-Echo. Die »Echo«-Verleihung wird auf Fritz übertragen, Reporter und Moderatoren sind im Berliner ICC vor Ort dabei und berichten für Fritz und den ARD-Hörfunk.

18.3.2001 - »Berlin macht Schule«-Gala im COLUMBIAFritz.

28.4.2001 - »Ken FM« startet, zunächst auf dem Sendeplatz 6 bis 10 Uhr am Samstagmorgen.

22.05.2001 - Der zweite »Berlin macht Schule«-Sampler erscheint. Er widmet sich der Berliner HipHop-Szene.

24.6.2001 - Statt der »Jürgen-Dose-Show« kämpft nun am Sonntag »Theo gegen den Rest der Welt«. In dieser Spiel-Show muß der Studio-Kandidat keine Preise gewinnen, sondern die bereits gewonnenen Preise gegen den Rest der Welt verteidigen.

14.7.2001 - »Fuckparade 2001« in Berlin: Aus behördlichen Gründen verboten, wird der musikalische Teil kurzerhand zu Fritz verlegt. Während die DJs im Fritz-

Studio auflegen, marschieren die »Fuck-Parade«-Teilnehmer lautlos auf der Straße.

20.-22.7.2001 - Love Parade in Berlin und »LoveRadio« auf Fritz: Gesendet wird diesmal aus dem »Café Schoenbrunn« in Berlin-Friedrichshain. 48 Stunden lang mit 48 DJs.

24.9.2001 - Die nächsten Wochen kann man sich bei Fritz »einen runterholen«. Einen MP3-Player!

11.9.2001 - Terroranschläge in den USA. Auch bei Fritz wird das aktuelle Programm sofort komplett geändert. Die Anschläge und die Folgen bleiben auch in den folgenden Tagen und Wochen Thema Nummer eins.

29.10.2001 - »Berlin macht Schule«, Teil 3 mit dem Schwerpunkt »Nu Metal« kommt in die Läden.

31.10.2001 - »33 Stunden im Luftschutzkeller«: Fritz-Reporter Marco Seiffert verbringt in einem Selbstversuch mit fünf Fritz-Hörern einen kompletten Tag und sieben Stunden in einem Keller in Berlin.

1.12.2001 - Die DM-Mark geht, der Euro kommt. Und weil man auch bei Fritz nicht weiß, wohin mit den ganzen DM-Scheinen, entscheidet man im Sinne der Hörer: Die können täglich eine Million Mark gewinnen. Allerdings ist die Million geschreddert und zu einem kunstvollen Fritz-F geformt. Die »Fritz-Millionen-F«-Aktion läuft bis Weihnachten.

## 2002

6.1.2002 - Ab jetzt gibt es »KenFM« zu ausgeschlafeneren Sendezeiten: sonntags zwischen 14 und 18 Uhr.

25.1.2002 - »Die lange Nacht der Toten Hosen«: Die Hosen sind zehn Stunden lang zu Gast in den neuen Fritz-Studios und tun das, was sie am besten können: Musik machen, feiern und mit Gästen und Fans plaudern. Zur Verstärkung bringen sie die Beatsteaks, Funny van Dannen, DJ Koze und Ben Becker mit. Als special guest auf der Bühne: Gregor Gysi. Im Publikum 80 Fans vor Ort und einige 10.000 Leute am Radio.

1.2.2002 - Nena, Westbam, Paul van Dyk, Sofaplanet, DJ Tomekk, Mia und 2Raumwohnung sind die Stargäste bei der großen »Berlin macht Schule«-Abschlußgala im COLUMBIAFritz.

10.3.2002 - Luci van Org verlegt nach fast sieben Jahren ihre Fritz-Aktivitäten in die Abendstunden: Mit »Luci in the Sky« ist Schluß, dafür gibt es jetzt den »Hörer-helfen-Hörer-Blue Moon« am Freitag mit Luci.

17.3.2002 - Knorkator bekommen eine eigene Sendung auf Fritz: Der »Kommunikator« läuft sonntags und ist eine »Deutschstunde im Radio«.

8.4.2002 - Der Fritz-Satelliten-Mini sucht einen neuen Besitzer. Vier Wochen lang düst er noch einmal durch Brandenburg und Berlin. Jeder, der den tagesaktuellen Kilometerstand errät, hat die Chance, der neue Besitzer zu werden. Am Ende entscheidet das Los. Die Aktion läuft unter dem Titel »Mini, danke, gut!«.

27.4.2002 - Abschied von drei Sendungen am Samstag: Die »weite wilde welt«, »Caro As« und »Puttin'on the Fritz« wird es in Zukunft nicht mehr geben.

4.5.2002 - Zwei neue Sendungen starten: Der »Caroma-Club« am Samstag von 14 bis 18 Uhr und »Mix Tape« von 18 bis 19 Uhr. Letzteres zunächst in einer einstündigen Version.

31.5.-30.6.2002 - Marco Seiffert 30 Tage lang im Strafraum! Zur Fußball-WM in Japan und Südkorea wird Marco einen Monat lang vor die Glotze gesetzt. Die steht neben den Sendestudios und drumherum stehen ein stets gut gefüllter Kühlschrank, eine Schlafcouch und viele Fußball-Utensilien. Und damit Marco nicht vereinsamt, kriegt er jeden Tag Besuch: Campino von den Toten Hosen, Enie van de Meiklokjes, Sasha und viele andere assistieren beim Berichterstatten.

26.8.2002 - Natural spielen live in den Fritz-Studios.

18.9.2002 - Eine spezielle Ausgabe des »Soundgardens« mit Paul van Dyk: Er hat Westbam eingeladen, der in den Fritz-Studios sein neues Album »Right on« präsentiert. Live vor Ort dabei: 100 Fritz-Hörer.

27.9.2002 - Lange Nacht der kurzen Geschichten«: Zehn Fritz-Hörer dürfen ihre selbstverfaßten Kurzgeschichten im Radio präsentieren. Die besten drei werden von den Hörern per Voting gekürt. Als Stargast und Profi dabei: Wladimir Kaminer.

30.9.2002 - Fritz überträgt live den »Drei ???«-Hörspielabend. Die Originalsprecher der Serie, Oliver Rohrbeck, Andreas Fröhlich und Jens Wawrczek lösen den bisher unveröffentlichten Fall »Master of Chess«.

11.11.2002 - Fritz wird erpreßt! Beim Tag der offenen Tür im Mai des Jahres wurde ein F entführt, für die Rückgabe fordern die Erpresser fünf Minuten Sendezeit. Reporter, Hörer, Anwälte und Profiler versuchen, den Erpressern auf die Spur zu kommen.

9.12.2002 - Fritz wird in Bonn für die originelle Berichterstattung zur Bundestagswahl 2002 mit dem 3. Preis im Wettbewerb »W on air« ausgezeichnet. Initiiert wurde der Wettbewerb von der »Bundeszentrale für politische Bildung«.

## 2003

1.3.2003 Fritz wird zehn Jahre alt!

# Die Radio-Fritzen

## Allen Radio-Fritzen, die dabei waren und sind, Dank & Respekt:

---

Albrecht, Bernd; Arnold, Isabell; Auerbach, Peter; Aurin, Birgit; Balitzki, Jürgen; Balzer, Michael; Barann, Ulrike; Barthel, Miriam; Bartsch, Mario; Baumgärtner, Svenja; Beck, Gabi; Behrend, Jana; Bengsch, Hubertus; Beutel, Bodo; Bienert, Magdalena; Bieritz, Ulrike; Binder, Philipp; Bittner, Thomas; Bluhm, Ronald; Blümchen; Bockler, Steffi; Börner, Bastian; Bothe, Anja; Böttcher, Martin; Böttcher, Tom; Brasch, Marion; Brüning, Martin; Bruns, Christian; Büsselberg, Jürgen; Butschek, Michael; Büttenbender, Tilman; Caspary, Anja; Ceder, Hubertus; Celik, Meryem; Chaos Computer Club; Daiber, Nathalie; Deist, Anette; Deyle, Andreas; Diernberger, Jörg; Die Toten Hosen; Dietz, Ina; Dombrowski, »Domez« Thorsten; Dose, Jürgen; Dräger, Utz; Düfel, Stefan; Duffy, Annette; Düspohl, Volker; Ebell, Britta; Eberth, Judith; Ehrari, Mosjkan; Elstermann, Knut; Elstermann, Sven; Enskart, Rosa; Erdmann, Holger; Ewert, Ingo; Faltlhauser, Momo; Fastnacht, »Fassy« Yvonne; Fehlmann, Thomas; Fettes Brot; Finger, Matthias; Fischer, Guido; Floriè, Christian; Frühstyx-Radio; Galenza, Ronald; Gentzen, Anita; Geyer, Uwe von; Grabowski, Irina; Graves, Barry; Griegoschewski, Martina; Grimm, Stephanie; Gringmuth-Dallmer, Götz; Grünberg, Gabi; Grützmacher, Josefine; Hablawetz, Jürgen; Hackenberg, Dorothee; Hackenberger, Karl; Haeusler, Jörg (Johnny); Hagedorn, Heike; Hallaschka, Steffen; Hanselmann, Matthias; Harnisch, Henning; Hartel, Volker; Hasselmann, Silke; Hausmann, Renè; Heider, Sascha; Heimann, Helmut; Heinrich, Eric Dr.; Heinze, Anka; Heise, Volker; Heuts, Sirid; Hirschfeld, Dan; Hofmann, Peter (1); Hofmann, Peter (2); Hörig, Elmar; Jacobshagen, Claudia; Jamal, Mounia; Jebsen, Ken; Jensen, Ingvar; Kassel, Dieter; Keding, Frank; Kehnen, Oliver; Kerckhoff, Matthias; Keuneke, Axel; Khelifa, Miriam; Klein, Holger; Klettke, Sascha; Knop, Max; Knorkator; Koch, Kerstin; König, Jürgen; Korneli, Caroline; Korsukewitz, Sabine Dr.; Kötterheinrich, Gerald; Kraesze, Wolfgang; Kranz, Jakob; Krause, Frank; Kreutzer, Nadine; Kühne, Gesine; Kuhnt, Konrad; Kuttner, Jürgen; Kuttner, Sarah; Labisch, Elke; Lämmerhirt, Peter; Lange, Martin; Langenfeld, André; Langguth, Frauke; Lehnert, Helmut; Lenz, Kerstin; Leweke, Anke; Liebing, Hagen; Loeprick, Sabine; Lopez, Marcos; Lücke, MC; Luther, Jan; Mahlke, Uwe; Maier, Fabian; Mansch, Jenny; Markwald, Nicole; Marusha; Marx, Matthias; Mazander, Katrin; Meinhold, Philip; Menzel, Frank; Meyer, Michael; Michel, Anke; Michme, Stephan; Mimault, Vincent; Molle, Jens; Mußhoff, Uschi; Nennemann, Frank; Neuber, Peter; Neumann, Mario; Niemeyer, Frauke; Oheim, Swetlana; Oehmichen, Lutz; Pantel, Patricia; Paul, Birgit; Petersdorf, Martin; Pfeffer, Kilian; Pinkpank, Marion; Poppendieck, Jörg; Prignitz, Ingo; Prinzler, Thomas; Quandt, Jens; Radeke, Irina; Rau, Günther; Redlich, Germar; Ressler, Patrick; Richter, Lou; Riha, Clemens; Robra, Germo; Röhricht, Birgit; Rößler, Niklas; Rudnitzky, Norbert; Saatmann, Petra; Salié, Katty; Sasse, Elke; Schäfer, Jürgen; Scheutzlich, Tom; Schlegel, Frank; Schleif, Ronald; Schlindwein, Simone;

Schlüter, Jan-Philippe; Schmusch, Brigitta; Schneider, Anja; Scholz, Thomas; Schramm, Lutz; Schröder, Hendrik; Schulz, Meikel; Schüler, Anke; Schwarz, Stefan; Schütte, Eva; Sedelke, Grischa; Seidenstücker, Ansa; Seiffert, Marco; Sharma, Aditya; Simon, Steffen; Skupin, Haik; Skuppin, Robert; Spallek, Max; Squire, Desmond; Staiger, Marcus; Stäritz, Andrea; Stark, Holger; Staudt, Dagmar; Steinke, Matz; Stichler, Susanne; Stolpe, Ines; Stührmann, Ole; Tesfai, Hadnet; Tiemeyer, Antje; Topp, Kerstin; Tschöpe, David; Twelbeck, Kirsten; Ulmen, Christian; Unverdroß, Stefanie; van Dyk, Paul; van Org, Luci; Vassiliou-Enz, Konstantina; Vismann, Julia; Vogel, Thomas; Voigt, Werner; von Malotki, Max; Vorndran, Matthias; Wächter, Henning; Wagner, Daniel; Wagner, Eva; Wagner, Ursula; Wahrmann, Sabine; Warbeck, Stefan; Wassermann, Uwe; Welke, Oliver; Weyrauch, Jan; Wiegert, Inga; Wieprecht, Volker; Williams, Ron; Wilson, Trevor; Wischmeyer, Dietmar; Wöhleke, Stefan; Woldach, Stefan; Wosch, Tommy; Wündisch, Susanne; Zander, Ernst Christian; Zelt, Frauke; Zelt, Oliver; Zielke, Alexander; Zielke, Falk;

**Sollten wir versehentlich jemanden vergessen haben, ebenfalls Dank und Respekt!**

# Die Herausgeber:

**Ronald Galenza,** *geboren in Berlin (Ost), Journalist und DJ. Seit 1986 freier Autor für DT 64, seit 1990 fester Musik-Redakteur bei DT 64 mit eigenen Musik-Sendungen. Anschließend Rockradio B. Diverse Artikel im TIP, Junge Welt und Musik-Zeitschriften. Drei Jahre Mitglied im Beirat Rockmusik, beim Kultur-Senat von Berlin. Moderierte auf Fritz diverse Soundgarden und Blue Moon. Drei Jahre Head of Blue Moon und Soundgarden. Anschließend drei Jahre Programm-Manager. Heute Redakteur bei Fritz-Online. Autor der Musikbücher: »Wir wollen immer artig sein – New Wave, HipHop, Independent-Szene in der DDR 1980–1990« und »Mix mir einen Drink – Feeling B – Punk im Osten«. Mehr Infos: www.beat-poet.de*

**Philip Meinhold,** *geboren in Berlin (West), war Buchhändler, absolvierte die Berliner Journalistenschule und arbeitet seit 1995 als Redakteur, Reporter und Moderator bei Radio Fritz. Außerdem schreibt er für verschiedene Zeitungen und studiert zur Zeit am Deutschen Literaturinstitut Leipzig. 2002 erschien im List Verlag sein Debütroman »Apachenfreiheit«.*

**Kerstin Topp,** *geboren in Berlin (West), studierte Linguistik und Publizistik. Seit 1990 bei Radio 4U, seit 1993 als Redakteurin und Reporterin bei Radio Fritz. Herausgeberin des Buches »L'Allemagne deux points – ein Kniefall vor dem Gran Prix« (Ullstein Verlag).*

## BILDNACHWEIS

J. Abdullah: S. 190; Fritz: S. 51, 137, 167, 171, 184; R. Galenza: S. 24, 55, 71, 103, 182; U. Herndorff: S. 209; M. Kerckhoff: S. 154; M. Knop: S. 17, 31, 48, 54, 77, 85, 93, 105, 111, 144, 147; N. Kuhröber: S. 15, 57, 60, 65, 73, 74, 96, 99, 101, 140, 151, 160, 168, 193; F. Languth: S. 22, 26, 44 ; F. Nennemann: S. 19; F. Niemeyer: S. 33; Privat: S. 108, 157, 175, 192, 202, 211, 214; I. Robin: S. 119; M. Schilkowski: S. 87; L. Schramm: S. 13, 163; Spitz: S. 40; E. Vollmar: 159; O. Ziebe: S. 38, 81, 82, 91, 111, 115, 123, 125, 126, 129, 131, 154, 162, 174, 187, 200

## IMPRESSUM

**AN, LAUT, STARK!**
**Fritz – das Buch zum Radio**
*Herausgegeben von Ronald Galenza,*
*Kerstin Topp und Philip Meinhold*

ISBN 3-89602-440-X


**Katalog des Verlages**
Wir senden Ihnen gern unseren kostenlosen Katalog.
Schwarzkopf & Schwarzkopf Verlag GmbH / Abt. Service
Kastanienallee 32, 10435 Berlin.
Service-Telefon: 030 – 44 33 63 00 • Fax: 030 – 44 33 63 044

**Der Verlag im Internet**
Ausführliche Informationen zum
Verlagsprogramm finden Sie im Internet.
www.schwarzkopf-schwarzkopf.de

**e-mail des Verlages:**
info@schwarzkopf-schwarzkopf.de

**Fritz im Internet:**
www.fritz.de

**e-mail von Fritz:**
fritz@orb.de